ESSAIS
DE PHILOSOPHIE
AMÉRICAINE

Paris — Imprimerie de GUSTAVE GRATIOT, rue de la Monnaie, 11

ESSAIS
DE
PHILOSOPHIE
AMÉRICAINE

PAR RALPH EMERSON

CITOYEN DES ÉTATS-UNIS D'AMÉRIQUE

Traduits en français

ET PRÉCÉDÉS D'UNE INTRODUCTION

PAR ÉMILE MONTÉGUT

———◆◇◆———

PARIS

CHARPENTIER, LIBRAIRE-ÉDITEUR

19, RUE DE LILLE

1851

AVANT-PROPOS

Au milieu du sable et de la poussière de la littérature contemporaine, j'ai trouvé quelques grains d'or, et je les mets sous les yeux du public français. Parmi tous les drames et tous les romans, toutes les histoires et tous les livres de philosophie que nous avons lus depuis quelque dix ans, voici tout ce qui nous a paru digne d'occuper la pensée d'un lecteur sérieux. Les presses de tous les pays mettent au monde des milliers de volumes, la *production* littéraire s'accroît d'année en année, mais la stérile fécondité de notre temps reste sans récompense. Le rapide succès et l'oubli plus rapide encore de toutes nos productions proclament à haute voix que la pensée n'a rien de commun avec les lois de la *production* et de la *consommation*, de l'*offre* et de la *demande*. Tous nos livres semblent écrits en vue d'une fin économique et philanthropique; toute notre littérature, depuis des années, semble n'avoir d'autre but que celui de fournir l'occasion de gagner leur salaire accoutumé aux compositeurs, imprimeurs, brocheurs, plieuses et relieurs; le théâtre et la presse, la politique et la poésie proclament à l'envi le célèbre *droit au travail*. Aussi avec quelle joie l'esprit ne s'attache-t-il pas aux pages rares et durables qu'il rencontre par hasard au milieu de cet entassement de non-sens, d'inutilités et de superfluités intellectuelles! Avec quelle ardeur ne recherche-t-il pas les livres qui n'ont pas été écrits exclusivement en vue d'augmenter le bien-être social et de maintenir les salaires en équilibre, mais qui ont été écrits pour la satisfaction d'une intelligence élevée, pour le repos d'une imagination impuissante à garder plus longtemps ses secrets, pour l'accomplissement du devoir d'une âme qui a reconnu l'obligation de faire participer ses semblables au bien qu'il lui a été donné de découvrir, à la vérité qu'il lui a été donné d'apercevoir !

Un tel bonheur nous a été donné la première fois que le petit livre d'Emerson est tombé sous nos yeux. Bien des événements se sont passés et bien des années déjà se sont écoulées depuis cette minute pleine de ravissements, et pourtant notre admiration pour ces pages a résisté aux inévitables modifications que le temps a fait subir à notre pensée; les événements n'ont fait que confirmer notre opinion sur les tendances de ces doctrines, et n'ont fait pour ainsi dire qu'approuver nos sympathies; en un mot, le cours du temps nous a convaincu que le plaisir que nous avions pris en lisant ces *Essais* n'était pas la puérile joie de nous sentir amusé, mais provenait du sentiment que nous avions reçu les confidences d'un esprit épris de la vérité; c'est pourquoi nous offrons avec confiance au lecteur cette traduction. Notre admiration n'est-elle qu'une illusion? Le public français prononcera et jugera.

Dans cette traduction nous avons respecté scrupuleusement le texte de notre auteur. Nous avons cherché à calquer exactement notre phrase sur la sienne; nous avons voulu reproduire même, au risque de quelques incorrections, le mouvement du style et la couleur des pensées. Nous n'avons pas voulu user d'analogies pour reproduire ses bizarres comparaisons et ses singulières métaphores écloses sous un autre ciel que le nôtre, en face d'une nature différente de la nôtre. Nous les avons respectueusement transplantées dans notre traduction, comme un spécimen de plantes exotiques et de fleurs inconnues au public français.

Maintenant oserons-nous avertir le lecteur qu'il doit, pour juger ces pages, faire abstraction de ses préjugés, s'il en a, comme cela est, hélas! trop probable? S'il les lit avec des yeux de catholique, de constitutionnel, de radical et de démocrate, il risque fort de ne pas y trouver ce qu'il y cherchera : la justification de ses erreurs, l'apologie de ses passions, l'approbation de ses idées; mais s'il dépouille ses opinions qui, après tout, ne sont pas *lui,* mais ne sont que la forme qu'a revêtue l'approbation donnée par lui à quelque livre lu antérieurement, à quelque homme entendu jadis ; s'il s'efforce de faire pour Emerson ce qu'il a fait autrefois pour ce livre qui est devenu son évangile, et pour cet homme qui est devenu son guide, c'est-à-dire s'il lit avec sympathie, s'il arrache l'étiquette de parti, la cocarde qu'il a mise sur son chapeau, et s'il rentre dans sa véritable nature, dans sa nature d'*homme* qu'il a perdue plus ou moins, du moment où il a pris l'habit d'un parti, alors il trouvera bien des germes féconds, bien des pensées salutaires dans ce petit livre ; il reverra bien des lueurs qu'il avait aperçues autrefois et qu'il a éteintes ; il retrouvera bien des désirs qu'il a étouffés ; il se sentira débarrassé du poids de ses opinions, indépendant de son parti, et libre pour un moment de la chaîne qu'il traîne après lui ; il retrouvera son énergie native, et jettera loin de lui cette chaîne qu'il s'est volontairement attachée au pied, cet uniforme dont il s'est volontairement couvert, et puisse-t-il ne pas le reprendre après.

Quant à ceux qui ne cherchent dans les livres que le plaisir, et qui demandent avant tout à être amusés, eux aussi ils peuvent lire sans crainte d'être rebutés ; ils trouveront des couleurs pour réjouir leurs yeux. A ceux-là simplement nous dirons *valete et plaudite;* mais à ces âmes plus rares qui se défendent du malsain scepticisme de notre époque par une noble défiance, et qui ont élevé un culte à l'indifférence, pour ne pas sacrifier sur les autels des bizarres divinités du temps, nous dirons, sachant bien que nous n'avons pas besoin de leur recommander ce livre : puisse le bien contenu dans ces quelques pages passer en vous ; puissent les pensées du bien qui auront germé dans votre esprit pendant cette lecture, croître et répandre autour de vous leurs graines fertiles et leurs célestes parfums !

15 décembre 1850.

EMILE MONTÉGUT

INTRODUCTION

I.

ESPRIT D'EMERSON.

Les renseignements biographiques que nous avons à donner sur notre auteur sont malheureusement peu nombreux. Ralph Waldo Emerson est né et habite dans le Massachusetts, à Concord. Il a été ministre unitaire, et ce fait mérite considération. Les unitaires sont, de tous les sectaires protestants, les plus hardis et les plus indépendants. Ils sont à coup sûr les plus démocrates comme les quakers sont les plus philanthropes. Leur exégèse fourmille d'hérésies. Hazlitt, voulant désigner d'un seul mot les hérésies dramatiques de Joanna Baillie, dit qu'elle est « une unitaire en poésie. » Emerson, qui s'est séparé de son Église à cause de son interprétation de la cène, a conservé les tendances hardies de cette secte et son impatience de toute autorité. « Voyez, s'écrie-t-il dans une apostrophe ironique, ces nobles intelligences ! elles n'osent écouter Dieu lui-même à moins qu'il ne parle la phraséologie de je ne sais quel David, Jérémie ou Paul. » A Boston, centre et métropole des unitaires, Emerson a prononcé quelques discours pleins d'éloquence sur les tendances contemporaines. En 1844, il a écrit une brochure sur *l'Emancipation des nègres dans les colonies anglaises de l'Inde occidentale*. Il rédige une publication périodique intitulée *the Dial*. Les écrits d'Emerson peuvent servir à compléter ces indications biographiques. Nous savons qu'il vit dans la solitude, et il laisse entrevoir dans plusieurs de ses essais qu'il est marié ou qu'il l'a été. L'éditeur anglais du philosophe américain, M. Carlyle, nous apprend qu'Emerson est riche ou du moins au-dessus de tout besoin. Cette solitude et cette aisance suffiraient pour montrer en lui une sorte de Montaigne puritain. Quant à son caractère, si nous en croyons quelques passages de ses *Essais*, Emerson aime mieux l'humanité que le commerce des hommes, et, comme tous les penseurs qui vivent trop dans la solitude, il supporte difficilement la contradiction. Si par hasard il a souffert, il a dû souffrir avec calme, mais en concentrant en lui-même sa souffrance plutôt qu'en la laissant se fondre à la douce flamme de la résignation. Sa conversation doit être timide, rare et à courte haleine. Je ne crois pas qu'il ait le souffle de l'improvisation indéfinie. Tel je me figure cet homme remarquable, bien différent (surtout quant à la faculté de l'improvisation) de son éditeur Carlyle, ardent esprit, qui s'épanche avec une éloquence sibylline, et jette en même temps dans ses éruptions humoristiques la lave précieuse et les cendres, les nuages de fumée, les gerbes d'étincelles, les flammes sulfureuses et la plus pure lumière.

Entre ces esprits si différents, il y a cependant de secrètes affinités. L'humoriste anglais et le penseur du Massachusetts se sentent attirés l'un vers l'autre. C'est Carlyle qui a fait connaître Emerson à l'Angleterre, c'est Emerson qui a édité les ouvrages de Carlyle aux États-Unis. Il appartiendrait à Carlyle de nous renseigner plus amplement qu'il ne l'a encore fait sur la vie, les études, le caractère du philosophe américain, principalement sur l'influence qu'il exerce dans son pays. Il y aurait intérêt à savoir quel accueil les citoyens des États-Unis ont fait à cette philosophie, et si dans dans ce pays de l'industrie et de l'activité matérielle ces rêveries de l'âme ont chance de rencontrer des disciples et des enthousiastes. C'est encore aux écrits d'Emerson qu'il faut recourir pour s'éclairer sur ce point. Emerson nous laisse deviner qu'il a eu à subir bien des critiques. « On a accusé ma philosophie, dit-il dans son *Essai sur l'amour*, de n'être pas sociale, et on a prétendu que dans mes discours publics mon respect pour l'intelligence me donne une injuste froideur pour les relations personnelles. » Ce reproche n'est pas sans quelque fondement, mais devait-il partir des États-Unis? Les relations sociales de l'Amérique du Nord sont encore bien grossières, singulièrement brutales et matérielles, et je ne vois rien d'étonnant à ce qu'une intelligence comme celle d'Emerson ait voulu réagir contre les mœurs de son pays. Toutefois cette critique montre que la philosophie d'Emerson a éveillé la discussion autour d'elle. Être critiqué, c'est déjà avoir de l'influence ; reste à savoir si cette influence est considérable. Dans un livre publié en Amérique et intitulé *Papiers sur la littérature et l'art,* par Marguerite Fuller, nous trouvons la réponse à cette question : « L'influence d'Emerson ne s'étend pas encore à travers un grand espace, il est trop au-dessus de son pays et de son temps pour être compris tout de suite et entièrement ; mais cette philosophie creuse profondément et chaque année élargit son cercle. Emerson est le prophète de temps meilleurs. Un jour ou l'autre l'influence ne peut lui manquer. » Le jour où aux États-Unis la supériorité d'Emerson sera reconnue sans opposition, où ses doctrines auront de fervents prosélytes, où la majorité des intelligences se prononcera en sa faveur, il y aura un grand changement dans les mœurs, les habitudes, les tendances de l'Amérique. O vous qui demandez quelle action les écrivains exercent sur leurs pays, profitez du spectacle que vous offre un peuple jeune et une nation qui n'est pas encore formée. Voyez-la faire son éducation, et vous reconnaîtrez quelle trace les penseurs et les poëtes laissent derrière eux, comment ils changent la nature humaine et combien sans eux elle serait pire encore qu'elle n'est. L'éducation progressive des États-Unis est peut-être le plus grand spectacle de notre temps. Elle placera vivantes sous les yeux des nations européennes les lois du développement de la civilisation, péniblement étudiées jusqu'à ce jour dans les obscures traditions de leur histoire.

Avant Emerson, la philosophie qui comptait les plus nombreux partisans aux États-Unis était celle de Thomas Brown, successeur de Dugald Stewart dans la chaire d'Édimbourg. Cette philosophie, d'un spiritualisme très mitigé, est issue de l'aimable et peu féconde école écossaise. Deux volumes de fragments de Benjamin Constant, de Royer-Collard, de Jouffroy et de M. Cousin, traduits en anglais, ont obtenu beaucoup de succès. En admettant que l'école écossaise, école toute de polémique et qui n'existerait pas si Hume n'avait point écrit, pût jeter quelque part les germes d'une philosophie, ces germes prospéreraient en Amérique moins que partout ailleurs. Que peut enseigner aux Américains la philosophie écossaise? Que les hommes croient sans raisonner à l'existence de la matière; ils le savent suffisamment, Dieu merci! D'un autre côté, l'éclectisme n'est pas une doctrine propre aux peuples jeunes. L'éclectisme est le dernier résultat auquel arrive la philosophie chez les peuples qui ont beaucoup pensé. L'éclectisme repose sur une suite de traditions philosophiques, et les Américains n'en ont aucune. Emerson est le premier qui, en Amérique, ait creusé la terre du sol natal pour en faire jaillir de nouvelles sources philosophiques.

Emerson est un sage comme Montaigne, comme Charron, comme Shakspeare. Voilà ses véritables maîtres. Il nous apprend que, pendant un temps, il se prit d'amour pour Montaigne, se persuadant qu'il n'aurait jamais besoin d'un autre livre, et puis que cet enthousiasme se porta sur Shakspeare. Il est, comme eux, un chercheur sans fin plutôt qu'un philosophe dogmatique. Ici, nous devons faire remarquer la différence qui existe entre le sage dans les temps anciens et le sage dans les temps modernes. Le sage dans les temps anciens était plus dogmatique. Chez Socrate, Zénon, Sénèque[1], il y a un esprit bien plus systématique, une logique bien plus rigoureuse que chez la plupart des sages modernes. Au milieu de la vie des sens, conduite par tous les caprices, dogmatiser, c'est-à-dire concentrer sa pensée sur un seul point et régler sa vie sur une seule pensée, c'était vraiment être sage alors. Dans les temps modernes, la pensée a eu plus d'horizons, les points de vue se sont multipliés et les sciences agrandies ; mais aussi l'esprit humain et la vie humaine ont vu devant eux plus de précipices, d'embûches, de trappes de toute espèce. Alors le génie du sage est devenu la circonspection et la prudence ; le sage a été moins audacieux que dans l'antiquité, mais plus rusé. Marchant avec hésitation, souvent il a été sceptique et a cru faire assez en maintenant l'équilibre de l'homme au milieu de tant de piéges. Tel est le rôle qu'ont joué Montaigne, Charron et Shakspeare, le grand observateur. Emerson remplit le même rôle d'observateur et de chercheur sans fin, avec une audace et une concentration de pensée qui le rapprochent en même temps des sages de l'antiquité.

Deux choses constituent le sage dans les temps modernes : l'absence de l'esprit dogmatique et la critique des principes. Les penseurs qu'on peut ranger dans cette famille de sages n'ont guère de système précis. Leur génie est bien plutôt de sentir la vérité que de l'expli-

[1] Il est inutile de rappeler, pour prouver cette assertion, les absurdités très rigoureusement logiques de Pyrrhon et de quelques stoïciens.

quer. Chez eux, point de méthode, d'art, si l'on entend par là le talent de la composition et le bel équilibre des parties, peu de raisonnements subtils et métaphysiques. Il y a souvent des contradictions dans leurs écrits; qui le niera? Leur valeur pour cela n'est pas remise en question. Lorsqu'un philosophe dogmatique arrive à se contredire, tout est perdu pour lui, les travaux de sa vie entière tombent en poussière; mais la seule affaire du sage est de penser sans élaguer aucune des pensées qui pourraient contrarier un système déjà établi ou des opinions antérieurement émises. Aussi il exprime des sentiments, des idées, des opinions même contradictoires, en les donnant pour des doutes qui se sont éveillés dans son esprit. Lorsque le philosophe dogmatique a une fois saisi une idée, il la féconde; lorsqu'il a trouvé une vérité, il la formule et la pose comme loi. Le sage, au contraire, réunit toutes les pensées comme autant de sujets de réflexion et de travail. Un Descartes et un Leibnitz sont, il faut l'avouer, les législateurs de la vérité, ceux qui trouvent le principe et formulent la loi; mais aussi un Montaigne, un Charron, un Emerson, sont, si je puis le dire, les juristes et les critiques de la vérité : ils appliquent l'inflexible et immuable vérité aux actions des hommes, et souvent ils se sentent embarrassés. De là, interprétations de principes, commentaires moraux, antinomies; de là scepticisme comme dans Montaigne ou comme dans Emerson, discours et rapports d'opposition, pour qu'on se mette à la recherche de vérités nouvelles, les anciennes ne pouvant suffire. Voilà le rôle utile des sages; ils sont les critiques des principes.

La vérité, que le sage ne saurait pas formuler en lois, il sait, nous le répétons, l'appliquer aux actes de la vie de chaque jour. Ainsi il fait l'éducation de l'homme, redressant chaque tort à mesure qu'il se présente. Il donne son opinion sur les cas particuliers et les faits isolés. Cette manière de penser et de juger se reflète dans sa manière d'écrire. Il écrit non pour laisser un édifice, mais pour donner son opinion sur tel ou tel sujet qui s'est présenté à sa pensée. Il abandonne à d'autres la gloire d'élever un monument philosophique, car souvent il considère la gloire humaine comme une vanité; mais ce qu'il ne considère pas comme vaines et frivoles, ce sont les erreurs et les méchancetés humaines : il sait qu'il doit les combattre, et que la première vérité, c'est de détruire l'erreur. Il est content lorsqu'il a exprimé une pensée, découvert un sentiment, jeté un simple aphorisme. Il écrit un peu à bâtons rompus, sans ensemble comme sans système, ne s'inquiétant pas de l'ensemble, mais bien plutôt du détail. On a reproché à Shakspeare de manquer d'unité ; il a vraiment bien autre chose à faire : il faut que toutes ses observations prennent place dans son œuvre, et pour cela il créera dans ses tragédies des épisodes sans rapports immédiats avec le sujet, des personnages secondaires, uniquement pour vérifier une ou deux observations, pour mettre en lumière une ou deux maximes. La méthode du sage est simple : elle consiste à se confier à sa pensée et à sa nature. La spontanéité a le pas chez lui sur la méditation. Ce n'est point l'absence d'éducation et de culture qui détermine cette spontanéité de conception. Ce qui l'explique, c'est l'habitude de penser habituellement et continuellement. Alors les idées se présentent en foule et sans efforts : elles s'appuient les unes sur les autres sans logique apparente, mais au fond avec un enchaînement d'autant plus naturel qu'il est le fruit d'une longue série de méditations. La plante donne sans interruption ses feuilles, ses boutons et ses fleurs, car elle a pris sa force et sa sève dans ces soins que lui ont prodigués les travaux latents de l'esprit. Voilà comment je comprens le sage; Emerson appartient à cette classe de philosophes.

Emerson a toutes les qualités du sage : l'originalité, la spontanéité, l'observation sagace, la délicate analyse, la critique, l'absence de dogmatisme. Il rassemble tous les matériaux d'une philosophie sans parvenir à la réduire en système; il pense un peu au hasard et rêve souvent sans trouver de limites bien fixes où s'arrête cette rêverie. La principale qualité du sage, qui est la critique, est éminente dans Emerson. Il dit dans un de ses essais : « L'homœopathie est insignifiante comme art de guérir, mais d'une grande valeur comme critique de l'hygiène et de la pratique médicale de notre temps. Il en est ainsi du magnétisme, du swedenborgisme, du fouriérisme et de l'Église millénienne. Ce sont d'assez pauvres prétentions, mais de bonnes critiques de la science, de la philosophie et du culte du jour. » Les livres d'Emerson sont aussi fort remarquables, non-seulement par la philosophie qu'ils renferment, mais encore par la critique de notre temps. Nos systèmes démocratiques étouffent-ils l'individu au sein des masses, Emerson se lève et proteste hardiment au nom des droits de la personnalité humaine. L'égoïsme nous envahit, la richesse et l'ambition nous sollicitent : Emerson prend l'individu et lui dit : « Crois-en ta pensée. » L'industrie tue l'idéal, elle se promène à travers le monde, le proclamant sa conquête : Emerson, après Jean-Paul qui la flétrit si énergiquement sous le nom d'*artolâtrie*, après Carlyle qui la nomme un *héroïsme sans yeux*, lui reproche de manquer d'amour et lui déclare qu'elle ne sera vivante qu'après avoir banni l'égoïsme de son sein. La manie des voyages nous distrait, les touristes ridicules abondent parmi nous; Emerson baptise les voyages du nom de *paradis des fous*. Nous nous traînons dans l'ornière de l'art, n'osant pas penser d'une manière originale, nous écrivons des biographies et des critiques; Emerson nous invective amèrement : « Pourquoi n'aurions-nous pas un art original, une philosophie d'intuition et non plus de tradition? Nos pères contemplaient Dieu face à face, et nous à travers leurs yeux. Le soleil brille encore aujourd'hui. » Partout il nous montre nos infirmités, et, comme un apôtre du progrès, se lève et semble répéter les belles paroles de Faust : « Le monde des esprits n'est pas fermé. Debout! baigne, disciple, infatigablement ta poitrine féconde dans la pourpre de l'aurore. » C'est un sage; aussi rien ne l'étonne et ne l'effraye; il se moque seulement de notre prétendu bien-être et pense que notre vie pourrait être plus simple et plus aisée que nous ne la faisons. Des hauteurs sereines où il trouve le calme, il regarde notre monde, juge que nous en faisons un enfer, raille nos désespoirs ridicules et nos malheurs volontaires, et croit qu'il ne serait pas besoin de tant de *grincements de dents et de mains tordues de rage*. Il est d'ailleurs plein d'équité pour les doctrines et la société qu'il critique; il trouve que les conservateurs ont des principes légitimes, et pense que les *transcendantalistes* pourraient bien avoir raison. Il va chercher ses autorités à travers l'histoire entière de la philosophie, comme Montaigne ses exemples dans les coutumes de tous les peuples, et après avoir écouté ainsi toutes les doctrines modernes avec complaisance et patience, comme un philosophe antique ses serviteurs et ses voisins, il rompt le silence pour nous donner des maximes qu'on dirait sorties tantôt de l'école du Portique, comme celle-ci : « Fais toujours ce que tu as peur de faire; » tantôt des jardins de l'Académie, comme celle-là : « Un ami est un homme avec lequel je puis toujours être sincère. » Quant à lui, il connaît ses devoirs de philosophe, et il se répète pour lui-même le mot de Sidney : « Descends dans ton cœur et écris. »

Emerson, nous l'avons dit, appartient aussi à la famille des sages anciens par certains côtés ; il leur ressemble par son audace ou plutôt par sa puissance de concentration, par son caractère. Ceci veut être expliqué. La forme de l'essai est singulièrement propre à recevoir toutes les imaginations fortuites, toutes les rêveries, toutes les pensées hasardées qui sont le partage du moraliste et de l'humoriste. Tout le monde sait ce qu'est devenu l'essai entre les mains de Montaigne. Emerson aussi a jeté ses pensées dans cette forme de l'essai si répandue dans la littérature anglaise, où elle a produit des chefs-d'œuvre ; mais, tout en l'employant, il l'a singulièrement modifiée. Qui dit l'essai anglais depuis Addison jusqu'à Hazlitt et Lamb dit l'*humour* avec ses mille saillies, ses détours sans fin, ses pensées imprévues, dit enfin le manque d'unité racheté par la richesse et l'infinie variété des détails. Il y a dans Emerson un art de composition qui le distingue des autres moralistes. Chacun de ses essais abonde en détails et en observations ; mais, arrivé à la fin du chapitre, on découvre très bien l'harmonie sous cet apparent désordre. Ce qui leur imprime cette unité, c'est le caractère de l'écrivain. « Ces essais, dit Carlyle, sont les soliloques d'une âme vraie. » Nous ne croyons pas en effet qu'Emerson écrive pour faire parade de sagacité et de science ; ce ne sont pas seulement ses imaginations et ses pensées qu'il nous donne, c'est encore son caractère. Il unit la pénétration du critique, la finesse du moraliste à la ténacité de l'apôtre et à l'audace du prédicant puritain. Voilà en quoi il se rattache à la lignée des sages antiques : il a de ceux-ci la force et le caractère ; il a des sages modernes la prudence et la rêverie.

En vertu de cette double parenté, Emerson est à la fois un moraliste et le créateur d'une philosophie morale Par sa ressemblance avec cette famille d'esprits dont

Montaigne est le père, il est un moraliste ; par sa ressemblance avec les sages de l'antiquité, il tend à ériger ses méditations en doctrines, à en tirer en quelque sorte une philosophie morale. Il convient de définir exactement ces deux termes, afin de distinguer les deux caractères du talent d'Emerson. La philosophie morale cherche à établir l'immuable dans ce qui est instable, l'éternel dans le passager, la règle au milieu de l'anarchie des passions humaines ; elle élève la vie humaine à la hauteur de l'absolu, elle fait de la sagesse la science de la vie. Les moralistes, au contraire, sont ceux qui se plaisent essentiellement au phénomène et au passager, ceux que cette variété infinie de faiblesses et de désirs attire, qui comptent, expliquent et recherchent les plus secrètes corruptions du cœur, les plus subtils tourments de l'esprit, les innombrables défaillances de l'âme : La Rochefoucauld, La Bruyère, Addison. Il y a beaucoup du moraliste dans Emerson, et, si l'on pouvait prophétiser sur des choses aussi pleines de hasards que les transformations du talent, je dirais qu'il viendra un jour où le philosophe s'effacera chez Emerson derrière le moraliste. Déjà, dans ses derniers essais, la transformation est presque accomplie.

Cette philosophie morale nous suggère une réflexion que nous ne pouvons écarter, et qui se rattache en plus d'un point à notre sujet. Une philosophie purement morale est un mauvais augure pour le temps où elle apparaît ; elle indique une époque troublée, indécise, pleine d'hésitation. Le penseur détourne les yeux de la société qui l'entoure, parce qu'il ne sait pas bien au juste où elle va ; il se renferme en lui-même, espérant au moins qu'il pourra trouver plus facilement le but où l'homme isolé de la foule, l'individu doit tendre. Dans les sociétés stables et solidement établies au contraire, les doctrines métaphysiques règnent, et les conséquences morales en découlent tout naturellement. Avant de penser à notre terre, le philosophe pense à l'univers ; avant de penser à l'humanité, il pense à ce qui est en dehors d'elle. Alors les principes métaphysiques précèdent les principes de morale, les engendrent et leur commandent. C'est quand l'homme ne trouve rien à critiquer à sa situation ni à sa vie qu'il cherche à résoudre les éternels problèmes du principe des choses, de la création, de l'infini. Le penseur et la société vivant l'un et l'autre dans la régularité et l'ordre recherchent les questions qui reposent sur l'ordre et la régularité ; la science et l'homme sont en rapport immédiat. La philosophie morale, au contraire, n'est jamais l'œuvre d'une époque satisfaite d'elle-même; elle est une sorte de reproche de la conscience ; elle ressemble à un remords. Elle est comme une justification ou une condamnation, comme un plaidoyer pour ou contre. Lorsqu'une philosophie purement morale se présente, il faut que l'homme et la société aient quelque chose à se reprocher ; il faut que l'homme ait perdu ou du moins oublié le vrai sens de ses devoirs, puisqu'il est nécessaire qu'on le lui rappelle ; il faut qu'il ait exagéré quelque principe ou qu'il en ait obscurci quelque autre. Cette pensée est suggérée par la lecture de chaque page d'Emerson.

Quelle place doivent occuper parmi les livres philosophiques les *Essais* d'Emerson? Les *Essais* de Montaigne ont été nommés le bréviaire des honnêtes gens, c'est-à-dire un de ces livres dont l'homme honnête doit lire chaque jour quelques pages. Les *Essais* d'Emerson peuvent être lus moins fréquemment ; c'est le soir, lorsque la conversation devient sérieuse et élevée, qu'on peut les apprécier. Hazlitt, le spirituel critique, l'étincelant humoriste, a fait un livre intitulé *Table Talk* (conversations de table). Ce sont des essais brillants et pleins de verve sur les sujets les plus divers, sur des sonnets de Milton, sur un paysage du Poussin, sur la peinture, sur la lecture des vieux livres, etc. Eh bien ! il me semble que les *Essais* d'Emerson pourraient s'appeler le *Table Talk* des philosophes. Nul livre n'est mieux fait pour être lu par une réunion de penseurs, pour leur apporter de nombreux sujets de discussion, pour élever et pour animer leurs entretiens. Hazlitt nous a donné le *Table Talk* des poetes et des artistes; Emerson a écrit le *Table Talk* des sages.

Si, comme philosophe, Emerson appartient à la famille des moralistes modernes et des sages anciens, comme écrivain, il est par excellence un de ces *esprits rares* qui apparaissent dans les littératures, quelquefois pour tenir la place des génies créateurs, quelquefois pour les seconder ou pour tenter des voies nouvelles. Les deux noms de Thomas Carlyle et de Henri Heine indiqueront suffisamment de quelle classe d'esprits nous voulons parler. Ces deux hommes s'élèvent certainement bien au-dessus du niveau intellectuel de leur pays, comme Emerson au-dessus de la littérature américaine. Je ne crois pas qu'on puisse attribuer les dons du génie à ces deux écrivains, et cependant on conviendra que ce sont deux esprits bien difficiles à trouver et à remplacer. Un de leurs mérites est de pouvoir créer et penser d'une manière originale au milieu des hommes de génie et après eux. Généralement, de tels hommes suppléent à la puissance par l'originalité; ils ne font pas la gloire d'une littérature, mais ils la prolongent; ils ne font pas faire de grands pas à la société, mais ils continuent à tenir son intelligence en haleine. Ils maintiennent la vie intellectuelle, voilà leur véritable gloire. Dans le même siècle que Voltaire, Jean-Jacques et Montesquieu, Diderot, esprit rare s'il en fut, ajoute encore à la gloire philosophique du dix-huitième siècle. Après la grande génération qui, en Allemagne et en Angleterre, a marqué si glorieusement le commencement de ce siècle, Henri Heine et Thomas Carlyle maintiennent, l'un le mouvement poétique de l'Allemagne, l'autre les traditions de l'*humour* anglaise et de l'esprit protestant.

Ces *esprits rares*, parmi lesquels nous plaçons Emerson, n'ont pas cette éloquence qui naît d'une pensée forte et continue; mais ils ont l'éloquence de l'instinct, si je puis dire, une éloquence essentiellement capricieuse. Ce ne sont que des éclairs, mais des éclairs continuels qui naissent les uns des autres, engendrés par la chaleur de l'imagination. Si je pouvais me servir de ces expressions scientifiques, je dirais que l'électricité domine chez eux les autres agents de la vie. Le hasard de la pensée les maîtrise; ils s'abandonnent à ces fortuites combinaisons d'idées et d'images fournies par la mémoire et l'imagination, à cette éloquence imprévue, à cette verve entraînante que seul le génie sait contenir. C'est aussi le hasard de la pensée qui entraîne Emerson; mais, chez lui, cet abandon n'a rien de dangereux. Le moraliste américain peut se confier au courant de ses rêveries avec la certitude de ne jamais perdre de vue ni le but à atteindre, ni le chemin parcouru. Le flot de sa méditation monte lentement, mais il ne dévie et ne s'abaisse jamais. Lorsque je lis un poëte, un orateur, un philosophe, je distingue ordinairement le moment où il va prendre son essor pour devenir éloquent. Il y a alors un mouvement inattendu, comme une excitation imprimée à l'imagination afin qu'elle puisse s'élancer, un effort souvent factice, un coup d'aile. Chez Emerson, il n'y a rien de pareil. Sa pensée s'élève sans effort et sans bruit, graduellement et sans précipitation; il arrive à l'éloquence sans qu'on se soit aperçu qu'il allait l'atteindre. Une fois arrivé à une certaine hauteur, il s'arrête et se place dans une sorte de région intermédiaire entre la terre et le ciel; aussi sa philosophie évite-t-elle les inconvénients du mysticisme et les lieux communs de la morale ordinaire. Un enthousiasme qui n'est pas de l'exaltation, une sorte d'élancement qui n'est pas du désir, une contemplation qui n'est pas de l'extase, une imagination toute de l'âme teinte des reflets les plus purs de la nature, le soutiennent dans cette sphère intermédiaire entre le monde visible et l'infini. D'en haut il voit l'humanité, il entend les derniers bruits de la terre, devenus plus purs à mesure qu'ils montaient, et il contemple sans éblouissement la lumière du ciel. Il y a un mot qui revient souvent dans ses *Essais* : « Je crois à l'éternité. » Et effectivement, ses écrits semblent porter l'empreinte de cette croyance ; une lumière venue d'en haut en éclaire toutes les parties d'une égale lueur. Pas d'éblouissements comme chez les mystiques, pas de teintes d'aurore, de clair-obscur, de crépuscule, et de tous ces effets du style moderne, mais une lumière bienfaisante et salutaire propre à faire germer et mûrir la pensée, car c'est un reflet de la lumière morale. Un passage sur la beauté morale que j'extrais de son opuscule intitulé *Nature* fera mieux apprécier ce qu'il y a d'élévation digne et austère dans cette pensée sans vulgarité comme sans enflure.

« La présence de l'élément spirituel est essentielle pour la perfection de la beauté de la nature. La haute et divine beauté, qui peut être aimée sans mollesse, est celle que nous trouvons unie à la volonté humaine et qui n'en peut être séparée. La beauté est la marque que Dieu imprime sur la vertu. Chaque action naturelle est gracieuse. Chaque action héroïque est de plus bienséante, et force le lieu où elle s'accomplit et les spectateurs à resplendir autour d'elle. Les grandes actions nous enseignent que l'univers est en cela la propriété de chaque individu. Toute créature rationnelle a la nature entière pour son douaire et son domaine. La nature est à l'homme s'il le veut. Il peut se séparer d'elle ; il peut se retirer dans un coin et abdiquer son royaume, comme la plupart des hommes le font ; mais par sa constitution il est enchaîné au monde. Il tire le monde à lui en proportion de l'énergie de sa volonté et de sa pensée. « Toutes les choses au moyen desquelles les hommes naviguent, construisent et labourent, obéissent à la vertu, » dit un ancien historien. « Les vents et les vagues sont toujours du côté du plus habile navigateur, « dit Gibbon. Ainsi du soleil, de la lune et de tous les astres du ciel. Lorsqu'une noble action est accomplie par hasard dans une scène d'une grande beauté naturelle ; lorsque Léonidas et ses trois cents martyrs mettent tout un jour à mourir, et que le soleil et la lune viennent l'un après l'autre les contempler dans l'étroit défilé des Thermopyles ; lorsqu'Arnold de Winkelried recueille dans son flanc une gerbe de lances autrichiennes pour ouvrir la ligne à tous ses compagnons, au milieu des hautes Alpes, sous l'ombre de l'avalanche, est-ce que ces héros n'ajoutent pas la beauté de la scène à la beauté de l'action ? Lorsque la barque de Colomb approche du rivage américain, que le bord de la mer se garnit de sauvages sortant de leurs huttes de roseaux, que l'Océan s'étend par derrière lui et les montagnes pourprées de l'archipel indien tout autour, pouvons-nous séparer l'homme de la peinture vivante ? Est-ce que le nouveau monde, avec ses bosquets de palmiers et ses savanes, ne l'enveloppe pas comme d'une belle draperie ? Toujours d'une même façon, la beauté naturelle consent à s'effacer et enveloppe les grandes actions. Lorsque sir Harry Vane fut amené à la Tour, assis dans un tombereau, pour souffrir la mort comme champion des lois anglaises, quelqu'un de la multitude s'écria : « Vous n'avez jamais eu un siége aussi glorieux ! » Charles II, pour intimider les citoyens de Londres, fit traîner à l'échafaud le patriote lord Russell dans une voiture ouverte parmi les principales rues de la ville. Pour me servir du simple récit de son biographe, « la multitude s'imagina qu'elle voyait la liberté et la vertu assises à ses côtés. » Parmi les objets les plus sordides, un acte véridique ou héroïque semble attirer à lui le ciel comme son temple, et le soleil comme son flambeau. La nature étend ses bras pour étreindre l'homme, pourvu que nos pensées soient d'une grandeur égale à la sienne. Volontiers elle sème sous ses pas la rose et la violette, et courbe les lignes de sa grandeur et de sa grâce pour la décoration de son enfant chéri. Un homme vertueux est en unisson avec les mœurs de la nature et se fait la figure centrale du monde visible. Homère, Pindare, Socrate, Phocion, s'associent eux-mêmes dans notre mémoire avec la géographie et le climat de la Grèce. Les cieux visibles et la terre sympathisent avec Jésus. Dans la vie commune, quiconque a vu un homme d'un puissant caractère et d'un heureux génie aura remarqué avec quelle aisance il attire à lui les choses qui l'entourent ; — les personnes, les opinions, le jour, la nature, deviennent les serviteurs de l'homme. »

Il y a chez Emerson un sentiment de la nature exquis et pénétrant plutôt que large. Ne cherchez pas dans ses essais les grands sentiments à la Jean-Jacques et les enthousiasmes à la Diderot. Le sentiment qu'il éprouve pour la nature tient de la sympathie plus que de l'amour. Quand il entre sous ses ombrages, c'est pour rafraîchir son front et distraire sa pensée. Ces promenades, ces contemplations, lui apparaissent comme autant de bains salutaires pour l'âme et le corps, qui se retrempent dans l'air extérieur et regagnent en regardant le ciel l'énergie perdue dans la lutte de chaque jour. C'est le côté religieux de la nature qui l'attire et lui fait rencontrer, en les adoucissant, les images bibliques : « Si un homme vit avec Dieu, sa voix deviendra aussi douce que le murmure du ruisseau et le frémissement de la moisson. » Tout ce que la nature a d'immatériel, la grâce, la fraîcheur, le parfum, l'harmonie, Emerson le sent vivement et le répand dans ses pages. On croit y surprendre le murmure de la moisson quand elle se courbe sous le vent, l'odeur du pin résineux, le bourdonnement des insectes. Il y a là vraiment un sentiment original ; la contemplation est pour le moraliste américain l'*hygiène de l'âme*. On a rappelé, à propos d'Emerson, le nom d'Obermann. Je ne crois pas qu'il y ait entre eux le moindre rapport. Emerson, fort de sa conviction morale, voit tout en bien et dit que la nature *affirme toujours un optimisme, jamais un pessimisme*. Obermann, tournant partout ses regards ennuyés, ne rencontre que lassitude et dégoût, comme un malade qui, voyant tout en jaune, affirmerait que sa perception est la seule vraie. L'un, plein de santé, est solitaire par force de caractère ; l'autre, languissant, phthisique, est solitaire par faiblesse de cœur et lâcheté morale.

La sympathie religieuse d'Emerson pour la nature se montre surtout dans ses poésies. Il s'en exhale comme un parfum de fleurs sauvages. Tous les bruits légers, toutes les notes confuses que le calme des forêts permet d'entendre, vibrent dans les paroles mélodieuses qu'Emerson adresse au vert silence des solitudes. Quelquefois, mais trop rarement, sa pensée joue avec le vent, erre dans l'espace, et va chercher dans les régions lointaines les pénétrants parfums d'Hafiz et de Saadi, ou les âpres odeurs des bruyères du Nord. Ordinairement ses vers ne traduisent qu'un seul sentiment, qu'un seul culte, celui de la solitude. Les personnages et les interlocuteurs du poëte américain sont les arbres, les rochers, les nuages, qui semblent lui raconter les histoires des temps qu'ils ont vus s'envoler. Sous ces ombrages le sage a trouvé son Élysée, le puritain a trouvé son Éden biblique. Il y a de la lumière et de la couleur dans ses vers, mais c'est cette lumière qui n'appartient qu'aux solitudes sombres et aux bois épais, cette lumière que les Anglais expriment parfaitement par ces mots : *Sunny woods, sunny groves* (bois brillants de soleil). Ce mot, qui manque dans notre langue, me semble exprimer admirablement cette lumière qui, pénétrant dans les bois malgré le feuillage et l'ombre, s'y concentre et y séjourne dorée, paraît palpable et saisissable, et n'a rien de la blancheur de la lumière supérieure. *Sunny solitudes*, dit Emerson en s'adressant à ses bois chéris. *Sunny soliloquies*, pourrions-nous dire aussi des inspirations du philosophe et des rêveries du poëte. Lui-même, en une de ses plus jolies pièces, trace le portrait d'un homme qui vit en quelque sorte dans l'intimité de la nature, et nous donne ainsi la personnification de sa muse.

« La science que cet homme regarde comme la meilleure semble fantastique aux autres hommes. Amant de toutes les choses vivantes, il s'étonne de tout ce qu'il rencontre, il s'étonne surtout de lui-même. — Qui pourrait lui dire ce qu'il est, et comment, dans ce nain humain, se rencontrent les éternités passées et futures?

« J'ai connu un tel homme, un voyant des forêts, un ménestrel de l'année naturelle, un devin des ides printanières, un sage prophète des sphères et des marées, un véridique amant qui savait par cœur toutes les joies que donnent les vallées des montagnes. Il semblait que la nature ne pouvait faire naître une plante dans aucun lieu secret, dans la fondrière éboulée, sur la colline neigeuse, sous le gazon qui ombrage le ruisseau, par-dessous la neige, entre les rochers, parmi les champs humides connus du renard et de l'oiseau, sans qu'il arrivât à l'heure même où elle ouvrait son sein virginal. C'était comme si un rayon de soleil lui eût montré cette place et lui eût raconté la longue généalogie de la plante. On eût dit que les brises l'avaient apporté, que les oiseaux l'avaient enseigné et qu'il connaissait par intuition secrète où dans les champs lointains croissait l'orchis. Il y a dans les campagnes bien des choses que l'œil vulgaire ne découvre pas; tous ses aspects, la nature les dévoilait pour plaire à ce sage promeneur et pour l'attirer à elle. Il voyait la perdrix faire tapage dans les bois, il écoutait l'hymne du matin de la bécasse, il découvrait les brunes couvées de la grive, le sauvage épervier s'approchait de lui. Ce que les autres hommes n'entendent qu'à distance, ce qu'ils épient dans l'obscurité du hallier se dévoilait devant le philosophe et semblait venir à lui à son commandement... »

Il est impossible de mieux surprendre tous les secrets de la solitude, de mieux exprimer le sentiment de liberté qu'elle fait naître. Faut-il l'avouer cependant? il semble que ces beautés de la nature manquent de quelque chose d'essentiel; nous sommes comme inquiets d'une absence trop prolongée. Ce qui est absent, c'est la vie humaine et la réalité. Sans doute ce sentiment de la solitude sort d'un cœur pénétré d'humanité, sans doute cette nature est pleine de réalité; mais ce sentiment sort du cœur pour s'abdiquer, et cette nature elle-même s'idéalise dans un ordre métaphysique, se fond en nuages mystiques, s'épure jusqu'à ce qu'il ne reste plus d'elle que le parfum et l'harmonie. Alors nous découvrons pourquoi la nature attire Emerson : c'est qu'il peut au milieu d'elle penser et rêver à son aise, c'est qu'il aime à pénétrer les lois secrètes, à réfléchir sur les causes qui la soutiennent et l'animent. Le caractère de la poésie d'Emerson est métaphysique, ou mieux symbolique. Tant qu'il est soutenu dans ses promenades par un élan vers la solitude, il est poète ; mais a-t-il trouvé un lieu assez écarté et une place bien disposée pour son repos, aussitôt le philosophe reparaît, et la méditation prend la place de l'hymne.

Nous avons entendu comparer la poésie symbolique à la poésie allégorique ; la comparaison est fausse. La poésie allégorique revêt d'un corps une pensée abstraite et ne parvient à produire qu'un automate. Le symbole est au contraire le corps, la forme, l'apparence d'une pensée inconnue. Ces apparences flottent sous nos yeux brillantes et colorées comme des illusions, et l'esprit, flottant avec elles, se perd en conjectures sur cette idée, sur cette réalité mystérieuse et cachée. Aussi la poésie symbolique a-t-elle comme un caractère occulte et cabalistique. Deux charmantes strophes d'Emerson montrent comment il sait symboliser une idée métaphysique. Il veut montrer que chaque objet est inséparablement uni à la nature entière, que chaque individu est lié à toute l'humanité.

« Je la croyais descendue du ciel, la note du moineau chantant à l'aurore sous les rameaux de l'aune ; sur le soir j'emportai l'oiseau dans son nid à ma demeure. Il chante encore sa chanson, mais aujourd'hui elle ne me plaît pas, car je n'ai pas pu apporter avec moi la rivière et le ciel. Il chantait à mon oreille, mais eux chantaient à mon œil. Les délicats coquillages couvraient le rivage, les bulles de la dernière vague jetaient de fraîches perles sur leur émail, et le tintement de la mer sauvage les félicitait de s'être réfugiés vers moi. J'enlevai les herbes marines, j'essuyai l'écume, et j'apportai à ma demeure ces trésors maritimes ; mais ce sont maintenant de pauvres objets infects et tristes à voir. Ils ont laissé leur beauté sur le rivage, avec le soleil, le sable et le sauvage tumulte des vagues.

« L'amant épiait sa gracieuse fiancée lorsqu'elle se dérobait au milieu de ses compagnes virginales ; il ne savait pas que ce qui l'attirait le plus dans sa beauté était uni à ce chœur blanc comme la neige. A la fin, comme l'oiseau des bois vient à la cage, la jeune fille est allée habiter son ermitage, mais le gai enchantement s'est évanoui ; c'est une charmante femme, mais non pas une fée. »

Cette poésie n'est en quelque sorte qu'un prélude à la philosophie d'Emerson. Après avoir contemplé dans ses traits généraux la physionomie du penseur et du poète, nous allons étudier la doctrine qui se traduit tour à tour chez Emerson sous la forme lyrique et dans la libre prose de l'essai.

II.

DOCTRINE D'EMERSON.

Le lecteur européen qui ouvre les volumes d'Emerson ne peut se défendre d'une première impression de surprise. Tous les noms des philosophes anciens et modernes sont cités pêle-mêle par le moraliste américain, comme s'ils exprimaient la même opinion. Sceptiques et mystiques, rationalistes et panthéistes, sont à côté les uns des autres. Schelling, Oken, Spinosa, Platon, Kant, Swedenborg, Coleridge, se rencontrent dans la même page. Dans ce pays de la démocratie, tous les penseurs paraissent frères. Ce pêle-mêle donne aux doctrines européennes une trompeuse apparence d'unité. Aux yeux d'Emerson, la distance efface les différences et les réunit toutes dans la même lumière. Faut-il s'en étonner ? L'antiquité aujourd'hui nous apparaît belle et calme ; croyez-vous qu'il n'y ait pas là-dessous quelque erreur ? croyez-vous que dans l'antiquité il n'y ait pas eu des âpretés de polémique, du retentissement et du bruit dans les écoles, des controverses pleines de haines[1], de fougueux enthousiasmes, — des dissidences ? Mais le temps a passé et a détruit les polémiques, le bruit des contemporains, les enthousiasmes d'un moment, ne laissant subsister que le fond immortel de ces systèmes de l'antiquité, la vérité et la beauté. Faut-il s'étonner que l'éloignement des lieux produise sur le solitaire du Massachusetts le même effet que produit sur nous l'éloignement des temps ? Emerson voit les œuvres de nos philosophes marquées simplement du sceau de la vérité et du génie humain, et non pas frappées au coin du *genius loci*.

Il n'y a guère qu'une question qui soit posée dans les livres d'Emerson : Quelle part doit-on faire à la personnalité humaine ? Le développement, l'éducation, les droits de l'individu, sa légitime influence sur la société, voilà toute la philosophie d'Emerson. C'est à l'individu qu'Emerson rapporte tout ; c'est pour lui que la poésie tresse des guirlandes ; c'est pour sa santé et la joie de ses yeux que la nature déploie ses richesses variées ; c'est pour sa gloire et son repos que les hommes écrivent, combattent et font des lois. Il a poussé à l'extrême ce principe, si bien que, le livre une fois fermé, on se demande dans quel système il finira par tomber. Deux écueils sont là à ses côtés : le mysticisme et le panthéisme. Les évitera-t-il toujours ? Il peut tomber dans le mysticisme par cette extension donnée au développe-

---

[1] Je ne prendrai qu'un exemple. Lisez, dans le premier livre de la *Métaphysique*, le jugement qu'Aristote porte sur Platon.

ment de l'individu qui, détruisant la nature et l'humanité, laisse l'homme seul avec l'âme suprême (*over soul*) au milieu des illusions du monde. Qu'en faut-il penser? Gardera-t-il toujours son stoïcisme protestant, ou bien, comme le Faust de Goethe, évoquera-t-il les siècles passés et pénétrera-t-il les secrets de la nature pour se donner le spectacle de la vie universelle?

Mais enfin le principe est excellent en lui-même, et Emerson devait le choisir pour trois motifs : 1º à cause de ses opinions personnelles, 2º à cause de la situation religieuse des Etats-Unis, 3º à cause du gouvernement américain. A cause de ses opinions personnelles, avons-nous dit : quelles sont les opinions politiques et religieuses d'Emerson? à quel parti appartient-il?

« Des deux grands partis politiques qui divisent l'Amérique à cette heure (dit-il), je répondrai que l'un a la meilleure cause et que l'autre possède les meilleurs hommes. Le philosophe, le poëte, l'homme religieux, souhaiteront de voter avec le démocrate pour le libre commerce, le suffrage universel, l'abolition des cruautés légales, et pour faciliter de toute manière, aux jeunes et aux pauvres, l'accès aux sources de la richesse et du pouvoir; mais rarement ils peuvent accepter, comme représentants de ces libéralités, les personnes que leur présente le parti populaire. Elles n'ont pas eu au cœur les fins qui donnent à ce mot de démocratie l'espérance et la vertu qu'il renferme. L'esprit de notre radicalisme américain est destructeur et sans élans, il n'a pas d'amour, il n'a pas de fins divines et ultérieures, il est destructeur simplement, sans haine et égoïsme. D'un autre côté, le parti conservateur, composé des hommes les plus modérés, les plus cultivés, les plus capables de la nation, est timide et se contente simplement d'être le défenseur de la propriété; il ne venge aucun droit, il n'aspire à aucun bien réel, il ne flétrit aucun crime, il ne propose aucune police généreuse, il ne construit pas, n'écrit pas, ne chérit pas les arts, il n'anime pas la religion, n'établit pas d'écoles, n'encourage pas la science, n'émancipe pas l'esclave, ne fraternise pas avec le pauvre, l'Indien ou l'émigrant. D'aucun de ces deux partis, une fois au pouvoir, on ne doit attendre quelque bienfait proportionné aux ressources de la nation, pour la science, l'art ou l'humanité. »

Voilà une explication franche, sans hésitation, et qui sépare Emerson de ces deux partis à la fois. Croit-il davantage à la philanthropie? Il succombe souvent, dit-il, et donne son dollar; « mais ce n'est qu'un stérile dollar. » Croit-il aux sociétés religieuses? Il s'est séparé de son Église. Quant aux *mortes sociétés bibliques*, comme il les appelle, il n'en tient aucun compte. C'est un homme qui n'est d'aucun parti, d'aucune Église, d'aucune opinion accréditée en Amérique. Ses opinions sont donc toutes personnelles et individuelles. A quoi et à qui croit-il? A lui. De la position d'Emerson au milieu des partis et des systèmes américains découlera naturellement sa philosophie. Il n'appartient à aucun parti; de là résultera, soyez-en sûr, la protestation en faveur de l'individu contre la multitude.

Le second motif qui décide Emerson à élever l'individu au-dessus de la société, c'est la situation religieuse de l'Amérique. Y a-t-il en Amérique une religion qui réunisse les masses? Il n'y en a point. Le protestantisme, en se décomposant en une foule de sectes, tend de plus en plus à faire éclore des religions qui sont celles de quelques individus. Cependant il y a un lien qui rapproche toutes ces sectes, c'est l'esprit puritain. Je m'étonne qu'on n'ait pas déjà fait cette observation. S'il arrivait qu'un jour il y eût (chose fort désirable) un pays où le sentiment religieux dominât sans que la croyance intime, personnelle de chacun fût inquiétée par ce sentiment, ce pays serait les États-Unis. L'esprit religieux qui réunirait ainsi tous les cœurs, en laissant à l'individu ce qu'on peut appeler son opinion dogmatique, serait l'esprit puritain. Un même cœur, un esprit différent, comme un immense sacrifice où, réunis ensemble, brûleraient les encens et les parfums les plus divers, voilà l'idéal d'Emerson; c'est aussi l'idéal du protestantisme.

En faisant du développement et de l'éducation de l'individu la base de sa philosophie, en disant à l'individu : « Crois en toi, » Emerson revient aussi, qu'il le sache ou non, au principe posé par Descartes, l'autorité du sens individuel. Descartes et Emerson n'ont pas la moindre ressemblance entre eux; mais ils sont dans une situation identique. Emerson est le premier philosophe américain, comme Descartes le premier philosophe moderne. Lorsque Descartes vint fonder sa philosophie, il écarta tous les livres, rejeta toutes les traditions; lui aussi crut en lui-même. Il avait affaire à la scolastique; il ne voulait plus de ses explications de physique et de ses débris de logique. Emerson aussi a affaire à une sorte de scolastique. Il y a dans son pays je ne sais combien de sectes, toutes ayant des explications différentes, des commentaires ridicules, une exégèse risible, des liturgies souvent fort équivoques. Descartes avait affaire à des scolastiques logiciens, aristotéliciens; il fonda une métaphysique. Emerson a autour de lui des scolastiques religieux; quelle philosophie peut-il créer? Une philosophie morale.

Le troisième motif qui a pu diriger Emerson dans le choix de sa doctrine, c'est le gouvernement même des États-Unis. Les tendances d'Emerson sont certes très démocratiques; il estime même que la démocratie est le gouvernement qui convient le mieux à l'Amérique. On pourrait s'étonner alors de cette philosophie créée au profit de l'individu. Réfléchissons cependant. Au milieu de cette foule d'intérêts, de passions et de contradictions, où reposer nos yeux? Au milieu de ce tourbillon où trouver un cœur tranquille? Sur quelle base fixe élèverons-nous une philosophie? Les masses sont admirables sans doute lorsqu'elles sont unanimes, parce qu'alors elles agissent comme un seul individu ; mais est-ce à la foule qu'on peut s'adresser tout d'abord? Emerson a eu sous les yeux les agitations, les fluctuations de la multitude, et c'est pour l'individu qu'il a écrit.

Emerson prend l'individu et lui dit : « Crois en toi. » Crois en toi avec la force d'un homme et la confiance d'un enfant. Pas de dédain pour toi-même, pas de timidité, de recherche infructueuse dans les œuvres d'autrui. Évitez de recevoir d'un autre votre conviction. Avez-vous peur de vous isoler des autres hommes? Mais croire que ce qui est vrai pour soi est vrai pour tous les autres, cela est le génie. N'imitons donc jamais, car *rien n'est plus sacré que l'intégrité de notre propre esprit; c'est ce qui nous conquiert le suffrage du monde.* Les récompenses de cette confiance en soi sont l'originalité et l'honnêteté, et en effet plus on est original et plus on est sincère, moins on imite et plus on est honnête. En conservant l'intégrité de son esprit, on est l'ennemi du mensonge, et l'humanité vous honore précisément parce que vous n'avez sacrifié à l'estime d'aucun homme en particulier. Parler pour n'être pas combattu, écrire pour éviter la critique, est une triste chose. C'est un pitoyable contrat passé avec les hommes que de céder une partie de sa conviction pour n'être pas tourmenté sur l'autre moitié. La pensée n'a pas été donnée à l'homme pour plaire aux pensées d'autrui et caresser ses habitudes. *Mais, cependant,* ce sont des mots nés de la politesse et de l'urbanité, inventés pour éviter les contradictions et tourner les difficultés. La volonté n'a dans son vocabulaire que deux mots : *oui* et *non.* Le *oui* ne doit pas hésiter, le *non* ne doit pas reculer.

La confiance en soi est donc le principe de la morale d'Emerson. Pour arriver à cette confiance en soi, deux qualités sont requises, la *non-conformité* et la *non-persistance :* la *non-conformité,* c'est-à-dire qu'il ne faut pas craindre de heurter les préjugés du monde et ses prétentions à mieux connaître votre devoir que vous. Comme l'ami de Jean-Jacques, qui répétait toujours en matière de morale : « Je ne suis chargé que de moi seul, » Emerson répète sans cesse : Croyez-en votre pensée, sans vous inquiéter de ce que pensent les autres. Ne redoutez pas non plus de passer pour *non persistant* dans votre opinion. Vouloir être toujours conséquent avec soi-même, c'est vouloir rattacher par des sophismes ce qui est et ce qui fut. Si vous ne croyez plus à votre opinion d'hier, rejetez-la ; si une nouvelle pensée s'offre à vous, acceptez-la. « Ah ! s'écrieront les vieilles ladies, vous serez bien sûr alors de n'être pas compris. » N'être pas compris ! c'est le mot d'un fou. Est-il si mauvais déjà de n'être pas compris ? Pythagore ne fut pas compris, et Socrate, et Jésus, et Luther, et Copernic, et Galilée, et Newton, et chaque pur et sage esprit qui jamais prit chair. Être grand, c'est une excellente condition pour n'être pas compris. Emerson dirait volontiers avec Pascal que c'est une sotte chose que la coutume, « que cette maîtresse d'erreur que l'on appelle fantaisie et opinion; » mais il va plus loin que Pascal. La coutume doit être suivie, selon Pascal, tant qu'elle n'attaque pas le droit naturel et divin. Il faut éviter de suivre la coutume, selon Emerson, tant qu'elle contrarie notre opinion individuelle et naturelle. « Quel cas font de la coutume les grands génies, les *âmes vraies?* s'écrie-t-il ; ils l'anéantissent, et c'est pourquoi l'histoire n'est que la biographie de quelques hommes, grands parce qu'ils ont cru en eux. La postérité suit leurs pas comme une procession. *Une institution n'est que l'ombre allongée d'un homme.* »

Quelle est la faculté qui donne cette confiance en soi? Est-ce la volonté? est-ce l'intelligence? Non. D'après Emerson, c'est l'instinct, la spontanéité. Cette confiance en soi n'est pas une force qui dirige, elle est un flot qui entraîne, car qu'est-ce que l'instinct, la spontanéité ? Ce sont les forces les plus profondes de notre être, celles dont les sources mystérieuses jaillissent au moment le plus inattendu, que l'analyse ne peut atteindre. Ainsi, cette confiance née de la spontanéité nous mène directement à l'intuition. Porté sur les ailes de la pensée spontanée, nous atteignons à l'être, et en plongeant dans la source de toute existence nous devons oublier nécessairement les temps et les lieux, les choses et les hommes. Cette foi dans la puissance de la spontanéité nous donne la clef de toutes les théories d'Emerson. A la mystérieuse lumière de la pensée spontanée, nous verrons apparaître la nature, série indéfinie d'images et de symboles, l'humanité avec son histoire, suite de fables charmantes ou terribles. Chaque homme arrive ainsi à une révélation individuelle. Est-ce là du panthéisme ? est-ce là du mysticisme ? Cette théorie touche à l'un et à l'autre à la fois. Néanmoins nous croyons pouvoir dire que le mysticisme d'Emerson est tout simplement un mysticisme puritain. Dans le mysticisme catholique, cette sorte d'intuition est l'effet d'une grâce divine, non de l'accomplissement d'un devoir moral et humain. Retiré loin de la foule et du bruit, au fond d'une cellule ou d'une solitude, l'esprit s'élève par l'extase et touche à l'infini, aux sources de l'être ; c'est une grâce qui descend d'en haut, opère sur l'esprit et le transporte. Dans Emerson, au contraire, l'individu marche au milieu de la foule ; il a un devoir à accomplir : c'est ce devoir humain qui remplace la grâce divine. L'individu appuyé sur ce devoir touche à l'infini. Voilà, ce me semble, en quoi cette théorie diffère du mysticisme ordinaire et en quoi elle se rattache au puritanisme. Le puritain ne croit qu'à Dieu et à lui-même ; en remplissant un devoir, il touche à Dieu. Emerson se place, comme le puritanisme, entre le stoïcisme et le christianisme. « Suis ta loi, dit le stoïcisme, et tu seras égal aux dieux. » — « Suis ta loi, dit le chrétien, un jour tu iras trouver ton Dieu. » Mais le puritain est courbé sous le devoir, et, d'un autre côté, il croit que compter sur une immortalité future, c'est presque se dégrader. Il dit avec Emerson : « En suivant ma loi, déjà je touche à Dieu. »

L'instinct, la spontanéité, sont donc les facultés divines, selon Emerson, les vrais rapports de l'homme à Dieu. Ces singulières et aveugles facultés jouent un trop grand rôle dans la philosophie d'Emerson pour ne pas nous arrêter un instant. Par cette confiance dans la spontanéité, le philosophe américain adoucit, atténue en quelque sorte l'austérité de la doctrine puritaine. La raison du puritain lui montre la loi, et il la suit aveuglément, fatalement. L'instinct aussi est quelque chose de fatal, mais d'une fatalité plus douce. La raison, forcée d'accomplir son devoir, courbée qu'elle est sous une main de fer, crie souvent, blasphème dans le protestantisme, et semble dire à Dieu : Mon devoir accompli, qu'ai-je à redouter de toi? De là dans la littérature anglaise bien des pages sombres. Le Dieu terrible de la Bible est aussi celui du protestantisme de Knox. Mais si vous mettez l'instinct à la place de la raison, immédiatement vous enveloppez dans la poésie cette rude doctrine ; vous avez une fatalité douce, gracieuse même, à la place d'un joug de fer. La confiance instinctive, l'intuition, ces facultés aveugles qui accomplissent les plus grandes choses à de rares moments de l'existence, qui entraînent à l'inspiration, au dévouement, à l'héroïsme, sont ici la seule règle de la vie. La beauté de cette théorie, c'est de faire de la vie un perpétuel héroïsme, au lieu d'en faire, comme le puritanisme, un sacrifice, une immolation.

d.

Ce que nous ne pouvons approuver toutefois, c'est qu'en vertu de ce système Emerson arrive à nier l'éducation, celle de la société, du foyer, de l'école. « Notre meilleure éducation, dit-il, est spontanée, et notre nature est souvent viciée par la volonté. » Jaloux des droits de l'individu, Emerson ne veut laisser personne approcher de lui; il veut le laisser lui-même non-seulement élaborer sa dignité et sa grâce, mais encore développer son intelligence. Pour cela, il lui recommande de se confier à son instinct; mais l'instinct sera toujours une faculté aussi prompte à suivre le mal que le bien : il sera toujours une faculté qui, lorsqu'elle parle, fait se succéder tous les sentiments dans le cœur de l'homme, les plus doux et les plus féroces. Lorsque l'éducation est venue polir les mœurs et tirer l'intelligence des ténèbres, il est bon de se confier à son instinct, et souvent alors il faut autant de force pour lui obéir au milieu de la société et des hommes que pour le maîtriser dans l'enfance et la jeunesse. On a remarqué que les mystiques tombent souvent dans les dérèglements les plus honteux du matérialisme. Il en est de même de l'instinct. Il touche à tous les extrêmes; il est primitivement le fond même de notre nature humaine, un vrai chaos où sont jetés pêle-mêle les passions, les vices, les vertus et les facultés intellectuelles. Plus tard, l'instinct ne sera plus que l'impulsion, l'inspiration particulière du caractère et du génie de l'individu; c'est alors qu'il deviendra ce guide supérieur si éloquemment recommandé par Emerson. En attendant, il faut débrouiller le chaos de l'instinct primitif, et l'éducation seule peut se charger de ce soin, l'éducation faite par un autre. La figure de l'Apollon ou le corps de l'Hercule existe bien déjà dans le bloc de marbre; mais il faut que l'artiste dépouille ce bloc pour en tirer la statue. Jean-Jacques a bien compris tout cela. Lui aussi veut laisser à l'homme sa nature et son instinct, et, par toute sorte de ruses et d'habiletés, il amènera l'enfant à se développer dans le droit sens. « Laissons-lui tout deviner, dit-il; » mais il lui donne les moyens de deviner : il le place dans les circonstances favorables, il lui fait sa route, et l'enfant, averti par son sentiment intérieur, n'a plus qu'à la reconnaître et à marcher seul.

L'instinct et la spontanéité sont donc les facultés qui nous amènent à Dieu. Quel est le Dieu d'Emerson? Il s'appelle *over soul*, l'âme suprême. Il y a dans cette doctrine de l'alexandrinisme, du mysticisme de Swedenborg et du panthéisme. L'homme sent toujours ses pensées couler en lui, il est comme un spectateur étonné, il ne sait où est la source de ces pensées. Cette source, c'est l'âme. L'âme, le principe pensant, est en dehors de l'homme. Il n'y a qu'une âme, c'est Dieu, qui, selon le proverbe vulgaire, vient nous visiter sans cloches. « C'est cette âme qui, lorsqu'elle souffle à travers notre intelligence, s'appelle génie, à travers notre volonté vertu, à travers nos affections amour. Tout semble nous montrer que l'âme n'est pas un organe, mais la cause qui anime les organes; qu'elle n'est pas une faculté, mais se sert des facultés comme de mains et de pieds. » C'est donc Dieu qui agit dans l'esprit en qui l'homme a toute volonté et toute pensée. Et plus loin Emerson ajoute : « Il n'y a pas dans l'âme de muraille où l'homme-effet cesse, et où Dieu-cause commence. » Quand Dieu ou l'âme suprême vient nous visiter, nous voyons tous ses attributs : justice, amour, puissance, liberté. En lui nous connaissons toutes choses. Chaque nouvelle visite de l'âme suprême nous élève plus haut dans l'infini et brise le fini autour de nous. Arrivé à cette adoration de l'âme suprême, la lumière se fait pour l'individu, les temps disparaissent, et au lieu du passé et de l'avenir on n'a plus que le présent de l'éternité. Qu'est-ce que l'enthousiasme, l'inspiration? C'est l'adoration, la terreur de l'esprit à l'approche de Dieu. « Les tressaillements de Socrate, l'union de Plotin, la vision de Porphyre, la conversion de Paul, l'aurore de Bœhme, les convulsions de George Fox et de ses quakers, l'illuminisme de Swedenborg, sont de ce genre. » Nous allons donc tomber dans le mysticisme? Emerson s'arrête sur le bord. Ces visites de Dieu ne sont, à l'entendre, que la récompense que Dieu accorde à l'homme sage; cette révélation individuelle est la grâce qu'il envoie à l'âme simple et véridique qui accomplit son devoir sans s'inquiéter des usages du monde, « qui n'a pas de couleurs de rose, de beaux amis, de chevalerie et d'aventures; » en d'autres termes, c'est la sanction religieuse de cette philosophie. Sous ce point de vue, la doctrine d'Emerson est belle et vraiment admirable. L'individu transporté dans l'infini par la présence de Dieu n'est pas poète, ni philosophe, ni homme religieux; il est plus que tout cela : ses actions, ses pensées, sa vie tout entière, sont marquées d'un caractère d'éternité, *sub specie œterni*, comme dit Spinosa.

Le vrai sens de cette révélation individuelle, c'est d'être la récompense de la vie morale; mais elle a aussi son origine historique, elle a sa source dans le protestantisme. Quelle est la base du christianisme? C'est une révélation primitive faite par Dieu aux hommes. Cette révélation a été recueillie et a formé les dogmes et les croyances qui composent la religion; elle s'est perpétuée par tradition et établie par l'autorité. Le protestantisme, ayant brisé la tradition et rejeté l'autorité, a sapé la base du christianisme, la révélation primitive. A la place de cette révélation, il en a établi une tout individuelle qui parle à l'homme constamment et guide non-seulement sa vie religieuse, mais sa vie sociale. De là une grande différence entre le mysticisme catholique et le mysticisme protestant, puritain surtout. Le mysticisme catholique cherche l'amour ; le mysticisme puritain cherche avant tout la vérité. Il a des tendances non-seulement philosophiques, mais politiques. C'est ce mystiscisme puritain qui inspire Emerson, c'est éclairé en effet par la révélation individuelle qu'il aborde les questions les plus diverses de l'art, de la politique et des sciences.

Le panthéisme, on a pu le remarquer, s'introduit à pleins flots dans la doctrine de l'âme suprême telle que l'expose Emerson, c'est peut-être parce que l'écrivain ne formule jamais complétement sa pensée. Il y a dans l'essai d'Emerson sur l'*over soul* beaucoup d'idées qui se rapprochent de celles de Novalis. Lorsque Emerson exprime cette pensée : « L'homme est la façade d'un temple où toute vertu et tout bien habitent ; ce n'est pas l'homme que nous honorons, c'est l'âme dont il est l'organe, l'âme qui ferait courber nos genoux, si elle apparaissait à travers les actions de l'homme ; » il se rencontre avec Novalis, cet autre esprit hésitant comme lui entre le christianisme et le panthéisme. Le rêveur allemand a dit : « Lorsque je touche une main humaine, je touche au ciel. Il n'y a qu'un temple dans l'univers, c'est le corps de l'homme ; s'incliner devant l'homme, c'est rendre hommage à cette révélation de la chair. » Emerson hésite évidemment entre le panthéisme et un puritanisme mystique. Pour tout dire, il nous semble que, s'il y a panthéisme chez Emerson, c'est le panthéisme de Malebranche. Chez l'oratorien comme chez le ministre unitaire, le panthéisme pénètre plutôt par les élans du cœur que par la logique. Emerson voit, comme Malebranche, toutes choses en Dieu ; c'est en lui qu'il connaît les idées. « L'âme suprême, dit Emerson, est la terre commune de toutes nos pensées . » — « Dieu, dit Malebranche, est le lieu des esprits comme l'espace est le lieu du corps. » Il n'y a pas jusqu'à ces mystérieux tressaillements par lesquels Dieu, selon Emerson, nous avertit de sa présence, qui ne rappellent le système des causes occasionnelles.

Cependant le panthéisme, non plus celui de Malebranche, mais celui de Spinosa, s'introduit par un endroit dans cette doctrine. Lorsque Emerson dit : « Tout nous montre que l'âme n'est pas une faculté, mais se sert des facultés comme de mains et de pieds ; qu'elle n'est pas l'intelligence et la volonté, mais la maîtresse de l'intelligence et de la volonté, » il ne s'aperçoit pas qu'il ne détermine point la faculté qui constitue le *moi*, et que par là il arrive à anéantir l'identité de l'individu auquel il a tant accordé. Lorsqu'on médite sur soi-même, on voit agir les diverses facultés ; mais quelle est la faculté maîtresse de celles-là ? On ne l'aperçoit pas clairement. Il faut cependant qu'il y ait une faculté maîtresse des autres, une âme en un mot des facultés intellectuelles. Pour parler la langue philosophique, quelle est la faculté qui constitue le *moi* ? Est-ce la volonté ? est-ce l'intelligence ? Dans Emerson, la faculté causatrice est en dehors de l'homme, nos facultés ne sont que des *mains* et des *pieds*. Ailleurs, dans le chapitre sur l'*Intelligence*, il dit : « L'homme est aussi bien dans ses intellections que dans ses volitions. » Spinosa sait bien tout cela, car il remarque qu'il y a des pensées et des actes que l'on peut tantôt rattacher à la volonté, tantôt à l'intelligence, sans pouvoir déterminer précisément la faculté à laquelle ils se rapportent. Dès lors le résultat est très simple. S'il n'y a pas une faculté qui constitue essentiellement le moi, l'homme n'a pas d'identité véritable ; si la cause de toutes nos actions, la faculté génératrice de toutes nos pensées est en dehors de nous, notre existence tout entière n'est qu'une série de phénomènes et de faits dont nous avons bien conscience, mais sur lesquels nous n'avons aucun pouvoir. L'homme n'est pas autre chose que le théâtre où parlent ces inspirations, où agissent ces péripéties, où passent ces personnages éphémères. L'auteur est ailleurs, inconnu et mystérieux, l'auteur anonyme qui a inventé la pièce et distribué les rôles. Si l'homme n'a pas une véritable identité, son être va flotter, sa vie sera une continuelle transformation. L'homme qui ne se connaît pas lui-même, qui ne sait d'où lui viennent ses pensées, est alors englouti dans un être universel et aveugle qui ne se connaît pas davantage et renferme en lui toutes les existences particulières.

On peut s'étonner qu'Emerson n'ait pas songé à établir l'identité de l'individu. C'est que l'extension et la négation d'un principe aboutissent quelquefois au même résultat. L'individu, dans Emerson, attire l'univers à lui, comme dans d'autres systèmes il est absorbé par l'univers. Qu'on suive un instant les conséquences toutes naturelles et inévitables de la philosophie d'Emerson, et on verra comment il peut être conduit à un panthéisme très rigoureux. La morale d'Emerson ne s'appuie pas sur la raison, mais sur un sentiment instinctif. Cette confiance en soi mène à l'oubli de soi. Confiance et oubli sont deux termes qui se rejoignent. Celui qui, sans souci des opinions d'autrui, se confie à lui-même, arrive alors à se considérer comme la seule réalité existante ; il se généralise pour ainsi dire et touche à l'infini. Ce fait de croire en soi et seulement en soi entraîne à regarder comme des mensonges tous les obstacles qui s'élèvent devant nous ; tout ce qui nous entoure n'aura donc pas de réalité, car une chose n'est réelle pour nous qu'autant qu'elle nous force à la reconnaître sinon notre supérieure, du moins notre égale. Il arrivera dès lors un moment où l'individu qui fait de son cœur ou de sa pensée son seul univers perdra la conscience de la réalité de la vie dans les choses environnantes. De même que dans la solitude le cœur épanche sa tendresse sur tous les objets en général, que les désirs de l'esprit appellent des êtres lointains et sans physionomie arrêtée, que les méditations de la pensée s'étendent sans bornes précises et sans sujets définis, de même l'individu isolé au milieu de la foule voit les hommes et les choses passer autour de lui comme une légion de fantômes. Se repliant sur lui-même, voyant ses pensées d'autrefois et ses jugements d'aujourd'hui, il ne se reconnaît plus lui-même. Ses opinions passées en faisaient un être particulier que ses opinions d'aujourd'hui ont détruit. Sa vie entière, par la théorie de la non-persistance, est une série de transformations et de métamorphoses. L'instinct, vague mystérieuse, nous entraîne dans son roulis impétueux, incessant, et c'est alors qu'étourdis et fatigués par cette tempête toujours renaissante, nous perdons conscience de nous-mêmes; c'est alors que notre être s'engloutit dans cet immense océan de l'être universel en qui tout dort et rêve, d'où par flots et par moments sortent la vie et la pensée.

Les conséquences métaphysiques et morales de la philosophie d'Emerson sont la suppression de l'espace et du temps. Au temps se rapporte l'histoire, à l'espace se rapporte la nature. L'individu, qui, selon le beau mot de Fichte, tire à lui l'éternité, va concentrer en lui-même l'humanité et la nature. C'est en lui qu'elles vont trouver leur réalité; sans lui, la nature et l'humanité ne seraient qu'une suite d'images et une série de faits successifs. L'histoire et la nature vont devenir *subjectives*.

L'âme suprême est, avons-nous vu, la terre commune des pensées de tous les hommes. Il n'y a donc qu'un même esprit pour tous les individus qui composent l'humanité. Je suis partie intégrante de cet esprit, donc je puis comprendre tout ce qui a été fait dans le monde.

L'histoire conserve le souvenir des actes et des œuvres de cet esprit. Je puis trouver les lois de l'histoire, puisque le même esprit qui présida aux scènes du passé préside à mes actes d'aujourd'hui. Tous ces faits répondent à quelque chose qui est en moi. Toute réforme n'a-t-elle pas été d'abord une opinion particulière? « La création de mille forêts est dans un gland, et l'Égypte, la Grèce, Rome, la Gaule, la Grande-Bretagne, l'Amérique gisent enveloppées dans l'esprit du premier homme. » La conclusion de tout cela, c'est la possibilité d'une philosophie de l'histoire. L'individu est l'abrégé de l'humanité. En s'étudiant lui-même, il peut découvrir les lois morales qui régissent l'humanité. Qu'est-ce que l'histoire? La biographie de quelques individus. Donc le sphinx peut résoudre sa propre énigme.

Dans cette théorie, l'individu est, comme le dit Emerson, l'entière encyclopédie des faits. A mesure qu'il lit les annales des temps passés, il les enferme en lui en se disant : Ceci est ma propriété; c'est ainsi que j'ai agi, que j'ai pensé, que j'ai rêvé, que j'ai senti. En même temps qu'il concentre en son âme tous les faits de l'histoire, il est doué du pouvoir de généraliser ses pensées particulières et ses actes privés. Une croyance, une vérité, une institution, nées dans son cerveau, deviendront la propriété de l'humanité. Par là Emerson croit établir un courant entre l'individu et l'humanité; il se trompe : sa théorie, poussée à ses dernières conséquences, arrive à détruire l'histoire et avec elle l'expérience qu'elle nous présente, la sagesse qu'elle nous enseigne. Il n'y a plus de réalité, d'expérience et de sagesse que dans l'esprit de l'individu. « La nuit est maintenant là où l'âme était autrefois, » dit-il. Et toute l'histoire tombe ainsi dans le néant.

Nous souscrivons à cette pensée d'Emerson, qu'il peut y avoir une philosophie de l'histoire, parce que tous les faits répondent à une pensée ou à une faculté qui est en nous. Nous croyons qu'en s'interrogeant l'individu peut découvrir la raison des faits; nous croyons encore qu'il peut donner une vie nouvelle à ces faits dont toute l'existence aujourd'hui consiste dans un léger souvenir; mais détruire l'histoire, effacer de nos cœurs le culte du glorieux passé de l'humanité, nous n'y consentirons jamais. Emerson est d'ailleurs inconséquent; il serait facile de lui prouver qu'en annihilant l'histoire, il va contre sa propre théorie, selon laquelle l'histoire doit présider à notre développement intellectuel. On ne saurait refuser néanmoins à ces vues sur l'histoire une remarquable hardiesse, une singulière profondeur. Pour expliquer les rapports qui existent entre les périodes de l'histoire et les périodes de la vie individuelle, Emerson a recours aux développements les plus ingénieux, les plus subtils. Il pose très nettement le principe d'une philosophie de l'histoire, il ne s'égare que lorsqu'il brise toute tradition, et encore a-t-il une excuse : c'est pour abattre la tyrannie des faits, pour éviter la routine, pour donner à l'homme de son siècle une haute idée de lui-même, pour réduire tous les faits historiques en faits moraux, qu'il anéantit le passé; mais ici l'humanité me semble devoir réclamer ses droits contre l'individu.

Par cette théorie de l'histoire, nous avons supprimé le temps; nous allons voir Emerson supprimer l'espace. Qu'est-ce que la nature? Une multitude d'images et d'apparences. Ces apparences du monde physique répondent aux apparences du monde moral. La nature comme l'histoire existe pour l'éducation de l'homme. Les apparences de la nature sont symboliques, mais ces symboles ont un rapport avec notre être. L'individu doit s'appliquer à rechercher le sens de ces symboles à l'aide de la faculté qu'Emerson appelle prudence. La prudence est la vertu des sens, la science des apparences. « Elle cherche à la fois la santé du corps en se conformant aux conditions physiques, et la santé de l'esprit en se conformant aux lois intellectuelles. » Nommons-la donc par son vrai nom ; la prudence telle qu'Emerson la décrit, c'est la science de la vie, celle qui fait le sage.

L'entière possession de soi-même au milieu de cette suite d'images et de symboles qui tourbillonnent autour de nous constitue la prudence. La nature nous entoure d'illusions, mais l'homme prudent sait les éviter. Fort de sa confiance en lui-même, il détermine le caractère de la nature par son caractère. Fichte disait : « Le moi crée le monde ; » Emerson dit : « Le monde est tel que l'homme veut qu'il soit. » Le vrai sage, l'homme prudent dédaigne l'apparence et va droit au réel. Cette réalité, c'est la loi dont chaque image de la nature est le symbole. Les symboles ont trois degrés : l'utilité, la beauté, la vérité. Il y a également trois degrés dans la prudence: la prudence qui s'attache au symbole pour son utilité, celle qui s'attache à la beauté du symbole, et enfin celle qui s'attache à la beauté de la chose réelle représentée par le symbole. Emerson divise les hommes en trois catégories, selon qu'ils cherchent dans les symboles l'utilité, la beauté et la vérité. La vraie prudence est celle qui demande aux symboles la vérité qu'ils renferment et la loi qui leur est commune.

Ici viennent tout naturellement se placer les idées d'Emerson sur l'art. Ce que le sage fait pour la vérité, l'artiste le fait pour la beauté. Il fixe les apparences de la nature qui lui semblent les plus belles. Dans un paysage, le peintre doit dédaigner les détails et peindre l'idée que lui suggère le paysage. Dans un portrait, c'est le caractère et non les traits qu'il doit peindre. L'artiste est celui qui sait le mieux généraliser une chose particulière, fixer pour jamais une chose momentanée, découvrir au milieu d'apparences éphémères le trait prédominant, le caractère essentiel, la réalité éternelle.

Il est superflu de s'arrêter longtemps sur ces idées : cherchons à les expliquer. Toutes les choses de ce monde, en effet, celles de la nature et celles de notre esprit, nos pensées, nos sentiments, nos perceptions, ne sont que des apparences; elles passent, repassent et s'évanouissent. Tout dans le monde extérieur et dans notre cœur est sujet à des métamorphoses infinies; mais le sage reconnaît que ces choses sont les spectres des réalités : il arrête sur elles un regard fixe, démêle les apparences trompeuses des symboles véritables, constate le phénomène utile, sourit au fantôme de la beauté et se sert de ces apparences brillantes comme d'autant de degrés pour atteindre la vérité. Lorsqu'il a reconnu dans la nature les apparences divines, il leur donne un corps s'il est artiste, et les fixe pour jamais. S'il est sage, il se sert de ces symboles pour guider sa vie. La vertu et le génie dépendent de cette recherche.

Les idées politiques d'Emerson sont peu nombreuses. Un seul principe les explique toutes. Le philosophe américain ne reconnaît pas de bornes à l'influence personnelle. L'État n'existe que pour l'éducation du citoyen. Les institutions, qui ne sont que des essais, l'État, qui n'est pas stable, mais tout au contraire *fluide* de sa nature, n'ont pas le droit de dominer l'individu. Lois, statuts, institutions, existent simplement pour nous dire : Voilà ce que vous pensiez hier, que pensez-vous aujourd'hui? L'État doit suivre les progrès du citoyen et non les commander.

Maintenant, quelle est la sanction de la philosophie d'Emerson? Nous connaissons déjà la sanction rémunératrice, qui est la révélation individuelle. La clause pénale s'appelle *compensation*. L'âme de l'individu, qui concentre en lui la nature et l'humanité, doit être l'image de l'ordre parfait, de l'unité. Son devoir principal est donc d'y faire régner l'harmonie des facultés, la symphonie des pensées. Il doit établir dans son esprit un complet équilibre, une symétrie régulière. Si sa vie n'est pas réglée par cet équilibre, s'il la laisse pencher plus d'un côté que d'un autre, il en est puni par la *compensation*. Si nous développons une faculté au détriment d'une autre, nous voyons les choses par fractions et non plus en totalité. Si nous gratifions les sens au détriment du caractère, nous voyons bien la tête de la sirène, mais non pas le corps du dragon. Cette loi de la compensation est visible dans la nature et dans l'esprit. Nous voyons et nous distinguons parfaitement le châtiment au moment où nous commettons la faute, car le châtiment et la faute sortent de la même tige. Les hommes vous puniront, et vous-même vous vous punirez. N'est-ce pas Burke qui dit : « Un homme n'eut jamais une pointe d'orgueil qui ne fût injurieuse pour lui-même. » Ainsi vous souffrirez de vos propres imperfections ; mais si vous tendez de plus en plus à l'équilibre de vos facultés, en résistant aux ambitions et aux vices qui voudraient faire pencher la balance, la loi de la compensation vous en récompensera immédiatement. Nous gagnons la force de la tentation à laquelle nous résistons, comme l'habitant des îles Sandwich gagne, selon sa croyance, la force de l'ennemi qu'il tue. Ainsi, la sanction de cette philosophie est tout intérieure. C'est l'âme qui récompense, c'est l'âme qui punit les individus.

Voilà les traits principaux de la philosophie d'Emerson. Il a fallu, pour en donner une idée, grouper en corps de doctrine des principes qu'Emerson avait laissés épars, systématiser en quelque sorte des pensées errantes. Nous avons dû écarter, parmi ces pensées, celles qui ne s'offraient qu'à l'état de conjectures ou d'aphorismes isolés, la théorie de la perfectibilité, par exemple. Cette théorie n'est pas autre chose que la théorie de

Vico telle que l'a modifiée M. Michelet en disant : « Vico vit bien que l'humanité allait par cercles, mais il ne vit pas que les cercles allaient toujours s'élargissant. » Les sujets les plus divers, nous l'avons dit, attirent le capricieux *essayist*. Ainsi, dans le chapitre intitulé *Manners* (Manières), il nous donne tout un code charmant, ingénieux, un mémoire sur les bonnes manières et la politesse. Dans l'essai sur l'amitié, Emerson indique et précise avec une merveilleuse délicatesse et une pénétrante éloquence tous les degrés de ce sentiment, depuis la sympathie que nous éprouvons pour les hommes qui nous sont inconnus jusqu'à la sympathie pour l'humanité. Une veine démocratique y circule cachée, et, sous le sentiment de l'amitié, tressaille sans se montrer le sentiment de la fraternité. Parmi cette série d'essais où le moraliste, l'observateur ingénieux se montre plus que le philosophe, nous citerons surtout l'essai sur l'amour. Il y a dans ces pages charmantes plus de fraîcheur que de passion, plus de tendresse que de flamme. Emerson indique toutes les gradations du sentiment de l'amour comme il a indiqué celles de l'amitié. Il prend l'amoureux à l'école ; il observe les progrès d'une intimité enfantine entre Edgard, Jonas et Almira. Bientôt l'enfant devient le jeune homme, Emerson le suit dans toutes ses douces folies d'amour, et, pour les peindre, il trouve les couleurs du *Comme il vous plaira* de Shakspeare. L'amour n'est plus une passion brûlante et terrible ; c'est un arc-en-ciel qui se lève sur les orages de la vie. L'objet aimé ne trône pas comme une belle statue, il habite les régions féeriques des nuages éclairés par le soleil couchant ; puis peu à peu les rêveries s'effacent, le vague et impersonnel amour s'évanouit, le sentiment s'élève à des hauteurs platoniciennes, et l'amant devenu l'époux compare la femme aimée au type de perfection qu'il a rêvé. Alors cette comparaison d'un type idéal à un être de chair amène la découverte de nouvelles imperfections et de défauts inconnus. L'époux s'attache alors à la femme, et il n'y a plus que deux êtres humains en face l'un de l'autre ; c'est la fin de l'amour. La peinture d'Emerson devient triste. Nous entrons avec lui dans la demeure des deux époux, et nous nous asseyons près du triste foyer puritain. Les monotones douceurs de l'habitude ont remplacé l'inspiration et la rêverie ; les deux amants s'étaient pris la main en regardant le ciel, et peu à peu leurs regards se sont baissés vers la terre ; mais si l'amour s'est enfui, le devoir reste : la règle sans la passion.

Quand on a suivi Emerson à travers ces mille digressions auxquelles une pensée unique sert de lien, on se demande quel rôle pourrait jouer cette philosophie dans le mouvement actuel des idées européennes. Il semble qu'elle offre des arguments précieux contre certains systèmes démocratiques qui se sont produits dans ces dernières années. Ces systèmes tendent singulièrement à nier l'individu ou du moins à l'absorber au sein des masses et à l'y laisser oublié. Ses droits, on les lui arrache ; son caractère, on semble le redouter, et son génie, on paraît l'envier. Après la destruction des aristocraties politiques qui s'intitulaient telles par droit divin et origine lointaine, il semble qu'on veuille détruire les aristocraties du caractère et du génie, qui, bien plus que les premières, tiennent leur puissance de Dieu et ont une origine inconnue et mystérieuse. On prend soin, dans ces sortes de théories, de rendre non pas les hommes égaux par l'égalité des droits, mais de rendre l'existence de chacun égale à celle de tous. Toutes ces doctrines font à la question de droit une si large part, que la question de devoir y disparaît presque entièrement. Le devoir est pourtant la seule chose qui distingue l'individu et le sépare des masses ; les droits sont communs à tous, mais le devoir varie presque avec chacun selon sa position. Sans le devoir, plus de luttes, d'efforts, plus de tous ces élans qui marquent l'individu d'un signe glorieux; plus de vertus, on l'en dispense dans la plupart de nos théories. Le devoir une fois effacé, toutes ces choses qui font le caractère et sont l'œuvre de la volonté individuelle disparaissent. A tous on fait la vie égale, c'est-à-dire qu'on organise la société de telle manière que l'individualité de chacun s'efface et qu'il ne reste plus que des groupes de capacités, des associations, et dans des systèmes plus récents des masses qui imposent à l'individu leurs sentiments et l'absorbent violemment au sein d'une fraternité peu tolérante. Veut-il avoir sa liberté et penser à sa manière sur les choses qui intéressent sa conscience; veut-il travailler selon ses inclinations naturelles et sans reconnaître à la société le droit de lui imposer son genre de travail; revendique-t-il lui-même la récompense de son travail, la distinction et surtout la gloire, il est taxé *d'individualisme.* Nous ne voulons pas prendre les choses à un point de vue poétique et dire qu'une société qui arriverait à méconnaître le génie et le caractère, apanages sublimes de l'individu, serait beaucoup plus plate et plus ennuyeuse qu'une autre; mais nous dirons qu'au point de vue moral une société qui détruirait le génie et le caractère serait une société intolérante, impie et iconoclaste, car elle détruirait la plus belle œuvre d'art qui existe, le caractère individuel, l'âme humaine, telle que chacun de nous peut la façonner en suivant son devoir. Voilà ce que sait Emerson et pourquoi il réclame en faveur de l'individu. Ce qu'il exige de lui, c'est le caractère et le génie; ce qu'il exige de la société, c'est qu'elle marche non dans une voie uniforme, mais par des chemins nombreux; qu'elle ne ferme pas toutes les issues afin que chacun soit retenu dans la même voie; qu'elle laisse au contraire chaque individu se frayer lui-même sa route.

Un deuxième service que nous rend cette philosophie, c'est de nous arracher aux admirations et aux engouements contemporains, et de nous placer dans un centre d'indifférence d'où nous pouvons voir également toutes les doctrines. Il nous arrache ainsi à l'esprit de parti, à cet esclavage moderne, à cette superstition qui, pour être plus satirique, n'est pas moins dangereuse que les anciennes superstitions tant raillées. Sois un *homme* avant d'être un sectaire, sois un *homme* avant d'être un citoyen, sois un *homme* même avant d'être un héros, nous dit-il sans cesse. Donne-moi, dit-il dans l'essai sur la *Confiance en soi*, l'assurance que tu es un homme; fais-moi sentir instinctivement que tu es un homme et ne viens pas répondre à cette question par tes actions. Le vieux mot de Montaigne, de Molière, de Rousseau : Revenons à notre nature, vibre de nouveau dans Emerson, mais sans aucun mélange d'épicuréisme, de matérialisme et d'esprit de révolte. Trop longtemps, selon Emerson, l'homme a vécu en dehors de lui, dans des institutions, dans des partis, dans des sectes; qu'il renonce à cette servile obéissance, à cette abnégation impie; qu'il rentre en lui-même et il y trouvera l'origine de ces sectes, la pensée de ces institutions qui lui ont semblé si saintes et si supérieures à lui.

Toutes les doctrines se rencontrent dans Emerson, et la cause en appartient à cette suprême indifférence. Les systèmes qu'on pourrait tirer de telle ou telle pensée, les conséquences qu'on pourrait arracher à tel ou tel élan, ne prouveraient rien en faveur des préjugés de celui qui essayerait de tirer à lui cette doctrine et de la déclarer conforme à ses idées. Ce ne sont pas les pensées ni l'expression de ces pensées qui sont importantes ici, c'est l'âme de ces pensées, c'est l'esprit général qui leur a donné naissance. Emerson nous enseigne deux choses, la défiance et l'amour; la défiance à l'endroit des politiques, des théoriciens, des sectaires; la défiance à l'endroit de tous les hommes divisés en catégories, en partis, en écoles; et l'amour des *hommes*, de nos semblables, tels qu'ils sont sortis des mains de Dieu, des hommes portant la marque originelle de leur ressemblance avec nous, de leur identité, et non pas déformés et effacés par tous les sophismes et toutes les erreurs passionnées qui courent le monde.

Enfin, le troisième service de cette philosophie, c'est d'être un *pressentiment*. Elle éveille notre esprit sur nos destinées futures et nous porte à réfléchir involontairement sur les choses qui seront. Elle nous pousse à conjecturer, à prophétiser, à deviner. Lisez avec attention ces pages bizarres et ardentes; vous y trouverez peu de pensées entièrement développées, peu d'aperçus complétement exposés, mais vous y trouverez, si j'ose m'exprimer ainsi, des germes de nouvelles philosophies, de futures manières de vivre, d'institutions à venir. Ces essais sont comme la science hermétique et la philosophie occulte d'une nouvelle généralisation plus large et plus belle que celle que nous possédons.

Comme protestation en faveur de l'individu, il serait donc à désirer que la philosophie d'Emerson se propageât en Europe; mais, indépendamment de ce mérite d'opportunité, les *Essais* du penseur américain ont une portée plus haute. « Ecris pour un public éternel, » dit Emerson au poète et au philosophe. « Vis dans le présent comme s'il était l'éternité, » dit-il à l'homme sage. Détruire les vicissitudes de la durée et toutes les variétés de l'espace, fermer l'oreille aux opinions de la société, éviter ses louanges et ses reproches, ces voix de sirène et ces railleries de Thersite, c'est passer au milieu des hommes, au milieu de leurs murmures menaçants et flatteurs, comme les premiers chrétiens passaient au milieu de la nature sans s'arrêter à ses concerts et à ses leurres. Ainsi l'existence, — ce composé de faits passagers, d'actes que le souvenir nous montre comme des spectres, à peine se sont-ils éloignés de nous, — ne se laissant distraire ni par les hommes ni par la nature, s'élève à la hauteur de l'absolu ; elle ressemble à une vérité qui, née du temps, découverte et fixée dans une minute fugitive, devient désormais éternelle pour tous les hommes. Vivre au milieu de la nature sans se laisser entraîner par elle comme les anciens, vivre au milieu de la société sans se séparer d'elle comme Montaigne, telle doit être aujourd'hui, ce nous semble, l'ambition du sage. Emerson a connu cette ambition, et il l'éveille en nous par ses écrits. Un tel rôle noblement rempli suffit à sa gloire. La postérité n'oubliera pas qu'il a donné à notre siècle ce que Montaigne avait donné au sien, **un nouvel idéal de la sagesse.**

Émile MONTÉGUT.

ESSAIS
DE
PHILOSOPHIE AMÉRICAINE

I

CONFIANCE EN SOI.

Ne te quæsiveris extrà.

L'homme est sa propre étoile ; l'âme qui peut former un homme honnête et parfait domne toute lumière, toute influence, toute fatalité ; rien pour elle n'arrive trop de bonne heure ou trop tard. Nos actes sont nos bons et nos mauvais anges, les ombres fatales qui marchent à nos côtés.
BEAUMONT ET FLETCHER.

Élevez l'enfant sur les rochers, allaitez-le avec le lait de la louve ; lorsqu'il aura vécu avec le renard et le faucon, puissants et rapides seront ses pieds et ses mains.

Je lisais l'autre jour quelques vers d'un peintre éminent qui étaient originaux et non de convention. Dans de telles lignes, que le sujet soit ce qu'il voudra, l'âme surprend toujours un avertissement. Le sentiment qui en découle a plus de valeur que les pensées qu'ils renferment. Croire à notre propre pensée, croire que ce qui est vrai pour nous dans notre propre cœur est vrai pour tous les autres hommes, cela est le génie. Exprimez votre conviction intime et elle se découvrira être le sens universel ; car toujours le subjectif devient l'objectif, et notre première pensée nous est rapportée du dehors comme par les trompettes du jugement dernier. Le plus grand mérite que nous puissions assigner à Moïse, à Platon, à Milton, c'est qu'ils ont réduit à néant et les livres et les traditions, c'est qu'ils ont exprimé ce qu'ils pensaient, mais non pas ce qu'avaient pensé les hommes. L'homme doit s'attacher à découvrir et à surveiller cette petite lumière qui erre et serpente à travers son esprit bien plus qu'à découvrir et à observer les astres du firmament des bardes et des sages. Et pourtant, il chasse sans attention sa pensée parce qu'elle est sienne. Dans chaque œuvre de génie, nous reconnaissons les pensées que nous avons rejetées ; elles nous reviennent avec je ne sais quelle majesté d'abandon. Les grandes œuvres de l'art n'ont pas pour nous de plus émouvantes leçons que celle-là ; elles nous enseignent à rester fidèles à notre impression spontanée avec une joyeuse inflexibilité, alors même que le cri universel lui est contraire. Demain un étranger vous exprimera avec un bon sens supérieur tout ce que vous avez senti et pensé, et vous serez forcé de recevoir honteusement d'un autre vos opinions personnelles.

Il y a un certain moment de son éducation individuelle où chaque homme arrive à la conviction que l'envie est ignorance, que l'imitation est suicide, qu'il doit se prendre pour meilleur ou pire selon le lot qui lui est échu ; que, malgré que l'univers infini soit rempli de bien, néanmoins aucun épi de blé nourrissant ne peut pousser en lui que par son travail individuel et sur la portion de terre qui lui a été donnée à travailler. La puissance qui réside en lui est neuve, originale ; personne ne sait ce qu'il peut faire, lui-même ne le sait pas avant de l'avoir essayé. Ce n'est pas pour rien qu'une physionomie, un caractère, un fait font tant d'impression sur lui, tandis que d'autres n'en produisent aucune ; elle n'est pas sans une harmonie préétablie dans l'intelligence, cette structure. L'œil était placé à l'endroit même où un certain rayon devait tomber, afin qu'il pût rendre témoignage de ce rayon. Que l'homme donc exprime bravement sa confession jusqu'à la dernière syllabe. Nous n'exprimons que la moitié de nous-mêmes et nous sommes honteux de l'idée divine que chacun de nous représente. Nous pouvons être assurés que cette idée divine est proportionnée à de nobles fins ; qu'elle soit donc fidèlement, sincèrement communiquée aux autres hommes ; car les lâches ne manifesteront jamais visiblement l'œuvre de Dieu. Pour rendre sensible une chose divine, il est nécessaire d'un homme divin. Un homme est joyeux, et peut se dire délivré de sa tâche, lorsqu'il a mis son cœur dans son œuvre et fait de son mieux ; mais il n'y a pas de paix pour lui s'il a agi autrement, sa délivrance ne le délivre pas. Son génie l'abandonne dans ses tentatives, aucune muse ne lui est amie ; aucune inspiration, aucun espoir ne lui arrivent.

Confie-toi en toi-même ; tout cœur vibre à cette ferme parole [1]. Accepte la place que t'a donnée la divine providence, la société de tes contemporains, l'ensemble des événements. Les grands hommes ont toujours fait ainsi : ils se sont confiés comme des enfants au génie de leur âge, trahissant par instants cette croyance que c'était Dieu qui allumait au fond de leur cœur l'enthousiasme, qui travaillait par leurs mains, qui dominait et absorbait tout leur être. Acceptons aujourd'hui la même destinée sublime avec le plus haut dessein ; ne restons pas serrés dans un coin ; comme des lâches ne fuyons pas devant

---

[1] Mot à mot : tout cœur vibre à cette corde d'airain, *to that iron string*.

une révolution; mais, bienfaiteurs, rédempteurs, pieux aspirants à être une noble argile entre les mains du Tout-Puissant, avançons et avançons toujours davantage en conquérants sur les domaines de la mort et du néant.

Quels charmants oracles rend sur ce sujet la nature, par la physionomie et le maintien des enfants, et même des bêtes! Ils n'ont pas en eux cet esprit divisé et rebelle, cette défiance que nous gardons à l'endroit de nos sentiments, parce que notre arithmétique a calculé la force et les moyens opposés à nos desseins. Leur esprit étant un, leur œil est encore comme insoumis, et lorsque nous les regardons nous sommes déconcertés. L'enfant ne se conforme à personne, tous se conforment à lui, si bien qu'un enfant met en déroute ces quatre ou cinq adultes qui babillent et jouent avec lui. Ainsi que l'enfance, Dieu a armé la jeunesse, la puberté et la virilité avec leurs propres attraits et leurs propres charmes, les a rendues enviables et gracieuses, et leurs droits, leurs prétentions ne seront jamais, jamais rejetés tant qu'ils s'appuieront sur leur nature native et spontanée. Ne pensez pas que le jeune homme n'a pas de force parce qu'il ne peut causer avec vous et moi. Écoutez! dans la chambre voisine, qui donc parle avec tant de clarté et d'enthousiasme? Cieux! c'est lui. — Quoi! c'est ce composé de timidité et de silence qui pendant des semaines entières n'a rien fait que manger lorsque vous étiez là, qui maintenant se répand en paroles résonnantes comme le timbre des cloches! Il semble qu'il sait maintenant comment parler à ses contemporains. Timide ou hardi, en vérité, il saura comment nous rendre inutiles, nous ses aînés.

La nonchalance des enfants qui, étant sûrs d'un dîner, dédaignent autant qu'un souverain de dire ou de faire quelque chose pour se concilier quelqu'un, voilà la saine attitude de la nature humaine. L'enfant est le maître de la société; indépendant, irresponsable, regardant de son coin sur les gens et les faits qui passent auprès de lui, il les juge, il prononce sur leur mérite dans le vif résumé familier aux enfants, il les déclare bons, mauvais, intéressants, éloquents, niais, ennuyeux. Il ne s'inquiète pas des conséquences, des intérêts; il donne un verdict indépendant et naïf; vous pouvez le flatter, lui ne vous flatte pas. Un homme est comme emprisonné par la conscience qu'il a de lui-même. Aussitôt qu'il a une fois agi ou parlé avec *éclat*[1], il est une personne compromise, surveillée par la sympathie ou la haine de milliers d'individus dont il doit maintenant tenir compte. Il n'y a pas de Léthé pour lui. Ah! s'il pouvait encore rentrer dans son ancienne indépendance, dans sa neutralité! L'homme qui aurait ainsi perdu toute son ancienne tranquillité, et qui continuerait à se conduire avec la même innocence sans affectation, sans préjugés, sans effroi, incorruptible, qui continuerait à regarder avec ses anciens yeux, celui-là serait formidable et fait pour attirer à jamais les regards du poëte et des hommes. La force de cette immortelle jeunesse se ferait incontestablement sentir. Il exprimerait sur toutes les affaires passagères des opinions qui, n'étant pas individuelles, mais *nécessaires* et éternelles, s'enfonceraient comme des traits dans les oreilles des hommes et les rempliraient de crainte.

Voilà les voix que nous entendons dans la solitude, mais elles deviennent faibles et à peine perceptibles à mesure que nous entrons dans le monde. La société est partout en conspiration contre la virilité de chacun de ses membres. La société est une compagnie d'assurance dans laquelle les membres s'entendent pour la sûreté de leur nourriture, à condition que le mangeur rendra en échange sa liberté et sa culture. La vertu qu'elle de-

---

[1] Ce mot *éclat* est en français dans l'original.

mande avant tout est la *conformité*. La confiance en soi est son aversion. Elle n'aime pas les réalités et les créateurs, mais les usages et les coutumes.

Celui qui veut être un homme doit être un non conformiste. Celui qui veut conquérir les palmes immortelles ne doit pas être troublé par le nom du bien, mais doit chercher où est le bien. Rien n'est aussi sacré que l'intégrité de notre propre esprit. Absolvez vous-même, et vous conquerrez le suffrage du monde. Je me souviens d'une réponse que, dans ma jeunesse, je fus poussé à faire à un interlocuteur distingué qui avait coutume de m'importuner avec les chères vieilles doctrines de l'Église ; sur mon dire : « Qu'ai-je à faire de la sainteté des « traditions si je puis vivre par moi-même, par mon « impulsion morale intérieure ; » mon ami observa « que « les impulsions pouvaient venir d'en bas et non d'en « haut. » Je répliquai alors : « Il ne me semble pas qu'il « en soit ainsi ; mais si, par hasard, je suis l'enfant du « diable, je vivrai alors d'après les lois du diable[1]. » Le bien et le mal ne sont que des noms faciles à transporter à ceci, ou à cela ; le seul droit est celui qui est conforme à ma constitution, le seul tort celui qui lui est opposé. Un homme doit se comporter en présence de toute opposition comme si, à l'exception de sa personne, toutes choses n'étaient qu'étiquettes et phénomènes. Je suis honteux en pensant combien nous capitulons aisément avec les mots et les signes, avec les associations et les institutions mortes. Tout individu au maintien décent et au beau langage m'affecte et me commande beaucoup plus qu'il ne serait nécessaire. Je dois marcher la tête haute, vivre de ma vie individuelle et dire rudement la vérité

---

[1] Voilà le côté faible d'Emerson, c'est l'exagération de l'individualité humaine ; on peut aller loin avec cela. Le mot qu'il cite est absolument le même que celui de Kossuth : « Si le ciel ne veut pas m'entendre que l'enfer me réponde. »

dans tous les sentiers. Si la malice et la vanité portent l'habit de la philanthropie, les laisserons-nous donc passer? Si quelque colérique bigot prend en main cette excellente cause de l'*abolition* et vient à moi avec les dernières nouvelles arrivées des Barbades, pourquoi donc ne lui dirais-je pas : « Va, aime ton enfant, sois modeste et garde une bonne nature, et ne viens plus vernir ta dure et égoïste ambition avec cette incroyable tendresse pour des gens de couleur noire qui habitent à cent lieues de toi; tu portes au loin ton amour et tu n'es que haine à ton foyer. » Rude et impolie serait une telle réception, mais la vérité est plus belle que l'affectation de l'amour. Votre bonté doit avoir un certain tranchant ironique, sinon elle est nulle. La doctrine de la haine doit être prêchée comme la contre-partie de la doctrine de l'amour lorsque cette dernière fatigue et ennuie. J'évite mon père et ma mère, ma femme et mon frère, lorsque mon génie intérieur m'appelle. Volontiers j'écrirais sur ma porte : Absent par *caprice*. J'aime à croire que cet acte aurait un meilleur mobile que le caprice; mais enfin nous ne pouvons passer toutes nos journées à expliquer notre conduite. N'attendez pas de moi que je vous dise pourquoi je recherche, ou pourquoi j'évite la société. Et bien plus, ne venez pas me parler, comme un brave homme le faisait hier encore, du devoir qui m'impose d'élever tous les hommes pauvres à une meilleure situation. Est-ce qu'ils sont *mes pauvres?* Je te dis, imbécile philanthrope, que je regrette le *dollar*[1], le sou, le liard que je donne à des hommes qui ne m'appartiennent pas et auxquels je n'appartiens pas. Il y a une classe de personnes envers lesquelles je suis comme acheté et vendu, par affinité spirituelle; pour celles-là, j'irai en prison si cela est nécessaire; mais vos mélanges de charité populaire, mais la construction d'églises pour

---

[1] Dollar, monnaie américaine valant à peu près 5 fr. 25 cent.

la triste fin à laquelle s'arrêtent tant d'hommes de nos jours, mais l'éducation du collége pour des fous, mais les aumônes aux sots, mais les mille sociétés de secours! — Je l'avoue bien, que quelquefois je succombe et que je donne mon dollar; c'est un dollar stérile que de jour en jour j'aurai la virilité de refuser.

Les vertus dans l'opinion populaire sont plutôt l'exception que la règle : il y a l'homme *et ses vertus*. Les hommes font une bonne action pour témoigner de leur courage et de leur charité, et aussi beaucoup comme s'ils étaient condamnés à payer une amende en expiation de leur non apparition journalière à quelque parade. Ils accomplissent leurs œuvres comme une apologie ou une expiation de leur vie mondaine, de même que les invalides et les insensés payent une plus forte pension. Leurs vertus sont des pénitences. Mais moi je ne désire pas expier, mais vivre. Ma vie n'est pas une apologie, c'est ma vie. Je vis pour moi-même et non pour donner mon existence en spectacle. Je préfère qu'elle soit d'un train plus modeste, pourvu qu'elle soit égale et naïve. Je la voudrais résonnante et douce, se souciant peu de la douleur et du bien-être; de la sorte elle serait unique et renfermerait tout, charité, combat, conquête, hygiène. Je demande à votre vie individuelle de me donner l'assurance *première* que vous êtes un homme, et je vous refuse le bénéfice de répondre par vos actions à cette question. Que j'accomplisse ou non ces actes qui sont tenus pour excellents, je sais par moi-même que cela est indifférent[1]. Je ne puis consentir à payer pour un privilége là où je me sens un droit intrinsèque. Aussi faibles que soient mes dons actuels, ma valeur individuelle, je n'ai pas

---

[1] Ces pensées seront mal comprises, nous le craignons, de ceux qui interrogeront la lettre sans consulter l'esprit. Tout cela est profondément protestant; c'est la philosophie de cette maxime fondamentale du protestantisme : *La foi suffit sans les œuvres.*

besoin pour ma caution et pour la caution de mes frères de mes actions ou de tout autre témoignage secondaire.

Mon devoir et non l'opinion des hommes, voilà ce qui me concerne. Cette règle, également sévère et ardue dans la vie active et dans la vie intellectuelle, peut servir à faire la complète distinction entre la grandeur et la bassesse. Cette règle est la plus difficile à suivre, car vous trouverez toujours des hommes pénétrés de la pensée qu'ils savent mieux que vous-même quel est votre devoir. Dans le monde, il est aisé de vivre conformément à l'opinion du monde ; dans la solitude, il est aisé de vivre d'après notre propre opinion ; mais le grand homme est celui qui, au milieu de la foule, conserve avec une pleine douceur l'indépendance de la solitude.

Se conformer à des usages qui n'existent pas pour vous, voilà ce qui dissémine votre force ; vous perdez ainsi votre temps, et vous effacez le relief de votre caractère si vous maintenez une Église morte, si vous encouragez une morte société biblique, si vous votez avec un grand parti soit pour, soit contre le gouvernement, si vous ouvrez à tout venant votre table comme le ferait un vil hôtelier. J'aurai peine à découvrir par derrière tous ces remparts quel homme vous êtes réellement. En agissant ainsi, d'ailleurs, c'est autant de votre force personnelle que vous répandez hors de vous. Mais accomplissez l'action qui vous est propre, et aussitôt je vous connaîtrai. Accomplissez votre œuvre, et cette action doublera votre force originale. L'homme devrait savoir quel colin-maillard c'est que ce jeu de *conformité*. Si je sais à quelle secte vous appartenez, j'anticipe sur vos arguments. J'entends un prédicateur annoncer pour sujet de son sermon l'utilité de quelqu'une des institutions de l'Église dont il est un membre. Est-ce que je ne sais pas d'avance qu'il ne peut dire aucun mot neuf et spontané ?

Est-ce que je ne sais pas que, malgré toute cette ostentation et ces promesses d'examiner les fondements de cette institution, il ne le fera certainement pas? Est-ce que je ne sais pas qu'il s'est engagé à ne regarder que d'un côté, le côté permis, et qu'il parlera non comme un homme, mais comme ministre de la paroisse? C'est un procureur acquis à une cause, et dont les allures de barreau ne sont que la plus frivole des affectations. Mais pourtant bien des hommes ont essuyé leurs yeux avec leurs mouchoirs, et entrent avec lui en communauté d'opinion. Cette conformité ne les rend pas faux dans quelques cas particuliers, mais faux dans toutes les occasions. Leur vérité n'est pas vraie. Avec eux, deux n'est pas réellement deux, quatre n'est pas réellement quatre ; si bien que chaque mot qu'ils disent nous chagrine, et que nous ne savons comment faire pour les mettre à la raison. Pendant ce temps, la nature n'est pas paresseuse, elle nous revêt de l'uniforme de prisonnier en nous donnant l'habit du parti auquel nous appartenons. Nous arrivons à prendre une certaine coupe de figure, et nous acquérons par degrés la plus charmante expression d'âne. Il y a une circonstance individuelle qui ne manque jamais de se manifester : c'est cette sotte face de la flatterie obligée, ce sourire forcé qui nous échappe lorsque nous nous sentons mal à l'aise pour répondre à une conversation qui ne nous intéresse pas. Les muscles du visage n'étant pas spontanément émus, mais bien remués par un lent et factice effort de la volonté, font, par leur tension sur toute la surface du visage, le plus désagréable effet, et laissent apercevoir un sentiment de répugnance et de mépris qu'aucun brave jeune homme ne supporterait deux fois.

En punition de cette non conformité à ses usages, le monde vous chasse par ses mécontentements. Et, cependant, un homme doit savoir estimer à sa juste valeur une physionomie mécontente. Les passants le regardent de travers dans les rues, les visiteurs dans le salon de son ami. Si cette aversion avait, comme la sienne propre, son origine dans le mépris et la résistance, il pourrait en vérité s'en retourner à sa demeure l'esprit troublé par de tristes pensées; mais les physionomies malveillantes ou bienveillantes de la multitude n'ont pas de causes profondes, n'ont aucune raison d'être supérieures, mais naissent et s'évanouissent selon le vent qui souffle et les nouvelles des feuilles publiques. Cependant ce mécontentement de la multitude est plus formidable que celui d'un sénat ou d'un collége. Il est aisé pour un homme ferme et qui sait le monde d'endurer la colère des classes cultivées : leur rage est prudente et pleine de décorum, car elles sont timides, sentant bien qu'elles aussi sont vulnérables. Mais lorsqu'à leur rage féminine vient s'ajouter l'indignation du peuple, lorsque la force brutale et inintelligente qui gît au fond de la société vient à hurler et à mugir, alors il est nécessaire de l'habitude de la magnanimité et de la religion pour traiter cette colère comme une bagatelle sans importance [1].

Après cette servile conformité, une autre terreur qui nous éloigne de la confiance en nous-mêmes, c'est notre persistance, c'est ce respect pour nos actes et nos paroles passées qui provient de ce que les autres hommes n'ayant pas d'autre donnée pour mesurer notre orbite que nos actes passés, nous serions désolés de les désappointer.

---

[1] Belle pensée et bien digne d'être méditée par les hommes publics de notre temps. Ils supportent facilement les rancunes des partis politiques ; ils n'agissent pas tout à fait de même en face de l'émeute. Le même fait est observable dans le sein des assemblées parlementaires : il leur est facile de supporter une accusation de M. Jules Favre ; mais s'agit-il de rappeler à l'ordre le citoyen Miot par exemple, alors c'est toute une affaire.

Mais pourquoi donc alors avez-vous sur vos épaules une tête actuellement pensante? pourquoi traîneriez vous ce corps monstrueux de votre mémoire de peur de contredire quelque opinion émise à tel lieu ou à tel autre? Quand même vous vous contrediriez, eh bien, quoi? il me semble que c'est une règle de la sagesse de ne jamais se reposer sur la mémoire seule, même dans les actes qui ne sont que de purs souvenirs, et qu'il faut, au contraire, mettre le passé sous les yeux multiples du présent et vivre dans un jour toujours nouveau. Confiez-vous à votre émotion. Dans vos systèmes de métaphysique, il vous est arrivé de refuser à Dieu la personnalité; mais pourtant si les religieux mouvements de l'âme vous agitent, communiquez-leur le cœur et la vie, bien qu'ils tendent à enfermer et à envelopper Dieu dans la forme et la couleur. Laissez là votre théorie, comme Joseph son manteau, entre les mains de la prostituée, et fuyez.

Cette folle persistance est le génie qui hante les petits esprits, le génie qu'adorent les petits hommes d'État, les petits philosophes et les petits théologiens. Avec cette persistance, une grande âme n'a absolument rien à faire. L'homme qui s'inquiète de cette persistance pourrait tout aussi bien s'inquiéter de son ombre peinte sur le mur. Fermez vos lèvres, cousez-les fortement! ou bien, si vous voulez être un homme, dites fermement ce que vous avez pensé aujourd'hui en mots aussi rudes que des boulets de canon; demain dites ce que vous penserez avec des paroles aussi franches, bien qu'elles contredisent tout ce que vous avez dit aujourd'hui. Ah bien! alors, s'écrieront les vieilles dames, vous serez bien sûr de n'être pas compris. N'être pas compris! c'est le mot d'un fou. Est-il si mauvais déjà de n'être pas compris? Pythagore ne fut pas compris, ni Socrate, ni Jésus, ni Luther, ni Copernic, ni Galilée, ni Newton, ni aucuns des esprits sages et purs qui ont pris chair. Être grand est une excellente condition pour n'être pas compris.

L'homme ne peut violer sa nature. Toutes les saillies de sa volonté sont unies par la loi de son être, de même que les inégalités des Andes et de l'Hymalaya sont insignifiantes et ne peuvent contrarier la courbe de la sphère terrestre. Et il importe peu de savoir de quelle façon vous éprouverez cette nature. Un caractère est comme une stance ou un acrostiche alexandrins, lisez-les par en bas, par en haut, de travers, ils répèteront toujours la même chose. Dans cette charmante vie des bois dont Dieu a fait mon lot, laissez-moi me ressouvenir jour par jour de mes honnêtes pensées, sans préméditation, sans réticences, et je n'en doute pas, je les trouverai symétriques. Mon livre exhalera l'odeur du pin et résonnera du bourdonnement des insectes. L'hirondelle qui vole auprès de ma fenêtre entrelacera dans la trame de mon style la paille qu'elle porte à son bec [1]. Nous passons pour ce que nous sommes. Le caractère se manifeste malgré notre volonté. Les hommes s'imaginent qu'ils ne manifestent leurs vertus et leurs vices que par des actes patents, et ils ne voient pas que la vertu ou le vice émettent un souffle à chaque minute.

Ne redoutez pas d'éviter d'imprimer à la variété de vos actions ce caractère de non persistance ; il suffit que chacune de ces actions soit honnête et naturelle à son heure : si une seule porte ce caractère, toutes les autres s'harmoniseront, aussi dissemblables qu'elles paraissent. Ces variétés s'effacent lorsqu'on les considère à une courte distance ou d'une toute petite hauteur de

---

[1] Charmantes lignes. Nous ne connaissons pas de manière plus gracieuse de rendre et d'exprimer cette union mystérieuse des pensées qui, bien qu'elles soient diverses, portent toutes les couleurs de la vie qui les a inspirées.

pensée. Une même tendance les unit toutes. Le voyage du meilleur vaisseau n'est qu'une ligne en zig zag; mais regardez cette ligne à une distance suffisante, et vous verrez toutes ces irrégularités se fondre en une ligne égale et droite. C'est ainsi que s'expliqueront vos actions naturelles et naïves. Mais la conformité n'explique rien. Agissez simplement, et les actions précédentes que vous aurez faites simplement justifieront celle d'aujourd'hui. La grandeur en appelle toujours à l'avenir. Si je puis être assez grand pour agir droitement et mépriser l'opinion, c'est que mes actions d'autrefois me défendent maintenant. Qu'il arrive ce qu'il pourra, aujourd'hui agissez noblement; méprisez toujours les apparences. La force du caractère est une force qui résulte de l'accumulation des forces de la volonté, de façon que la vertu des jours passés remplit encore de santé le jour d'aujourd'hui. Qu'est-ce qui donne aux héros du sénat et des champs de bataille cette majesté qui remplit l'imagination? L'idée d'une suite de jours illustres et de victoires qu'ils traînent après eux. Ses actions répandent leur lumière sur l'acteur, le héros qui s'avance. Pour l'œil de chaque homme, il est comme suivi par une escorte visible d'anges. C'est là ce qui fait gronder le tonnerre dans la voix de Chatham, c'est là ce qui met la dignité dans le port de Washington, ce qui fait briller l'Amérique dans les yeux d'Adams. L'honneur est vénérable, parce qu'il n'est pas éphémère, et qu'il est toujours, au contraire, une *vieille vertu*. Nous lui rendons hommage aujourd'hui, parce qu'il n'est pas d'aujourd'hui. Nous l'aimons, parce qu'il n'est pas une trappe pour notre amour et notre hommage, mais parce qu'il est indépendant, qu'il dérive de lui-même, et qu'il est toujours d'une antique lignée sans tache, quand bien même ce serait dans la personne d'un jeune homme qu'il se manifesterait.

J'espère que dans notre temps nous aurons entendu pour la dernière fois parler de conformité aux usages du monde et de persistance. Jetez ces mots en pâture aux journaux; laissons-les se ridiculiser eux-mêmes. Au lieu de la banale cloche, écoutons plutôt quelques sons de la flûte spartiate. Un grand homme vient pour dîner à ma maison; je ne souhaite pas de lui plaire, je souhaite qu'il me plaise. Je désire que ma réception soit cordiale, mais elle doit d'abord être vraie. Affrontons et réprimandons la médiocrité polie et le sordide contentement de ce temps-ci; jetons à la face de la coutume et de l'habitude ce fait qui est le fait dominant de toute l'histoire, c'est que là où un homme se meut, un grand acteur, un grand penseur responsable se meut également; c'est qu'un homme vrai n'appartient à aucun temps, à aucun lieu, mais se fait le centre de l'univers. Là où il est, là est la nature. Il mesure les hommes, les événements, et vous êtes forcé de marcher sous son étendard. Ordinairement chaque personne que l'on rencontre dans la société nous rappelle quelque autre personne, quelque autre chose. Mais un grand caractère ne nous rappelle rien. Il prend la place de la création tout entière. L'homme doit s'élever jusqu'au point de rendre indifférentes toutes les circonstances et de rejeter dans l'ombre tous les moyens. Tous les grands hommes sont cela et font cela. Chaque homme vrai est une cause, une contrée, un siècle; il lui faut des espaces infinis et d'innombrables années pour accomplir sa pensée, et la postérité semble suivre ses pas comme une procession. César est né, et nous aurons pour des siècles un empire romain. Le Christ est né, et des millions d'esprits s'attacheront à son génie et grandiront avec lui. Une institution n'est que l'ombre allongée d'un homme; témoin la réforme de Luther, le quakerisme de Fox, le méthodisme de Wesley, l'abolition de Clarkson. Milton appelait Scipion le sommet de Rome : toute histoire se résout aisément d'elle-même dans la biographie de quelques personnes passionnées et fortes.

Que l'homme connaisse sa valeur et foule à ses pieds les circonstances. Pourquoi irait-il, à la manière d'un bâtard, d'un intrigant ou d'un pauvre enfant élevé par charité, rôdant, s'esquivant timidement dans ce monde qui est le sien. L'homme qui dans la rue ne trouve en lui-même aucune force correspondante à celle qui a bâti une tour ou taillé un dieu de marbre, se sent humble en les contemplant. Une statue, un palais, un livre somptueux ont pour lui un air étrange et menaçant, et semblent lui dire : Qui êtes-vous, monsieur? Et cependant toutes ces choses ne sont, en réalité, que comme des solliciteurs qui réclament son attention et adressent des pétitions à ses facultés, afin que leur regard se tourne de leur côté et qu'elles les prennent en leur possession. La peinture réclame mon verdict, par exemple; me commande-t-elle? non; mais je dois examiner ses réclamations et établir dans quelle mesure les louanges qu'elle réclame doivent lui être accordées. L'histoire populaire de ce manant qui, ramassé ivre mort dans la rue, fut apporté à la maison d'un duc, décrassé, habillé, couché dans le lit du duc, traité à son réveil avec la plus obséquieuse politesse et auquel on persuada que jusqu'alors il avait été insensé, — cette histoire doit sa popularité à ce fait qui symbolise si bien la vie de l'homme, lequel est dans le monde une sorte d'idiot, mais dont la raison se réveille de temps à autre, et qui alors, dans ces courts moments de clairvoyance, se trouve un véritable prince.

Notre manière de lire est celle de mendiants et de sycophantes. Dans l'histoire, notre imagination nous abuse et fait de nous des fous. Royauté et aristocratie, puissance et État, tous ces mots composent pour nous un plus somptueux vocabulaire que les noms des particuliers et des voisins, que les simples noms de Jean et d'Édouard, de leur petite maison et de leur travail habituel de chaque jour, et pourtant, des deux côtés, les choses de l'existence sont les mêmes; des deux côtés la somme totale de la vie est la même. Pourquoi donc avons-nous tant de déférence pour le roi Alfred, pour Scanderbeg, pour Gustave-Adolphe? Ils furent vertueux, mais ont-ils donc emporté toute vertu avec eux? Lorsque les humbles individus agiront dans un grand but, l'éclat ira des actions des rois à celles des simples *gentlemen*.

Le monde, à la vérité, a été instruit par ces rois qui ont ainsi magnétisé les yeux des nations. Il a été instruit par ce grand symbole, et a appris par lui ce respect mutuel que l'homme doit à l'homme. La joyeuse loyauté avec laquelle les hommes ont partout permis que le roi, le noble, le grand propriétaire établissent la loi et la hiérarchie des personnes et des choses, la modifiassent et récompensassent les bienfaits, non par l'argent, mais par l'honneur, qu'était-elle sinon le signe hiéroglyphique au moyen duquel ils exprimaient la conscience de leurs propres droits et leur propre grandeur?

Mais le magnétisme qu'exerce toute action originale s'explique aussitôt que nous cherchons les raisons de cette confiance personnelle. Qu'est-ce donc que ce moi *originel* sur lequel peut être fondée une universelle confiance? Quelle est la nature et le pouvoir de cette étoile de la science qui, sans parallaxe, sans éléments calculables, jette un rayon de beauté sur les actions les plus triviales et les plus impures aussitôt que la moindre marque d'indépendance se manifeste? La recherche nous conduit à cette source qui est à la fois l'essence du génie, l'essence de la vertu et l'essence de la vie, et que nous appelons spontanéité et instinct. Cette sagesse primordiale s'appelle intuition, par opposition à nos autres moyens de connaître, qui sont des méthodes acquises. Toutes les choses trouvent leur commune origine dans cette force profonde, dans ce fait qu'aucune analyse ne peut atteindre. Car le sentiment de l'*Être* qui, dans nos heures calmes, s'élève, on ne sait comment, dans l'âme, n'est pas différent des choses extérieures, de l'espace, du temps, de la lumière, de l'homme, mais ne fait qu'un avec eux, car il provient évidemment de la même source d'où sont sortis leur être et leur vie. Nous participons à la vie par laquelle tout existe, et cependant, oubliant que nous sommes sortis de la même source, nous regardons comme des apparences tous les objets de l'univers. Dans l'intuition est la fontaine de l'action et la fontaine de la pensée. C'est en elle qu'est le souffle de cette inspiration qui donne à l'homme la sagesse, de cette inspiration qui ne peut être niée sans impiété et sans athéisme. C'est par elle que nous nous asseyons sur les genoux de l'intelligence infinie qui fait de nous les organes de son activité et les temples de sa vérité. Lorsque nous discernons la justice, lorsque nous discernons la vérité, nous ne faisons rien de nous-mêmes, mais simplement nous ouvrons un passage à ses rayons. Lorsque nous nous demandons d'où vient cela; — lorsque nous essayons de fouiller dans notre âme pour y surprendre les causes de ces faits, — toute philosophie, toute métaphysique se trouve en faute. La présence ou l'absence de notre âme est tout ce que nous pouvons affirmer. Chaque homme distingue parfaitement les actes volontaires de son esprit de ses perceptions involontaires, et il sait qu'il doit à ces dernières un profond respect. Il peut errer dans la manière de les rendre et de les exprimer, mais il sait que, non plus que le jour et la nuit, elles ne sont discutables. Toutes mes actions volontaires, toutes mes connaissances acquises sont choses vagues et de hasard ; mais la rêverie la plus triviale, l'émotion naïve la plus simple sont à la fois familières et divines. Les hommes sans pensée contredisent aussi facilement les perceptions que les opinions, et même plus facilement parce qu'ils ne savent pas distinguer entre l'intuition et la connaissance. Ils s'imaginent que je choisis, pour la mieux voir, cette chose ou cette autre. Mais la perception n'est pas capricieuse, elle est fatale. Si je distingue un rayon de la vérité, mon enfant le verra après moi, et puis, dans le cours du temps, tout le genre humain, bien qu'il puisse arriver qu'il n'ait été jamais vu avant moi, car ma perception d'une vérité est un fait aussi réel que le soleil.

Les relations de l'âme avec l'esprit divin sont si pures qu'il est profane de chercher à y introduire des auxiliaires. Si Dieu parlait, il ne nous communiquerait pas seulement une chose, mais toutes les choses, il remplirait le monde du bruit de sa voix ; du centre de sa pensée présente il répandrait la lumière, la nature, le temps et les âmes, et créerait tout de nouveau. De même, lorsqu'un esprit simple reçoit la sagesse divine, alors les vieilles choses s'évanouissent ; les textes, les docteurs, les méthodes, les temples tombent ; il vit et absorbe le passé et le futur dans l'heure présente. Toutes les choses, sans exception, deviennent sacrées et sont comme dissoutes dans leur propre cause, si bien que, dans ce miracle universel, tous les miracles particuliers disparaissent. C'est pourquoi, si un homme, prétendant vous parler de Dieu, vous ramène à la phraséologie de quelque nation ensevelie dans une autre contrée, dans un autre monde, ne le croyez pas. Le gland est-il donc préférable au chêne dans toute sa beauté ? Le père est-il meilleur que l'enfant dans lequel il a mis toute la maturité de son être ? D'où vient donc ce culte du passé. Les siècles sont des conspirateurs en guerre avec la santé et la majesté de l'âme. Le temps et l'espace ne sont que les couleurs *physiologiques* que l'œil imagine, mais l'âme est la lumière; là où est l'âme, là est le jour; là où elle était, là est la nuit; et l'histoire est une impertinence et une injure si elle est autre chose qu'un joyeux apologue et une parabole de mon être et de ma destinée.

L'homme est timide et implore toujours l'indulgence pour lui-même. Il n'ose pas dire : je pense, je suis, mais il fait une citation de quelque saint ou de quelque sage. Il est confus en présence du brin de gazon et de la rose qui s'ouvre. Ces roses qui sont sous ma fenêtre se soucient peu des anciennes roses et des plus belles; elles sont ce qu'elles sont; elles vivent aujourd'hui en présence de Dieu. Il n'y a pas de temps pour elles. La rose est simplement la rose, et elle est parfaite dans chaque moment de son existence. Avant qu'un seul bouton ait éclaté, toute sa vie a agi; la fleur tout à fait épanouie n'est pas plus vivante que la tige dépourvue de feuilles. Elle satisfait la nature dans tous les moments également. Mais l'homme diffère, se souvient, il ne vit pas dans le présent, mais, la tête tournée en arrière, il regrette le passé, et, insoucieux des richesses qui l'entourent, il se dresse sur la pointe du pied pour regarder dans l'avenir. Il ne peut être heureux et fort qu'en vivant lui aussi avec la nature dans le présent, au-dessus du temps [1].

Cela est assez simple, et cependant voyez combien de fortes intelligences qui n'osent pas encore écouter Dieu lui-même, à moins qu'il ne parle la phraséologie de David, Jérémie ou Paul. Sans doute que nous n'attacherons pas toujours un si grand prix à quelques textes

---

[1] Tout ce paragraphe rappelle le souhait de Faust dans Goethe : « Ah! si je pouvais vivre, spontanément vivre comme le gazon pousse et comme les arbres croissent! »

et à quelques existences. Nous sommes comme des enfants qui répètent par routine les sentences de leurs grand'mères et de leurs tuteurs, et, à mesure qu'ils grandissent, des hommes de talent et de caractère qu'ils ont eu l'occasion de rencontrer. Péniblement ils cherchent à se rappeler les exactes paroles qu'ils ont entendues ; mais un jour, lorsqu'ils arrivent d'eux-mêmes au point de vue où étaient placés ceux qu'ils avaient écoutés autrefois, alors ils comprennent entièrement le sens de ces paroles et voudraient bien pouvoir les oublier. Lorsque nous avons une nouvelle perception, débarrassons joyeusement notre mémoire de ces trésors entassés comme d'objets de rebut. Si un homme vit avec Dieu, sa voix sera aussi douce que le murmure du ruisseau et le frémissement de la moisson courbée par le vent.

Et maintenant la plus haute vérité sur ce sujet n'est pas exprimée et probablement ne peut pas l'être, car tout ce que nous disons n'est que l'ombre et le lointain souvenir de l'intuition. Lorsque le bien est tout près de vous et que vous avez en vous-même la plénitude de la vie, ce n'est par aucun moyen connu et préparé d'avance. Vous ne remarquez pas les empreintes des pas d'aucun autre, vous ne voyez pas la figure de l'homme, vous n'entendez prononcer aucun nom; pensée, méthode, bien, semblent étranges et nouveaux. Cette plénitude de la vie exclut tout autre être ; vous venez de l'humanité, mais vous n'allez pas vers elle. Toutes les personnes qui ont jamais existé ne sont plus que des serviteurs fugitifs. La crainte et l'espérance n'existent plus. Nous ne réclamons rien, et l'espoir même semble quelque chose de vil. Nous sommes en pleine vision. Il n'y a plus rien que nous puissions appeler gratitude et même joie. L'âme est élevée au-dessus de la passion. Elle contemple l'identité et la cause éternelle, et perçoit directement la vérité et la justice. Alors nous sommes comme envahis par la tranquillité et sans inquiétude pour l'univers, en voyant que toutes choses vont bien. Les vastes espaces de la nature, l'océan Atlantique, la mer du Sud ; les vastes intervalles du temps, les années, les siècles, n'ont plus aucune importance. Ce que je pense et ce que je sens anéantit le premier état de ma vie et ses circonstances, en les rehaussant, comme il rehausse mon présent, comme il rehaussera toute circonstance possible, ce que nous appelons la vie et ce que nous appelons la mort.

La vie actuelle compte seule et non la vie passée. La puissance cesse à l'instant du repos ; elle existe dans le moment de transition d'un état passé à un état nouveau, au moment où on se lance dans le gouffre, où on court vers le but. Le monde déteste les manifestations de l'âme[1], car ces manifestations abaissent le passé, mettent les richesses au niveau de la pauvreté, changent la réputation en honte, et confondent le saint avec le criminel en les mettant également de côté. Pourquoi alors parler de confiance en soi-même? Tant que l'âme est *présente* il n'y a aucun pouvoir confiant, il n'y a que des pouvoirs actifs. Parler de confiance est véritablement une pauvreté. Parlons plutôt de ce qui se confie, parce que cela seul travaille et existe. Celui qui a plus d'âme que moi me maîtrise, quand bien même il ne remuerait pas le doigt. Autour de lui, je dois errer condamné par la loi de la gravitation des esprits ; celui, en revanche, qui a moins d'âme que moi, je le gouvernerai avec la même facilité. Lorsque nous parlons de vertus éminentes, nous prenons ces mots pour des figures de rhétorique, et nous ne voyons pas que la vertu, c'est l'é-

---

[1] L'original porte *soul becomes*, l'âme devient. C'est un mot emprunté à la phraséologie hégélienne.

lévation ; qu'un homme ou une société d'hommes imprégnés de ces principes doivent, de par les lois de la nature, conquérir et subjuguer les cités, les nations, les rois, les hommes opulents et les poëtes qui n'ont pas en eux leurs vertus.

Cette domination de la vertu, qui est la fusion de toutes choses dans l'unité sacrée, est le dernier fait que nous atteignons si vite, qu'il s'agisse de ce sujet ou de tout autre. La vertu est le dominateur ; le Créateur, l'unique réalité. Toutes les choses n'ont de réalité que par le plus ou le moins de vertu qu'elles contiennent. La dureté, l'économie, la chasse, la pêche, la guerre, l'éloquence, la valeur personnelle, toutes ces choses engagent jusqu'à un certain point mon respect et mon attention, comme étant des exemples de la présence de l'âme et des exemples d'actions impures en désaccord avec la vertu. J'observe la même loi dans la nature. Le poids d'une planète, l'arbre courbé par le vent qui se relève lui-même, les ressources vitales de chaque végétal et de chaque animal, sont des démonstrations de l'âme qui se suffit à elle-même, et qui par conséquent se confie en elle-même. Toute l'histoire, depuis ses plus grandes hauteurs jusqu'à ses dernières trivialités, n'est que le *mémorial* de cette puissance.

Et puisque tout se concentre dans cette unique essence, ne rôdons pas çà et là. Asseyons-nous en silence dans notre demeure et vivons en compagnie de cette unique vertu. Étonnons et forçons au silence les hommes, les institutions et les livres, par une simple déclaration de ce fait divin. Prions-les d'ôter leurs souliers de leurs pieds, car Dieu est ici avec nous. Que notre simplicité les juge tous, et que notre docilité à notre propre loi démontre la pauvreté de la nature et de la fortune en face de nos richesses natives.

Mais aujourd'hui nous sommes une véritable populace. L'homme n'a pas de respect sacré pour l'homme; l'âme ne sait pas qu'elle doit demeurer calme, se mettre en communication avec les océans intérieurs de l'esprit, mais elle va au loin mendier une coupe d'eau puisée à l'urne des hommes. Nous devons marcher seuls. L'isolement doit précéder la vraie société. Je préfère à tous les prêches possibles le silence de l'église avant que l'office ait commencé. Combien froides et chastes paraissent les personnes enfermées dans le sanctuaire! Ainsi donc restons toujours calmes. Pourquoi prendre pour notre propre compte les fautes de notre ami, de notre femme, de notre enfant, sous prétexte qu'ils sont assis autour de notre foyer et qu'ils sont dits avoir le même sang que nous? Tous les hommes ont mon sang, j'ai le sang de tous les hommes. Est-ce que pour cela j'adopterai leur pétulance et leur folie jusqu'à me couvrir de honte? Toutefois notre isolement ne doit pas être mécanique, mais spirituel; il doit s'appeler élévation. Par moments, le monde entier semble conspirer pour vous importuner par d'emphatiques bagatelles. L'ami, le client, l'enfant, la maladie, la crainte, le besoin, la charité, tous frappent à la fois à la porte de notre cabinet, et disent : descends avec nous. Ne prodigue pas ton âme, ne descends pas, garde ton maintien, reste à ta demeure dans ton propre ciel; ne va pas un seul instant te mêler aux faits, à leur tohu-bohu de discordantes apparences, mais jette la lumière de ta loi sur leur confusion. Je ne réponds au pouvoir que les hommes ont de m'incommoder que par une faible curiosité. Aucun homme ne doit m'approcher qu'en traversant mes propres actes. « Nous n'aimons que ce que nous possédons, car par le désir nous nous dépouillons de l'amour. »

Si nous ne pouvons subitement nous élever jusqu'à la sainteté de l'obéissance et de la foi, résistons au moins à nos tentations, entrons dans l'état de guerre et réveillons dans nos poitrines saxonnes le courage de Thor et d'Odin. Cela, nous pouvons l'accomplir dans nos temps de sentimentalité en disant la vérité. Bannissez loin de vous l'hospitalité et l'affection mensongères ; ne vivez pas plus longtemps pour l'espérance de ces gens trompés et trompeurs avec lesquels nous conversons. Dites-leur : O père! ô mère! ô femme! ô frère! ô ami! j'ai vécu jusqu'à présent avec vous selon les convenances ; désormais j'appartiens à la vérité. Tenez-vous pour dit que dorénavant je n'obéirai pas moins à la loi éternelle qu'à toute autre. Je n'aurai pas d'alliés, mais des proches. Je m'efforcerai de nourrir mes parents, de soutenir ma famille, d'être le chaste époux d'une femme ; mais ces relations, je dois les nouer d'une manière toute nouvelle et sans précédents. J'en appelle de vos coutumes. Je dois être moi-même. Je ne puis pas plus longtemps m'annihiler pour vous. Si vous pouvez m'aimer tel que je suis, nous en serons plus heureux ; si vous ne le pouvez pas, je m'efforcerai de mériter votre affection. Mais encore une fois, je dois être moi-même, et je ne cacherai pas mes goûts et mes aversions. Ainsi je vous affirmerai que ce qui m'est intime est sacré, et en face de l'univers j'accomplirai courageusement les pensées qui intérieurement me réjouissent et le but que mon cœur m'assigne. Si vous êtes nobles, vous m'aimerez ainsi ; si vous ne l'êtes pas, je ne vous choquerai pas vous et moi-même par d'hypocrites attentions. Si vous êtes véridiques, mais ne croyant pas aux mêmes vérités que moi, attachez-vous à vos compagnons, je chercherai les miens. Je ne fais pas cela d'une manière égoïste, mais humblement et sincèrement. C'est votre intérêt, le mien et celui de tous les hommes de vivre dans la vérité, quelque temps que nous ayons habité dans le mensonge. Cela vous semble-t-il dur aujourd'hui ? Mais vous aimerez bientôt ce qui vous est dicté par votre nature, et si nous suivons l'un et l'autre la vérité, à la fin elle nous conduira sains et saufs au but. — Mais, me dira-t-on, en agissant ainsi vous pouvez affliger vos amis. Oui, mais je ne puis pas vendre ma liberté et mon pouvoir par crainte de blesser leur sensibilité. D'ailleurs, tous les hommes ont leur moment de raison où ils tournent les yeux vers l'absolue vérité ; à ce moment-là, ils me justifieront et feront les mêmes choses que moi.

Et véritablement, il est nécessaire qu'il ait en lui quelque chose de divin, celui qui a rejeté les communs motifs de l'humanité et qui s'est aventuré à se confier à lui-même. Haut doit être son cœur, fidèle sa volonté, claire sa vue, pour qu'il puisse être à lui-même sa doctrine, sa société, sa loi, pour qu'un simple motif puisse être pour lui aussi puissant que la nécessité de fer l'est pour les autres.

Si on considère l'esprit présent de la société, on sentira la nécessité de cette morale. Les nerfs et le cœur de l'homme semblent desséchés, et nous sommes devenus de timides pleurards découragés. Nous craignons la vérité, nous craignons la fortune, nous craignons la mort, nous nous craignons les uns les autres. Notre siècle ne contient pas de grandes et parfaites personnes. Nous manquons d'hommes et de femmes qui puissent renouveler notre vie et notre état social ; nous voyons que la plupart des natures de notre temps sont insolvables, qu'elles ne peuvent satisfaire à leurs propres besoins, qu'elles ont une ambition hors de toute proportion avec leur force pratique et vont ainsi jour et nuit s'affaissant et mendiant. Nous sommes des soldats de salons. La rude bataille de la destinée qui donne la force, nous l'évitons.

Si nos jeunes gens se trompent dans leurs premières entreprises, ils perdent tout courage. Si le jeune marchand ne réussit pas, les hommes disent : Il est ruiné.

Si le plus beau génie qui étudie dans nos colléges n'est pas, un an après ses études, installé dans quelque emploi à Boston ou à New-York, il semble à ses amis, et il lui semble à lui-même, qu'il y a bien là matière à être découragé et à se lamenter le reste de sa vie. Mais le stupide garçon de New-Hampshire ou de Vermont qui tour à tour essaye de toutes les professions, qui attelle les équipages, afferme, colporte, ouvre une école, prêche, édite un journal, va au congrès, achète une charge de magistrat et ainsi de suite, et qui, comme un chat, retombe toujours sur ses pattes, vaut cent de ces poupées de la ville. Il marche de front avec ses jours, il ne ressent aucune honte à ne pas étudier une profession, il ne place pas sa vie dans l'avenir, mais il vit déjà ; il n'a pas une chance, mais cent. Qu'un stoïque se lève donc qui nous apprenne les ressources de l'homme; qu'il nous apprenne qu'avec la croyance en soi-même de nouvelles puissances apparaîtront, que l'homme est le verbe fait chair, né pour guérir les péchés des nations; qu'il nous dise qu'il aurait honte de notre compassion et que lorsqu'il agit d'après son inspiration personnelle, jetant de côté les lois, les livres, les idolâtries et les coutumes, nous ne devons pas nous apitoyer sur lui, mais le remercier et le respecter. Cet homme rétablirait la vie humaine dans toute sa splendeur et rendrait son nom cher à toute l'histoire.

Il est ainsi aisé de voir qu'une plus grande confiance en soi, un nouveau respect pour la divinité de l'homme, doit accomplir une révolution dans tous les emplois et dans toutes les relations des hommes, dans leur religion, dans leur éducation, dans leurs recherches, dans leur manière de vivre, dans leurs associations, dans leur propriété, dans leurs vues spéculatives.

Et d'abord, quant à la religion, que sont, en général, les prières des hommes? Ce qu'ils appellent le Saint-

Office n'est pas suffisamment brave et viril[1]. La prière erre dans l'infini, demandant à Dieu d'ajouter à l'âme quelque vertu lointaine et inconnue; elle se perd ainsi dans les mille labyrinthes du naturel et du surnaturel, des choses médiates et habituelles et des choses miraculeuses. Quant à la prière qui s'attache à demander quelque commodité particulière moindre que le bien absolu, elle est vicieuse. La prière est la contemplation des faits de la vie dans son plus haut point de vue. C'est le soliloque d'une âme contemplative et frémissante. C'est l'esprit de Dieu trouvant que ses œuvres sont bonnes. Mais la prière, prise comme moyen d'atteindre à une fin particulière, est lâche et vile. Elle suppose le dualisme et non l'unité de la nature et de la conscience. Aussitôt que l'homme ne fait plus qu'un avec Dieu, il n'est plus comme individu. Alors il peut contempler la prière dans chaque action; la prière du fermier s'agenouillant dans son champ pour le sarcler, la prière du rameur s'agenouillant sous l'effort de chaque coup de sa rame, sont de véridiques prières que la nature tout entière entend, bien qu'elles ne cherchent que des fins vulgaires[2]. Catarach, dans la *Bonduca* de Fletcher, lorsqu'on lui enjoint de pénétrer les pensées du dieu Audate, répond : « Sa pensée est ensevelie, cachée dans nos efforts ; nos actions courageuses sont nos meilleurs dieux. »

Un autre genre de fausses prières, ce sont nos regrets. Le mécontentement est le manque de confiance en soi; c'est l'infirmité de la volonté. Regrettez les calamités si vous pouvez par là secourir celui qui souffre; sinon

---

[1] Tout ce qui suit pourra surprendre le lecteur ; je crois devoir lui rappeler qu'Emerson appartient à la secte des Unitaires, la plus libre de toutes les sectes protestantes.

[2] Tout ceci est un commentaire un peu large, je le crains, de la vieille maxime : *Laborare est orare.*

mettez-vous à l'ouvrage, et déjà le mal commence à être réparé. Notre sympathie est juste aussi vile que nos regrets. Nous allons vers ceux qui pleurent follement, puis nous nous asseyons, et nous demandons à grands cris pour eux les consolations de la société, au lieu de leur lancer la vérité et la santé par de rudes secousses électriques et de les remettre de nouveau par ce moyen en communication avec l'esprit. Le secret de la fortune, c'est la possession de la joie. Bien venu des dieux et des hommes est l'homme qui croit en lui. Pour lui, toutes les portes s'ouvrent à deux battants; toutes les langues parlent de lui, tous les honneurs le couronnent, tous les yeux le suivent avec désir. Notre amour va vers lui et l'embrasse, précisément parce qu'il n'en a pas besoin. Nous le caressons et nous le célébrons avec sollicitude et force louanges, parce qu'il a marché dans sa propre voie et qu'il a dédaigné notre approbation. Les dieux l'aiment parce que les hommes l'ont haï. « Pour l'homme persévérant, dit Zoroastre, les bienheureux immortels sont pleins d'une vive sympathie. »

De même que les prières des hommes sont une maladie de la volonté, ainsi leurs croyances sont une maladie de l'intelligence. Ils disent, comme ces fous d'Israélites, que Dieu ne nous parle pas, de peur que nous ne mourions. Vous, parlez et que tous ceux qui sont avec vous parlent, et nous vous obéirons. Partout je suis privé de rencontrer l'esprit de Dieu dans mon frère, parce qu'il a fermé les portes de son propre temple et qu'il se contente de raconter sur Dieu les histoires que lui a racontées son frère ou le frère de son frère. Chaque nouvel esprit est une nouvelle classification. Si c'est un esprit d'une activité peu commune, un Locke, un Lavoisier, un Bentham, un Spurzheim, il impose sa classification aux autres hommes, et avec elle, hélas! un nouveau système. L'agrément de ce système est toujours en proportion de la profondeur de la pensée et du nombre des objets qu'il touche et met à la portée du disciple. Mais tout cela apparaît surtout dans les croyances et dans les églises qui sont aussi les classifications de quelque puissant esprit s'exerçant sur la grande pensée élémentaire du devoir et les relations de l'homme avec le Tout-Puissant. Tels sont le quakerisme, le calvinisme, le swedenborgianisme. L'élève prend à subordonner toute chose à la nouvelle terminologie le même plaisir que la jeune fille qui, venant d'étudier la botanique, voit par ce moyen une nouvelle terre et de nouvelles saisons. Il arrivera que, pour un temps, l'élève sentira qu'il doit beaucoup au maître, il trouvera que sa puissance s'est accrue par l'étude de ses écrits. Ce sentiment de reconnaissance se prolongera jusqu'à ce qu'il ait épuisé l'esprit de son maître. Mais, pour tous les esprits sans équilibre, la classification est une idole, passe pour la fin et non pour un moyen rapidement épuisable, si bien que les limites du système se confondent à leurs yeux dans l'horizon lointain avec les limites de l'univers et que toutes les lumières du ciel leur semblent suspendues dans l'arche bâtie par leur maître. Ils ne peuvent imaginer comment vous, étranger à leur système, vous pouvez voir, comment vous pouvez avoir le droit de voir clair ; c'est quelque rayon de notre lumière que vous nous dérobez, semblent-ils dire. Ils ne s'aperçoivent pas qu'une lumière indomptable, non systématique, rejaillira sur toutes les doctrines, même sur la leur. Laissons-les donc babiller en attendant et appeler leur système leur propriété. Leur cabane, aujourd'hui si nette et si nouvelle, deviendra trop étroite et trop basse pour eux s'ils sont honnêtes et s'ils cherchent le bien ; elle craquera, elle s'affaissera, elle pourrira et s'évanouira, et la lumière immortelle, jeune et joyeuse, aux millions d'orbes et aux millions de couleurs, brillera sur l'univers comme au premier jour.

C'est grâce à ce manque de culture individuelle que l'idolâtrie des voyages et les idoles de l'Italie, de l'Angleterre et de l'Égypte subsistent encore pour les Américains instruits. Ceux qui ont rendu l'Angleterre, l'Italie ou la Grèce vénérables à notre imagination n'ont pas accompli cette tâche en rôdant autour de la création comme un papillon autour d'une lampe, mais en s'attachant fortement à la place où ils se trouvaient et en s'y tenant comme l'axe de la terre. Dans nos heures viriles, nous sentons que notre devoir se trouve là où nous sommes, et que nos joyeux compagnons de circonstance nous suivront comme ils pourront. L'âme n'est pas voyageuse ; l'homme sage reste chez lui en compagnie de son âme, et lorsque l'occasion, la nécessité, le devoir l'appellent hors de sa demeure et l'entraînent dans des contrées lointaines, il est encore chez lui à l'étranger, il ne se dépouille pas de son individualité ; mais, par l'expression de sa contenance, il fait sentir aux hommes qu'il est un missionnaire de la sagesse et de la vertu, et qu'il visite les cités et les hommes non comme un valet ou un chevalier d'aventure, mais comme un souverain.

Je n'ai aucune objection à faire aux voyages entrepris pour un but d'art, d'étude et d'éducation, pourvu que l'homme ait été d'abord *localisé*[1] et n'aille pas chercher au loin des choses plus grandes que celles qu'il connaît. Celui qui voyage pour s'amuser ou pour voir des choses qu'il ne peut emporter avec lui, voyage *hors de lui-même*, et, parmi les vieilles choses, devient vieux même dans sa jeunesse ; sa volonté et son esprit sont devenus aussi vieux et aussi ruinés que Thèbes et Palmyre : il est une ruine qu'il promène à travers des ruines.

---

[1] Le texte porte *domesticated*, admirable expression qui étend et élargit le foyer domestique jusqu'aux frontières de la patrie, et d'un autre côté condense la patrie et la fait entrer tout entière dans le foyer domestique.

Les voyages sont le paradis des fous. Nous devons à nos premiers voyages la découverte que les lieux ne sont rien. Chez moi, je rêve qu'à Naples et à Rome je serai enivré de beauté, et que je perdrai ma tristesse. Je fais mes paquets, j'embrasse mes amis, je m'embarque ; à la fin je me réveille à Naples, et à mes côtés se tient le même fait sévère, le même *moi* triste et inflexible que j'avais cherché à fuir. Je cherche le Vatican et les palais ; j'affecte d'être enivré par la vue de toutes ces choses et les réflexions qu'elle me suggèrent ; mais je ne suis pas enivré. Partout où je vais, ce même moi m'accompagne.

Mais la rage des voyages n'est qu'un symptôme d'une corruption plus profonde qui affecte toutes nos actions intellectuelles. L'intelligence est vagabonde, et notre système d'éducation la fouette encore sans relâche. Nos esprits voyagent lorsque nos corps sont obligés de rester à la maison. Nous imitons alors ; car qu'est-ce que l'imitation sinon le voyage de l'esprit? Nos maisons sont bâties dans le goût étranger ; nos tables sont garnies d'ornements étrangers ; nos opinions, nos goûts, nos esprits tout entiers suivent les leçons du passé et des nations lointaines, comme une servante qui suit des yeux sa maîtresse. C'est l'âme qui a créé les arts partout où ils ont fleuri. Ce fut dans son propre esprit que l'artiste chercha son modèle. Ce fut une application de sa pensée à la tâche qu'il avait à accomplir et aux conditions qu'il avait à observer. Pourquoi copier les modèles doriques ou gothiques? La beauté, la commodité, la grandeur de la pensée, le charme de l'expression, toutes ces choses sont aussi possibles à atteindre chez nous que chez les autres nations ; et si l'artiste américain étudiait avec amour et espoir l'œuvre précise qu'il doit accomplir, s'il savait observer le climat, le sol, la longueur du jour, les besoins du peuple, la forme et les habitudes du gouvernement, et s'il savait tenir compte de toutes ces choses, il saurait élever une construction dans laquelle non-seulement entreraient toutes ses observations, mais où le goût et le sentiment trouveraient aussi leur satisfaction.

Insistez sur vous-même, n'imitez jamais. A chaque instant vous pouvez présenter le don qui vous est propre avec toute la force accumulée de toute une vie de culture; mais vous n'avez qu'une possession momentanée, qu'une demi-possession du talent que vous avez adopté. La tâche que chaque homme peut le mieux remplir, personne, excepté celui qui l'a créé, ne peut la lui enseigner. Où est le maître qui enseigna Shakspeare? Où est le maître qui aurait pu instruire Franklin ou Washington, Bacon ou Newton? Chaque grand homme est l'unique exemplaire de son originalité. Le *scipionisme* de Scipion est précisément la partie de lui-même que nous ne pouvons pas emprunter. Si quelqu'un m'enseigne quel modèle le grand homme imite lorsqu'il accomplit un grand acte, je lui apprendrai à mon tour quel homme autre que lui-même peut l'instruire. Shakspeare ne sera jamais créé par l'étude de Shakspeare. Accomplis la tâche qui t'a été assignée, et alors tu ne pourras ni trop espérer, ni trop oser. Lorsque je me mets à cette tâche, alors je rencontre pour l'exécuter une manière de la rendre, qui est aussi grande que la sculpture de Phidias, que l'architecture des Égyptiens, que les écrits de Moïse et de Dante, bien que différente de toutes celles-ci. Il n'est pas possible que l'âme toute riche, tout éloquente et aux mille langages, consente à se répéter elle-même; mais si j'ai pu entendre ce que disent ces patriarches de la pensée, assurément je puis leur répondre avec la même force de voix. Habite dans les simples et nobles régions de ta vie, obéis à ton cœur, et une fois encore tu reproduiras les mondes évanouis.

De même que notre religion, notre éducation, notre

art errent dans le vague; ainsi fait l'esprit de notre société. Tous les hommes se font gloire du progrès de la société et aucun n'avance.

La société n'avance jamais : elle recule d'un côté, tandis qu'elle gagne de l'autre. Son progrès n'est qu'apparent. Elle entreprend de perpétuels changements : elle est barbare, elle est civilisée, elle est chrétienne, elle est riche, scientifique; mais ces changements ne sont pas des améliorations. Chaque acquisition entraîne quelque perte. La société acquiert de nouveaux arts et perd de vieux instincts. Quel contraste entre l'Américain bien vêtu, lisant, écrivant, pensant, portant dans sa poche une montre, un crayon, un billet de banque, et l'habitant de la Nouvelle-Zélande, qui va tout nu, dont la propriété consiste en une massue, une lance et une natte, et qui sommeille dans le coin étroit d'un hangar commun! Mais comparez la santé de ces deux hommes, et vous verrez quelle force originelle l'homme blanc a perdue. Si les voyageurs disent la vérité, la chair d'un sauvage frappé d'un coup de hache reprendra et guérira au bout d'un jour ou deux, tandis que le même coup enverra l'homme blanc au tombeau.

L'homme civilisé a construit des voitures, mais il a perdu l'usage de ses pieds. Il est soutenu par des béquilles, mais il perd la force musculaire qui aurait pu le soutenir. Il a de bonnes montres de Genève, mais il ne sait plus reconnaître l'heure à la marche du soleil. Il a un almanach nautique de Greenwich, et étant ainsi certain d'être informé lorsqu'il en sera besoin, il ne sait plus reconnaître une étoile au ciel. Il ne sait pas observer le solstice, ni l'équinoxe, et tout le brillant calendrier de l'année n'a pas de cadran dans son esprit. Ses livres de notes diminuent sa mémoire, ses bibliothèques surchargent son esprit, ses sociétés d'assurance accroissent le nombre des accidents. C'est une question de savoir si le grand nombre de machines n'est pas un encombrement, si par le raffinement nous n'avons pas perdu quelque énergie, si, par un christianisme trop condensé dans des institutions et des formes, nous n'avons pas perdu quelque ferme vertu; car chaque stoïcien était un stoïcien; mais dans la chrétienté où est le chrétien?

Mais, dans l'ordre moral, il n'y a pas plus de déviation qu'il n'y en a, dans les lois physiques de la pesanteur et de la vitesse. Il n'y a pas de plus grands hommes aujourd'hui qu'autrefois. Une singulière égalité peut être observée entre les grands hommes des premiers et des derniers siècles; toute la science, tout l'art, toute la religion et toute la philosophie du dix-neuvième siècle ne pourraient pas produire de plus grands hommes que les héros de Plutarque. Ce n'est point par le cours du temps que la race humaine est progressive. Phocion, Socrate, Anaxagoras, Diogène sont de grands hommes, mais ils n'ont pas laissé une classe d'hommes semblables à eux. Celui qui est réellement de la même famille qu'eux ne s'appellera pas de leur nom, mais sera simplement lui-même, et deviendra à son tour le fondateur d'une école. Les arts et les inventions de chaque période ne sont que le costume de cette période et n'augmentent pas la vigueur de l'homme. Le mal des inventions mécaniques peut compenser leur bien. Hudson et Behring, avec leurs simples bateaux de pêcheurs, étonnèrent Parry et Franklin, dont l'équipage contenait toutes les ressources de la science et de l'art. Galilée, avec une lorgnette, découvrit une série de faits plus splendide que toutes les découvertes qui ont été faites depuis. Colomb découvrit le nouveau monde avec un misérable vaisseau. Il est curieux de voir le discrédit et la mort périodique de tous les moyens et de toutes les machines qui furent inventés avec force louanges il y a quelques années ou quelques siècles. Le grand homme retourne à ce qui est essentiel dans l'homme. Nous regardions les progrès de l'art militaire comme un des triomphes de la science, et cependant Napoléon a conquis l'Europe par cette méthode qui consistait à tomber sur les derrières de l'ennemi et à le séparer de tous ses soutiens. L'empereur, dit Las Cases, regardait comme impossible d'avoir une armée parfaite si l'on n'abolissait nos armes, nos magasins, nos commissaires, nos bagages, et si l'on n'en revenait pas à cette coutume romaine par laquelle le soldat recevait sa part de blé, l'écrasait lui-même dans son moulin portatif et faisait lui-même son pain.

La société est une vague : c'est la vague qui marche en avant, mais non l'eau qui la compose. Son unité n'est que phénoménale. De même, les personnes qui font grande une nation aujourd'hui meurent demain, et leur expérience meurt avec elles.

La confiance que nous avons en la propriété reposant sur la confiance aux gouvernements qui la protégent est l'absence de confiance en soi ; les hommes ont si longtemps vécu en dehors d'eux-mêmes, ils ont si longtemps contemplé les choses extérieures, qu'ils en sont venus à regarder ce qu'ils appellent les progrès de l'âme humaine, c'est-à-dire les institutions religieuses, scientifiques et civiles, comme les gardiennes de la propriété, et qu'ils s'élèvent contre les assauts livrés à ces institutions, parce qu'ils sentent que ce sont des assauts livrés à la propriété. Ils mesurent leur estime mutuelle par la richesse de chacun, et non par la valeur de chacun. Mais un homme cultivé est honteux de sa propriété, honteux de ce qu'il possède par respect pour son être; il hait spécialement ce qu'il possède, s'il voit que cela est accidentel, si cela lui est venu par l'héritage, par le don, par le crime, car il sait qu'alors il ne le possède pas, que cela n'a pas de racines en lui, et que si c'est encore là, c'est qu'il ne s'est pas trouvé de voleur ou de révolution pour l'enlever. Mais par son être l'homme doit nécessairement acquérir, et ce que l'homme acquiert ainsi est une propriété permanente et vivante qui se soucie peu des gouvernements, des multitudes, des révolutions, du feu, de la tempête et des banqueroutes, mais qui partout où l'homme est placé se renouvelle d'elle-même[1]. Ta destinée, disait le calife Ali, cherche après toi ; c'est pourquoi reste en repos et ne cherche pas après elle. Notre dépendance envers les biens étrangers nous conduit à un respect servile pour la multitude. Les partis politiques se rencontrent dans de nombreuses réunions, et là de grandes clameurs annoncent l'arrivée de chaque parti : voilà la délégation d'Essex ! les démocrates de New-Hampshire ! les whigs du Maine ! Le jeune patriote se sent plus fort qu'auparavant en présence de cette foule aux mille yeux et aux mille bras. Les réformateurs convoquent de la même manière leurs réunions, votent et délibèrent en multitude. Ce n'est point ainsi, ô mes amis ! que Dieu daignera entrer et habiter avec vous, mais c'est précisément de la manière opposée. C'est seulement lorsqu'un homme rejette loin de lui tout soutien extérieur et marche solitaire, qu'il est fort et qu'il domine ; il devient plus faible par chaque recrue qu'il attire sous sa bannière. Est-ce qu'un homme n'est pas meilleur qu'une ville ? Ne demande rien aux hommes, mais au milieu de ce changement sans fin apparais comme une ferme colonne, soutien de tout ce qui t'entoure. Celui qui sait que la puissance réside dans l'âme, qu'il n'est faible que parce qu'il a cherché le bien hors de lui-même, et qui s'en

---

[1] Ces idées pourront paraître très hardies, au fond elles ne sont que justes. Si nous n'étions pas si habitués que nous le sommes à nous mettre sous la sauvegarde des gouvernements, les attaques contre la propriété auraient bien moins de danger qu'elles n'en ont.

apercevant se jette sans hésiter à la suite de sa pensée, celui-là se commande aussitôt à lui-même, commande à son corps et à son esprit, marche droit, accomplit des miracles ; il est semblable à l'homme qui, debout sur ses pieds, est naturellement plus fort que l'homme qui marche sur la tête [1].

Agis de même avec ce que l'on nomme la fortune ; bien des hommes gambadent et courent après elle, la gagnent et la perdent à mesure que sa roue tourne. Toi, laisse là toutes ces poursuites, comme étant contraires à la loi, mais entretiens commerce avec la cause et l'effet, qui sont les ministres de Dieu. Travaille et acquiers par ta volonté, et tu auras enchaîné la roue du hasard, et tu la traîneras toujours après toi. Une victoire politique, la hausse de la rente, la guérison de votre maladie, le retour de votre ami absent ou tout autre événement extérieur anime vos esprits, et vous pensez que des jours heureux se préparent pour vous ; ne le croyez pas, il n'en sera jamais ainsi. Rien ne peut vous apporter la paix, si ce n'est vous-même ; rien, si ce n'est le triomphe des principes.

[1] Il est assez facile d'apercevoir comment Emerson comprend l'idéal de la démocratie ; il voudrait remplacer le suffrage universel par l'héroïsme universel. Hélas ! pauvre Emerson !

II

ART.

L'âme étant progressive ne se répète jamais, mais dans chacun de ses actes essaye la création d'un tout nouveau et plus beau. Ce fait se manifeste dans les œuvres à la fois des beaux-arts et des arts utiles, pour employer la distinction populaire établie entre les arts, et qui les classe selon la fin à laquelle ils tendent. Ainsi donc, dans les beaux-arts, ce n'est pas l'imitation, c'est la création qui est le but. Dans le paysage, le peintre doit nous suggérer l'idée d'une création plus belle que celle que nous connaissons. Il omettra les détails et la *prose* de la nature pour nous en donner seulement l'esprit et la splendeur; il saura que le paysage n'a de beauté pour son œil que parce qu'il exprime une pensée qu'en lui il reconnaît bonne, et parce qu'en retour cette puissance qui lui fait percevoir la beauté se retrouve aussi dans le spectacle qu'il a sous les yeux. Alors il appréciera l'expression de la nature et non la nature elle-même; dans son imitation, il élèvera au-dessus de tous les autres les traits qui lui plaisent; il nous donnera, pour ainsi dire, les *ténèbres des ténèbres* et des rayons de soleil supérieurs aux rayons du soleil. Dans un portrait il peindra, non les traits, mais le caractère; il estimera que l'homme qui pose devant lui n'est qu'une imparfaite peinture et une lointaine ressemblance de l'original auquel cet homme aspire intérieurement.

Qu'est-ce donc que ce résumé et ce choix que nous observons dans toute activité spirituelle, sinon l'impulsion créatrice? C'est l'initiation à cette haute inspiration qui nous enseigne à exprimer les données les plus larges au moyen des plus simples symboles. Qu'est-ce que l'homme, sinon le plus beau succès de la nature dans l'explication d'elle-même? Qu'est-ce que l'homme, sinon un paysage plus compacte et plus beau que les figures de l'horizon; sinon l'éclectisme de la nature? Et qu'est-ce maintenant que le discours d'un homme, son amour de la peinture, son amour de la nature, sinon un succès encore plus beau? Toutes les distances et tout le poids de l'espace et de la masse se sont effacés et anéantis, et l'esprit ou la pensée morale de cet espace et de cette masse de matière se sont condensés dans un mot musical, dans un habile coup de pinceau.

Mais l'artiste doit employer les symboles en usage dans son temps et dans son pays pour pénétrer de sa pensée l'âme de ses contemporains. Le nouveau dans l'art est toujours formé en dehors du vieux; le génie de l'heure présente pose sur l'œuvre de l'artiste un ineffaçable sceau et lui donne un inexprimable charme pour l'imagination. Plus le caractère spirituel du siècle domine l'artiste et se réfléchit dans son œuvre, plus cette œuvre gardera une sorte de grandeur et représentera aux contemplateurs futurs l'inconnu, l'inévitable, le divin. Aucun homme ne peut se soustraire dans son travail à cet élément de la nécessité; aucun homme ne peut se soustraire à son siècle et à son pays ou produire un modèle dans lequel l'éducation, la religion, la politique, les usages et les arts de son temps n'aient point de part. Fût-il cent fois plus original encore, cent fois plus capricieux et fantasque, il ne pourrait effacer de son œuvre toutes les traces des pensées parmi lesquelles il a grandi. Ses soins à éviter toutes les influences trahissent l'usage qu'il évite. Malgré sa volonté et sans qu'il s'en aperçoive, l'air même qu'il respire et l'idée au moyen de laquelle ses contemporains vivent et travaillent le forcent à partager les mœurs de son temps sans savoir quelles sont ces mœurs. Mais ce fait, qui est inévitable, donne à l'œuvre un charme que le talent individuel ne lui aurait jamais donné, car alors il semble que la plume ou le ciseau de l'artiste aient été soutenus et conduits par une main gigantesque dans le dessein d'écrire quelques lignes de l'histoire de la race humaine. C'est cette circonstance qui donne une si grande valeur aux hiéroglyphes égyptiens, aux idoles chinoises, indiennes et mexicaines, bien que grossières et sans forme; elles révèlent la hauteur à laquelle était arrivée l'âme humaine à l'heure où elles furent créées; elles nous disent qu'elles ne furent pas des œuvres nées d'un cerveau fantastique, mais des œuvres sorties d'une nécessité profonde comme le monde. Ajouterai-je que la plus haute valeur de tous les arts plastiques, c'est d'être *historique* et d'être comme le portrait de cette destinée de perfection et de beauté vers laquelle marchent tous les êtres.

Au point de vue historique l'office de l'art a donc été de faire l'éducation de notre faculté à percevoir la beauté. Nous sommes comme plongés dans la beauté, mais nos yeux n'ont pas la vue nette. Il est nécessaire d'assister et de conduire le goût endormi en lui montrant des couleurs et des lignes. Nous sculptons et nous peignons, et, élèves du mystère de la forme, nous contemplons ce qui est sculpté et ce qui est peint. La vertu de l'art consiste à détacher et à séparer un objet de l'embarrassante variété. Jusqu'à ce qu'une chose soit débarrassée de ses rapports avec les autres choses, elle peut nous procurer la joie et la contemplation, mais non pas la pensée. Notre bonheur et notre malheur sont improductifs. L'enfant est plein de transports charmants, mais son caractère individuel et son pouvoir pratique dépendent du progrès journalier qu'il fait dans l'analyse des choses et dans l'étude de chacune d'entre elles séparément. L'amour et les passions rassemblent toute l'existence autour d'une seule forme. C'est l'habitude de certains esprits de donner une plénitude exclusive à l'objet, à la pensée, au mot sur lequel ils jettent la lumière et de faire pour un moment de cet objet et de cette pensée les représentants du monde entier. Ces esprits sont les artistes, les orateurs, les guides de la société. Le pouvoir de détacher et de rendre splendide un objet, en le séparant des autres, est l'essence de la rhétorique des orateurs et des poetes. Cette rhétorique, cette puissance de fixer l'importance momentanée d'un objet, si remarquable dans Burke, dans Byron, dans Carlyle, le peintre et le sculpteur la manifestent au moyen de la couleur et de la pierre. Cette puissance dépend de la profondeur du regard que l'artiste jette sur l'objet qu'il contemple. Car chaque objet a ses racines dans le centre de la nature et peut pour un moment nous être montré comme le type du monde entier. Et c'est pourquoi chaque œuvre de génie est la dominatrice de l'heure présente [1] et concentre l'attention sur elle-même. Pendant un moment cette œuvre est la seule chose qui nous semble digne d'un nom, que cette chose soit un sonnet, un opéra, un paysage, une statue, un discours, le plan d'un temple, d'une campagne ou d'un voyage de découvertes. Puis, nous passons à quelque autre objet qui, comme le premier, nous semble la chose la plus importante de toutes et s'arrondit pour nous en un petit univers, par exemple un beau jardin, et rien ne nous semble digne de nous occuper, si ce n'est d'aligner

---

[1] Le texte plus énergique porte : *the tyrant of the hour*, le tyran de l'heure.

des jardins. Je penserais que le feu est la meilleure chose qu'il y ait au monde si je ne connaissais pas l'air, l'eau et la terre. Car c'est le droit et la propriété de tous les objets naturels, de tous les talents naïfs, de toutes les facultés natives quelles qu'elles soient, d'avoir leur quart d'heure pendant lequel ils sont le sommet du monde. Un écureuil, sautant de branche en branche et par ses jeux ne faisant ainsi de la forêt qu'un seul arbre immense, remplit l'œil non moins qu'un lion, est beau et pose comme type de la nature à cette place et pour cette minute présente. Une bonne ballade remplit mon oreille et mon cœur aussi bien qu'une épopée l'a pu faire auparavant. Un chien dessiné par un maître ou une portée de petits cochons satisfont et ne sont pas moins une réalité que les fresques de Michel-Ange. Par cette succession d'objets excellents, nous apprenons à la fin l'immensité du monde, l'opulence de la nature humaine qui marche à l'infini par quelque chemin que ce soit. J'apprends aussi par là que ce qui m'étonnait et me fascinait dans la première de ces œuvres est ce qui m'a étonné aussi dans la seconde, et que, par conséquent, l'excellence de toutes les choses est une.

L'office de la peinture et de la sculpture semble être simplement de nous initier. Les meilleures peintures arrivent vite à nous dire leur dernier mot. Les meilleures peintures sont de rudes dessins de quelques points, de quelques lignes et de quelques teintes merveilleuses, qui forment les figures du paysage sans cesse mouvant au milieu duquel nous habitons. La peinture semble être pour l'œil ce que la danse est pour les jambes. Lorsque la danse a fait l'éducation du corps et l'a mis en possession de lui-même, lui a donné l'agilité et la grâce, les pas du maître à danser sont bientôt oubliés; de même la peinture m'enseigne la splendeur de la couleur et l'expression de la forme, et plus je vois de peintures et de grands génies dans l'art, plus je m'aperçois de l'opulence infinie du pinceau, plus je comprends que tous les sujets sont indifférents à l'artiste, par suite de la liberté qu'il a de choisir entre toutes les formes possibles. S'il peut dessiner toute chose, pourquoi en dessiner quelqu'une? Et alors mon œil s'ouvre à l'éternelle peinture que la nature peint dans la rue au moyen des hommes qui passent, des enfants, des mendiants, des belles dames vêtues de rouge, de vert, de bleu, de gris; de tous les êtres à longue chevelure, grisonnants, à face pâle, au teint brun, ridés, gigantesques, à stature de nain, au corps élancé, à la taille de sylphe, soutenus, environnés et dominés par la terre, la mer et le ciel.

Une galerie de sculpture m'enseigne avec plus d'austérité la même leçon. De même que la peinture enseigne la couleur, la sculpture enseigne l'anatomie de la forme. Lorsque j'ai vu de belles statues et qu'ensuite j'entre dans une assemblée publique, je comprends parfaitement ce qu'entendait celui qui a dit : « Lorsque je viens de lire Homère, tous les hommes me semblent des géants. » Je comprends aussi que la peinture et la sculpture sont les gymnastiques de l'œil qui le préparent aux douceurs [1] et aux curiosités des fonctions qui lui sont propres. Il n'y a pas de statue comparable à cet homme vivant qui a sur toute sculpture idéale cet avantage infini d'une perpétuelle variété. Quelle galerie je possède autour de moi ! Ce n'est pas un *maniériste* qui a fait ces groupes variés et ces diverses, originales et simples figures. C'est l'artiste lui-même qui improvise devant son bloc, dans la joie ou la tristesse. Maintenant une pensée le frappe, maintenant une autre, et à chaque instant il

---

[1] *Nicettes*, mot charmant que nous avons perdu et qui se retrouve dans nos anciens auteurs. Rabelais dit dans *Pantagruel* : « Elle en mourut, la noble Badebec, du mal d'amour qui tant lui semblait nice. »

modifie l'air, l'attitude et l'expression de son argile. Arrière avec vos huiles et vos chevalets, votre marbre et vos ciseaux, tout cela, si ce n'est dans le but d'ouvrir vos yeux à la magie de l'art éternel, n'est qu'une hypocrite défroque.

Le rapport que toutes les œuvres d'art ont en fin de compte avec un pouvoir originel, explique les traits communs à toutes les œuvres de l'art élevé, explique comment elles sont universellement comprises, comment elles nous ramènent aux plus simples états de l'esprit, comment elles sont religieuses. Car, puisque le talent qui nous est ainsi montré est la manifestation d'une âme originale, un jet de la pure lumière, ce talent, grâce à ces conditions, produira sur nous une impression semblable à celle que nous font éprouver les objets naturels. Dans nos heures heureuses la nature ne nous parait faire qu'une avec l'art. Et l'individu dans lequel les simples goûts et la susceptibilité à recevoir toutes les grandes influences humaines dominent les accidents d'une culture locale et spéciale est le meilleur critique d'art. Bien que nous voyagions à travers le monde pour trouver la beauté, nous devons la porter en nous, sans cela nous ne la trouverons pas. Le meilleur de la beauté consiste dans un charme que l'habileté à tracer des surfaces et des lignes ou les règles de l'art ne pourraient pas nous enseigner; c'est, à proprement parler, un rayonnement dans l'œuvre d'art, du caractère humain; une merveilleuse expression par la toile et la pierre, et le son des plus profonds et des plus simples attributs de notre nature, et qui, par conséquent, sont à la fin intelligibles pour les âmes qui ont en elles ces attributs. Dans les sculptures des Grecs, dans l'architecture des Romains, dans les peintures des maîtres toscans et vénitiens, le plus grand charme est le langage universel qu'elles parlent. Une confession, un aveu de la nature morale, de la pureté, de l'amour, de l'espérance, respire à travers elles toutes. Les pensées et les sentiments que nous leur apportons, nous les remportons identiques mais plus brillamment *illustrés* dans le souvenir. Le voyageur qui visite le Vatican, et qui passe de chambre en chambre à travers les galeries de statues, les vases, les candélabres, les sarcophages, au milieu de toutes les formes de la beauté taillées dans la plus riche matière, est en danger d'oublier la simplicité des principes d'où sont sortis tous ces objets, et qu'ils ont leur origine dans les pensées et les lois de sa propre vie. Sur ces restes merveilleux il étudie les règles techniques de l'art, mais il oublie que toutes ces œuvres n'ont pas toujours été ainsi rassemblées en pléiades ; qu'elles sont le produit de siècles et de contrées sans nombre, que chaque œuvre est sortie d'abord du solitaire atelier d'un artiste qui travailla peut-être dans l'ignorance de toute autre sculpture, qui créa son œuvre sans autre modèle que la vie, la vie domestique, sans autre modèle que les douleurs et les joies qui résultent des relations personnelles, les douleurs et les joies des cœurs qui battent, des regards qui se cherchent, de la pauvreté, de la nécessité, de l'espérance et de la crainte. Telles furent ses inspirations, et tels sont les effets qu'il imprime dans notre cœur et dans notre âme. L'artiste, en proportion de sa force, trouve dans son œuvre un sanctuaire où il peut déposer son caractère. Il ne doit, en aucune manière, être embarrassé et empêché par la matière destinée à son œuvre ; mais, grâce à la nécessité de se traduire extérieurement lui-même, le diamant deviendra comme de la cire entre ses mains, et reproduira une image de sa personne avec sa stature et toutes ses proportions. Il n'a pas besoin de s'embarrasser d'une culture et d'une nature artificielles, ni de se demander quelle est la manière de Paris ou de Rome, mais cette maison, ce climat, cette manière de vivre que la pauvreté et la fatalité de son berceau lui ont rendu à la fois si odieuse et si chère dans cette cabane en planches nues, bâtie dans un coin d'une ferme du New-Hampshire, ou dans cette hutte en bois, construite à la lisière de la forêt, ou dans cet étroit logement dans lequel il a souffert les privations et tout ce qui entre de prudence hypocrite dans la pauvreté des villes, lui serviront aussi bien que d'autres éléments comme symboles d'une pensée qui rayonne indifféremment à travers toutes choses.

Il me souvient que, dans mes jeunes années, lorsque j'entendais parler des merveilles de la peinture italienne, je me figurais les grandes peintures pareilles à de gigantesques étrangers ; j'imaginais quelque surprenante combinaison de couleur et de forme, une merveille lointaine, les perles et l'or unis ensemble. Tout cela agissait sur mon esprit comme les étendards et les drapeaux de la milice qui agitent et secouent tant de folles imaginations sous les yeux des enfants. Je partis donc pour voir et acquérir je ne sais trop quoi. Lorsqu'à la fin je vins à Rome, et que je vis ces peintures de mes propres yeux, je trouvai que le génie laissait aux novices le gai, le fantasque et le prétentieux, et que ses tendances allaient directement au simple et au vrai ; qu'il était familier et sincère ; qu'il était le vieux, l'éternel fait que j'avais déjà rencontré sous tant de formes, avec lequel j'avais vécu, qu'il était pour ainsi dire le simple *vous* et *moi* que je connaissais si bien, et que j'avais laissé chez moi dans tant de conversations. J'avais déjà fait la même expérience dans une église de Naples. Là je vis qu'autour de moi rien n'était changé si ce n'est le lieu, et je dis en moi-même : ô toi, fol enfant, es-tu venu de si loin, as-tu donc traversé mille lieues d'eau salée pour t'apercevoir que ce qui, pour toi, est parfait dans ces lieux est la même chose parfaite que tu as laissée dans ton pays. Ce fait, je l'expérimentais encore dans les chambres de sculpture de l'Académie de Naples, et lorsque je revins à Rome, et que je vis les peintures de Raphaël, de Michel-Ange, de Sacchi, de Titien et de Léonard de Vinci. Ce fait, qui me suivait partout, je pouvais lui dire comme Hamlet, à l'ombre de son père : « Quelle vieille taupe ! comme tu marches promptement sous la terre. » Il avait voyagé à mes côtés ; j'imaginais que je l'avais laissé à Boston, et je le retrouvais au Vatican, à Milan, à Paris, qui rendait tous mes voyages aussi ridicules que le mouvement d'un moulin. C'est pourquoi maintenant je demande aux peintures qu'elles me ramènent à mon pays et qu'elles me replacent dans ma vie domestique [1], et non qu'elles m'éblouissent. Les peintures ne doivent pas être trop pittoresques. Rien n'étonne plus les hommes que le sens commun et les simples actions. Toutes les grandes actions ont été simples, toutes les grandes peintures le sont aussi.

La transfiguration de Raphaël est un exemple éminent de ce mérite particulier. Une calme et bienfaisante beauté brille sur toute cette peinture et va directement au cœur ; il semble presque qu'elle vous appelle par votre nom. La douce et sublime physionomie de Jésus est au-dessus de toute espèce de louanges, et cependant combien elle désappointe toutes les suppositions fleuries que nous avions formées d'avance. Cette physionomie est si familière, si simple, si domestique, qu'en la voyant il semble que nous rencontrions un ami. La science des amateurs de peinture a son prix ; mais ne prêtes pas l'oreille à leurs critiques lorsque ton cœur est ému. Ce tableau n'a pas été peint pour eux, il a été peint pour toi et pour tous ceux qui ont des yeux capables d'être touchés par la simplicité et le cœur capable d'émotions élevées.

[1] *Domesticate*, mot que j'ai déjà signalé dans l'*Essai sur la confiance en soi*.

Cependant, lorsque nous avons dit sur les arts toutes sortes de belles choses, nous devons terminer par une franche confession, et avouer que les arts tels que nous les connaissons ne sont qu'une initiation. Nous devons nos meilleures louanges au but qu'ils ont poursuivi, au résultat qu'ils ont promis, et non pas au résultat actuel qu'ils ont atteint. Celui-là a faiblement compris les ressources de l'homme qui peut penser que le meilleur âge de la production est passé. La valeur réelle de l'*Iliade* et de la *Transfiguration*, c'est surtout le signe de la puissance que ces œuvres laissent apercevoir ; c'est que ces œuvres sont les vagues et les ondes du grand courant qui mène les arts à leur destination, des marques d'un effort infini pour produire que l'âme trahit même dans son pire état. L'art n'est pas encore arrivé à sa maturité, s'il ne s'est pas mis en rapport avec les puissantes influences du monde, s'il n'est pas pratique et moral, s'il ne s'est pas étroitement uni à la conscience, s'il n'a pas encore fait sentir aux hommes pauvres et sans culture qu'il s'adresse à eux avec une voix pleine d'une gaieté élevée. La tâche de l'*art* est plus élevée que les *arts*; ceux-là sont les enfants avortés d'un instinct imparfait ou vicié. L'art est le besoin de créer ; mais par la fatalité de son essence immense et universelle, il est impatient de travailler, même avec les mains engourdies ou enchaînées, et de faire des perclus et des monstres, tels que le sont toutes les statues et toutes les peintures. La fin de l'art n'est rien moins que la création de la nature et de l'homme. Un homme peut trouver ainsi en lui une issue pour son énergie entière ; tandis qu'il ne peut peindre et sculpter que dans une certaine mesure. Alors l'art se dilatant, renverse les murailles des circonstances du côté des spectateurs comme du côté de l'artiste, réveille dans le contemplateur le même sens de puissance et d'universelle relation que l'œuvre a montré chez l'artiste, et ainsi, par l'effet le plus élevé qu'il puisse produire, forme de nouveaux artistes.

Déjà l'histoire est assez vieille pour témoigner de la décrépitude et de la disparition des arts particuliers. L'art de la sculpture a depuis longtemps perdu tout effet réel ; ce fut à l'origine un art utile, une manière d'écrire, un registre sauvage de gratitude et de dévotion ; puis cette sculpture enfantine fut élevée à sa plus haute splendeur chez un peuple doué d'une merveilleuse perception de la forme. Mais la sculpture est le jeu d'un peuple sensuel et jeune et non pas le travail viril d'une sage et spirituelle nation. Sous un arbre chargé de feuilles et de fruits, sous un ciel plein d'yeux éternels, je me sens au milieu de la vie universelle ; mais dans les arts de nos œuvres plastiques, et spécialement de la sculpture, la création est mise au rebut dans un coin. Je ne puis me cacher à moi-même qu'il y a dans la sculpture une certaine apparence de bassesse, qu'elle participe de la puérilité des joujoux d'enfants, et qu'elle a je ne sais quoi des trompe-l'œil de théâtre. La nature dépasse et domine tous nos modes de penser, et nous ne lui avons pas encore arraché son secret. Mais la galerie est à la disposition de nos modes de penser, et il y a pourtant un moment où tout cela semble frivole. Je ne m'étonne pas si Newton, dont l'attention était ordinairement attachée à observer la marche des planètes et des soleils, se demandait ce que le comte de Pembroke trouvait à admirer dans ces *poupées de pierre*. La sculpture peut servir à enseigner à l'élève combien est profond le secret de la forme, et combien purement l'esprit peut traduire sa pensée dans ce dialecte éloquent. Mais la statue semblera froide et fausse en face de cette activité instantanée, impétueuse à se précipiter à travers toutes choses, et impatiente devant les contrefaçons et les choses sans vie. La peinture et la sculpture sont les célébrations et les fêtes de la forme. Mais le véritable art n'est jamais fixé, il est toujours flottant. La plus douce musique n'est pas dans l'oratorio, elle est dans la voix humaine, lorsque celle-ci exprime la vie du moment en des tons de tendresse, de vérité ou de courage. L'oratorio a déjà perdu ses rapports avec le matin, le soleil et la terre; mais cette voix persuasive de l'homme est en accord avec toutes ces choses. Toutes les œuvres de l'art devraient être des exécutions instantanées et non pas détachées. Par chacune de ses attitudes et de ses actions un grand homme est une statue toujours nouvelle. Une belle femme est une peinture qui rend noblement fous ceux qui la contemplent. La vie peut être épique ou lyrique aussi bien qu'un poeme ou un roman.

Une véritable révélation de la loi de création, s'il se trouvait un homme digne de la dénoncer, ce serait de transporter l'art dans le royaume de la nature, et de détruire les oppositions et les séparations qui ont été établies dans son existence. Les fontaines de l'invention et de la beauté dans la société moderne sont toutes desséchées[1]. Une nouvelle populaire, un théâtre, une salle de bal nous font sentir que nous sommes comme des indigents dans les hôpitaux de ce monde, sans dignité, sans habileté, sans industrie. L'art est pauvre et vil. La vieille Nécessité tragique, qui s'abaisse même sur les sourcils des Vénus et des Cupidons de l'art antique, et qui nous donne la seule explication apologétique possible pour l'introduction de telles figures anormales dans la nature, en nous faisant sentir qu'elles étaient inévitables, que l'artiste était ivre d'une passion pour la forme à laquelle il ne pouvait résister, et qui se faisait jour d'elle-même dans ces belles extravagances, a cessé d'ennoblir le ci-

---

[1] Cela est très vrai; l'art ne crée plus qu'en vertu d'une formule d'école et n'est plus l'image de la vie.

seau ou le pinceau. L'artiste, le connaisseur, cherchent maintenant dans l'art une exhibition de leur talent ou un asile contre les maux de la vie. Les hommes ne sont plus contents des figures que se forme leur imagination, alors ils ont recours à l'art et placent le meilleur de leurs sentiments dans un oratorio, dans une statue, dans une peinture. L'art fait le même effort que la prospérité sensuelle, c'est-à-dire qu'il sépare le beau de l'utile, qu'il se dépêche d'accomplir son œuvre, comme si elle était inévitable, et la haissant se tourne du côté de la jouissance. Mais ces consolations et ces compensations, cette division de la beauté et de l'utilité, les lois de la nature ne les permettent pas. Aussitôt que la beauté n'est plus poursuivie par religion et par amour, mais en vue du plaisir, elle dégrade l'homme qui la poursuit : il ne peut pas plus longtemps atteindre la haute beauté sur la toile, ou dans la pierre, ou dans le son, ou dans la construction lyrique ; une beauté efféminée, prudente, maladive, qui n'est pas la beauté, est tout ce qu'il peut former, car la main ne peut exécuter une chose plus haute que celle que le caractère peut inspirer.

L'art qui sépare et rejette est lui-même d'abord rejeté. L'art ne doit pas être un talent superficiel, mais doit avoir ses origines plus avant dans l'homme. Aujourd'hui les hommes ne trouvent plus la nature belle, et ils vont à leur atelier pour exécuter une statue qui le sera. Ils abhorrent les hommes, les déclarant sans goût, stupides, entêtés, et ils se consolent au moyen de sacs à couleurs et de blocs de marbre ; ils rejettent la vie comme prosaïque, et ils créent une mort qu'ils appellent poétique ; ils se hâtent d'accomplir les travaux de la journée pour fuir vers des rêveries voluptueuses. Ils mangent et boivent afin d'exécuter ensuite l'idéal. Ainsi l'art est avili ; ce mot ne rappelle à l'esprit que son secondaire et mauvais sens ; il est regardé par notre imagination comme quelque chose de contraire à la nature, et il est ainsi frappé de mort dès l'origine. Est-ce qu'il ne serait pas meilleur de partir de plus haut, de servir l'idéal en mangeant et en buvant, en respirant et dans toutes les fonctions de la vie. La beauté doit rayonner sur les arts utiles, et la distinction établie entre les arts utiles et les beaux-arts doit être oubliée. Si l'histoire était racontée véridiquement, si la vie était noblement dépensée, la distinction entre les arts utiles et les beaux-arts ne serait pas plus longtemps aisée et possible[1]. Dans la nature tout est utile, tout est beau : tout est beau, parce que tout est vivant, plein de mouvement, capable de se reproduire : tout est utile, parce que tout est symétrique et beau. La beauté, ne le croyez pas, ne viendra pas et n'obéira pas à la sommation d'une législature ; elle ne répétera pas en Angleterre ou en Amérique son histoire de la Grèce ; elle viendra, comme toujours, sans s'annoncer, et jaillira entre les pieds des hommes braves et ardents. C'est en vain que nous demandons au génie de répéter les miracles qu'il a accomplis dans les vieux arts ; c'est son instinct, au contraire, de trouver la beauté dans les faits nouveaux et nécessaires, dans le champ et sur le bord de la route, dans la boutique et le moulin. Le génie sortant d'un cœur religieux élèvera à une utilité divine le chemin de fer, l'office des assurances, les compagnies de la Bourse, nos lois, nos assemblées primaires, notre commerce, les batteries galvaniques, la bouteille électrique, le prisme, tous les instruments du chimiste et toutes les choses dans lesquelles nous cherchons simplement aujourd'hui un usage économique. Est-ce que l'aspect égoïste et même cruel qui appartient

---

[1] Ceci est fort juste. Je remarque, en effet, que chez le peuple où la beauté s'est le plus alliée à l'utile, où la grandeur et la noblesse ont existé le plus naturellement, chez les Grecs, cette distinction n'a jamais existé.

à nos grands ouvrages mécaniques, aux moulins, aux railways, à toutes nos machines, n'est pas l'effet des impulsions mercenaires auxquelles tous ces ouvrages obéissent? Lorsque son message a un but noble, le bateau à vapeur qui franchit l'Atlantique et établit comme un pont entre la vieille et la nouvelle Angleterre, qui arrive au port avec la ponctualité d'une planète, est un pas fait par l'homme dans la voie de l'harmonie avec la nature; le bateau qui, à Saint-Pétersbourg, marche sur la Newa par l'attraction du magnétisme, a besoin de peu de chose pour devenir sublime. Lorsque la science sera enseignée par l'amour, lorsque ses pouvoirs seront réglés et dirigés par l'amour, alors toutes nos œuvres, aujourd'hui si pauvres, apparaîtront comme les suppléments et les continuations de la création matérielle.

III

HISTOIRE.

Je suis le propriétaire de la pléiade et de l'année solaire, de la main de César, du cerveau de Platon, du cœur de Jésus et de l'inspiration de Shakspeare

Il y a un esprit commun à tous les individus. Chaque homme est pour ainsi dire un terrain neutre commun à tous les autres hommes. Celui qui a été une fois admis aux droits de la raison est un homme libre, dégagé de toute sujétion envers les autres hommes. Ce que Platon a pensé, il peut le penser ; ce qu'un saint a senti, il peut le sentir ; ce qui, à une époque quelconque, est arrivé à un homme, il peut le comprendre. Celui qui a accès auprès de cet esprit universel fait partie intégrante de tout ce qui est ou de tout ce qui peut être accompli, car cet esprit seul est l'agent souverain.

L'histoire est le mémorial des œuvres de cet agent universel. Son génie est expliqué par la complète série des temps. L'homme n'est explicable par rien moins que par toute son histoire. Sans hâte et sans repos, l'esprit humain depuis le commencement des âges travaille à réaliser chaque faculté, chaque pensée, chaque émotion dans des événements adéquats ; mais toujours la pensée devance le fait, et tous les faits de l'histoire préexistent comme lois dans l'esprit. Les circonstances donnent à chacune de ces lois la prédominance à son tour, et les limites de la nature ne donnent la puissance qu'à une seule à la fois. Un homme est une complète encyclopédie des faits. La création de mille forêts est dans un chêne, et l'Égypte, la Grèce, Rome, la Gaule, la Grande-Bretagne, l'Amérique gisent enveloppées déjà dans le premier homme. Époque après époque, camps, royaumes, empires, républiques, démocraties, sont simplement l'application de cet esprit multiple à un monde multiple.

L'esprit humain écrit son histoire et doit la lire. Le sphinx doit résoudre sa propre énigme. Si toute l'histoire est dans un homme, elle peut être toute expliquée par l'expérience individuelle. Il y a une relation entre les heures de notre vie et les siècles du temps. De même que l'air que je respire est tiré des grands réservoirs de la nature, de même que la lumière qui tombe sur mon livre part d'une étoile éloignée de cent millions de milles, de même que le poids de mon corps dépend de l'équilibre des forces centrifuges et centripètes; ainsi les heures devraient être instruites par les siècles et les siècles expliqués par les heures. Chaque homme est une incarnation de cet esprit individuel. Toutes les propriétés de cet esprit existent en lui. Chaque pas dans son existence privée jette la lumière sur ce qu'ont accompli les grandes corporations d'hommes, et les crises de sa vie se rapportent aux crises nationales. Chaque révolution fut d'abord une pensée dans l'esprit d'un seul homme, et lorsque la même pensée se rencontrera plus tard dans un autre homme, celui-là aura trouvé la clef de cet événement. Chaque réforme fut d'abord une opinion particulière, et lorsqu'elle deviendra de nouveau une opinion particulière, le problème d'un siècle sera résolu. Le fait raconté doit correspondre à quelque chose qui est en moi pour qu'il soit croyable ou seulement intelligible. Lorsque nous lisons, nous devons devenir Grecs, Romains, Turcs, prêtres, rois, martyrs et bourreaux; nous devons rattacher ces images à quelque réalité cachée dans notre expérience secrète; autrement nous ne verrons rien, nous n'apprendrons rien, nous ne nous souviendrons de rien. Ce qui est arrivé à Asdrubal ou à César Borgia est une *illustration* des puissances et des dépravations de l'esprit, aussi bien que ce qui nous est arrivé. Chaque nouvelle loi, chaque mouvement politique a son sens en vous. Asseyez-vous devant chacun de ces bulletins, et dites : Ici est une de mes pensées; sous ce masque fantastique, odieux ou gracieux, ma nature de Protée se cache. Cela remédie à la trop grande proximité de nos actions et les jette dans la perspective; et de même que l'écrevisse, le bélier, le scorpion, la balance et le verseau perdent toute bassesse quand ils nous apparaissent comme signes du zodiaque, ainsi je puis voir mes propres vices sans colère dans les personnes éloignées de Salomon, d'Alcibiade et de Catilina.

C'est cette universelle nature qui imprime la dignité aux individus et aux choses. La vie humaine est mystérieuse et inviolable, parce qu'elle est le sanctuaire de cette universelle nature, et c'est pourquoi nous l'entourons afin de la protéger, de lois et de pénalités. Toutes les lois tirent de là leur dernière raison, toutes au moins expriment le respect pour cette infinie et suprême essence. La propriété aussi tient de l'âme, couvre de grands faits spirituels, et instinctivement nous la protégeons par l'épée et par la loi, par de larges et complexes combinaisons. Notre obscure conscience de ce fait est la lumière qui luit sur tous nos jours, la réclamation des réclamations, le plaidoyer en faveur de l'éducation, de la justice, de la charité; le fondement de l'amitié et de l'amour, de l'héroïsme et de la grandeur, et de tous les actes qui dérivent de la confiance en soi-même. Il est remarquable qu'involontairement nous lisons toujours comme si nous étions des êtres supérieurs. L'histoire universelle, les poëtes, les romanciers, dans leurs plus superbes peintures, dans les palais impériaux, dans les temples, ne nous ferment jamais l'ouïe, ne nous font nulle part sentir que nous pénétrons indiscrètement dans leurs sanctuaires réservés pour de meilleurs que nous. Mais, au contraire, il est vrai de dire que c'est dans leurs plus éclatants paysages que nous nous sentons les plus familiers. Tout ce que Shakspeare dit des rois, cet enfant qui lit là-bas dans un coin sait que les paroles du poëte lui sont personnelles. Nous sympathisons avec les grands moments de l'histoire, avec les grandes découvertes, les grandes résistances, les grandes prospérités des hommes, parce que la loi fut rendue, que la mer fut fouillée, que la terre fut découverte ou que le coup fut frappé *pour nous*, comme nous-mêmes nous aurions agi à la même époque.

Il en est de même à l'égard de la condition et du caractère. Nous honorons les riches, parce que nous sentons qu'ils ont extérieurement la liberté, la puissance et la grâce que nous sentons propres à l'homme, propres à nous-mêmes. Ainsi tout ce qui est dit de l'homme sage par les faiseurs d'essais philosophiques, qu'ils soient stoïciens ou modernes, décrit à chaque homme sa propre idée, lui décrit le moi qu'il n'a pas atteint, mais qu'il peut atteindre. Toute littérature raconte le caractère de l'homme sage. Tous les livres, les monuments, les peintures, les conversations sont des portraits dans lesquels l'homme sage trouve les traits qu'il dessine en lui-même. Les silencieux et les parleurs l'accostent, le louent, et partout où il va, il est comme stimulé par des allusions personnelles. Une âme sage et bonne n'a pas besoin, par conséquent, de chercher dans les discours d'autrui des allusions personnelles et louangeuses. Elle entend la louange non d'elle-même, mais, ce qui est bien plus doux, du caractère qu'elle poursuit dans chaque mot des conversations roulant sur ce sujet du caractère, dans chaque fait qui s'offre à ses yeux, dans le ruisseau qui court et dans la moisson qui murmure sous le vent. La louange, l'hommage et l'amour sortent et coulent à son approche de la muette nature, des montagnes et des lumières du firmament.

Ces avis obscurs, qui semblent comme venus de la nuit et du sommeil, utilisons-les en plein midi. Le disciple doit lire l'histoire activement et non passivement, estimer que sa propre vie est le texte dont l'histoire n'est que le commentaire. Ainsi pressée, la muse de l'histoire rendra des oracles comme elle n'en rendra jamais pour ceux qui ne se respectent pas eux-mêmes. Je n'attends pas que celui-là qui pense que les actions accomplies dans les âges reculés par des hommes dont le nom a retenti au loin ont un sens plus profond que ses actions d'aujourd'hui, puisse lire avec rectitude d'esprit.

Le monde existe pour l'éducation de chaque homme. Il n'y a pas d'âge ou d'état de société, de mode d'action dans l'histoire, qui ne corresponde à quelque chose dans la vie individuelle. Chaque fait tend d'une manière merveilleuse à s'abréger et à céder à chaque homme la vertu qui est en lui. L'homme doit voir qu'il peut vivre de la vie entière de l'histoire. Il doit rester tranquillement à sa demeure avec force et virilité, ne pas souffrir d'être ennuyé par les rois et par les empires, savoir qu'il est plus grand que toute la géographie et tout les gouvernements du monde; il doit changer le point de vue duquel on lit ordinairement l'histoire, et transporter l'histoire de Rome, d'Athènes et de Londres à lui-même, ne pas se nier à lui-même qu'il est le suprême tribunal devant lequel les nations comparaissent; et ainsi si l'Angleterre et l'Égypte ont à lui exposer quelque chose, il examinera le procès, sinon qu'elles demeurent silencieuses pour jamais. Il doit atteindre et doit se maintenir à cette élévation où les faits révèlent leur sens secret, où la poésie et les faits historiques se confondent. L'instinct de l'esprit, le dessein de la nature, se trahit dans l'usage que nous faisons des plus célèbres récits de l'histoire. Le temps dissipe et fond par son éternelle lumière la solide précision des faits. Il n'y a ni ancres, ni câbles, ni remparts, qui puissent faire qu'un fait garde sa qualité de fait. Babylone, Troie et Tyr, et même la Rome primitive, sont déjà passées dans le domaine de la fiction. Le jardin d'Éden, le soleil arrêté sur la vallée de Gibéon, sont désormais de la poésie pour toutes les nations. Qui s'inquiète de savoir ce que fut le fait, lorsque nous en avons fait ainsi une constellation et que nous l'avons suspendu au ciel comme un signe immortel? Londres, Paris et New-York auront la même destinée. Qu'est-ce que l'histoire? disait Napoléon, sinon une fable sur laquelle tout le monde est d'accord. Notre vie est entourée par l'Égypte, la Grèce, la Gaule, l'Angleterre, la guerre, la colonisation, l'Église, la cour et le commerce, comme par autant de fleurs et d'ornements graves ou gais. Je ne puis pas les estimer d'une valeur supérieure. Je crois à l'éternité. Je puis trouver dans mon propre esprit la Grèce, la Palestine, l'Italie, l'Espagne, le principe créateur et le génie de tous les siècles.

Dans notre expérience privée, nous arrivons toujours à rencontrer les faits qui nous ont émus en lisant l'histoire et à les vérifier ainsi. Toute histoire devient subjective; en d'autres termes il n'y a pas d'histoire, à proprement parler, il n'y a que la biographie. Chaque âme doit avoir appris toute la leçon de l'histoire, doit avoir parcouru toute la terre. Ce que l'homme n'a pas vu, ce qu'il n'a pas vécu, pour ainsi dire, il ne le sait pas. Les choses que les premiers âges ont abrégé et réduit à une

formule ou a une règle pour sa commodité et pour abréger
le temps, lui feront perdre, grâce à cette règle, la science
qu'il aurait acquise en les vérifiant par lui-même. Aujourd'hui ou demain, dans ce lieu ou dans cet autre, cette
perte de science trouvera sa compensation en le forçant
à accomplir par lui-même le travail de ses devanciers.
Ferguson découvrit beaucoup de choses en astronomie
qui étaient connues depuis longtemps. Dans ce fait tout
l'avantage était pour lui.

L'histoire doit être cela ou elle n'est rien. Chaque loi
que rend l'État indique un fait dans la nature humaine ;
voilà tout. Nous devons voir dans notre propre nature
la raison nécessaire de chaque fait, voir comment il doit
et peut être. Telle est l'attitude que nous devons prendre
devant tout public, toute œuvre particulière, devant un
discours de Burke, devant une victoire de Napoléon, devant le martyre de Thomas Morus et de Sidney, devant
le règne de la terreur en France, devant une pendaison
de sorcières, devant un fanatique *revival*[1], ou devant
les expériences du magnétisme animal à Paris ou à Providence[2]. Nous acquérons la certitude que sous une pareille influence nous aurions été également affectés, que
nous aurions accompli les mêmes choses ; nous arrivons
à monter intellectuellement les mêmes échelons et nous
atteignons la même hauteur ou la même dégradation
qu'ont atteinte nos compagnons et nos mandataires.

Toute recherche sur l'antiquité, toute curiosité tou-

[1] Les *revivals* ou ravivements de la foi sont des cérémonies religieuses, si le nom de cérémonie peut s'appliquer à des actes et à des faits aussi étranges. On se rassemble au nombre de mille ou de deux mille ou même davantage ; on s'établit en pleine campagne dans quelqu'une des savanes immenses de l'Amérique et là, pour fouetter leur foi, les puritains et les sectaires fanatiques se livrent à mille contorsions qui rappellent les scènes des Albigeois et des convulsionnaires ; parfois même l'obscène s'en mêle.

[2] Providence, ville des États-Unis dans l'État de Rhodes-Island.

chant les pyramides, les cités enfouies, Stonehenge[1], Mexico, Memphis, sont le désir d'effacer ces sauvages et insensées expressions, *là bas* et *alors*, pour leur substituer les mots *ici* et *maintenant*. Elles expriment le désir de bannir le *non moi* et de le remplacer par le *moi*, pour abolir la différence et rétablir l'unité. Belzoni creuse et mesure les tombeaux des momies et les pyramides de Thèbes, jusqu'à ce qu'il ait pu trouver la fin de la différence qui existe entre ces œuvres monstrueuses et lui-même. Lorsqu'il s'est convaincu par l'examen de l'ensemble et du détail que ces œuvres furent faites par une personne semblable à lui, armée des mêmes armes, avec des motifs pareils aux siens et pour une fin à laquelle lui-même aurait travaillé, les circonstances étant données, le problème est résolu ; sa propre pensée vit dans cette longue succession de temples, de sphinx et de catacombes, passe à travers eux tous comme une âme créatrice, avec satisfaction, et toutes ces choses revivent encore pour l'esprit et existent *actuellement*.

Une cathédrale gothique nous affirme qu'elle fut et qu'elle ne fut pas faite par nous. Assurément elle fut bâtie par l'homme, mais nous n'en trouvons pas le type dans notre humanité à nous. Cependant nous nous appliquons à rechercher l'histoire de sa création, nous nous transportons dans le pays et nous nous mettons à la place des constructeurs ; nous nous rappelons les habitants des forêts, les premiers temples, l'approbation universelle donnée au premier type, son embellissement à mesure que la richesse de la nation s'est accrue ; la valeur qui est ajoutée au bois par la sculpture conduit à l'idée de sculpter toute une montagne de pierre sous la forme d'une cathédrale. Lorsque nous avons traversé

---

[1] *Stonehenge*, vaste amas de pierres et de rochers qui se trouve en Angleterre dans la plaine de Salisbury. C'est une tradition établie qu'elles ont été apportées d'Irlande par Merlin lui même.

tous ces progrès et que nous y avons ajouté l'Église catholique, ses croix, sa musique, ses processions, ses fêtes des saints et son culte des images, nous avons, pour ainsi dire, été l'homme qui a bâti la cathédrale ; nous voyons comment elle a pu et comment elle a dû s'élever ; nous avons découvert la raison suffisante de son existence.

La différence entre les hommes consiste dans leur méthode de classification. Quelques-uns classent les objets d'après leur grandeur et leur couleur, d'autres d'après leur ressemblance intrinsèque ou d'après les rapports de la cause et de l'effet. Le progrès de l'intelligence consiste dans cette lucide vue des causes qui dédaigne et glisse par-dessus les superficielles apparences. Pour le poète, pour le philosophe, pour le saint, toutes les choses sont intimes et sacrées, tous les événements profitables, tous les jours saints, tous les hommes divins ; car leur œil est dirigé vers les sources de la vie et méprise les circonstances. Chaque substance chimique, chaque plante, chaque animal dans sa croissance nous enseigne l'unité de la cause, la variété de l'apparence.

Pourquoi étant, comme nous le sommes, entourés par la nature qui crée tout, douce et fluide comme un nuage ou comme l'air, serions-nous de stériles pédants et n'exalterions-nous que quelques formes ? Pourquoi tenir compte du temps, de la grandeur ou de la forme ? L'âme[1] ne les connaît pas, et le génie, obéissant à sa loi, joue avec le temps et les formes, comme les enfants jouent dans les églises et folâtrent avec les barbes grises. Le génie étudie la pensée née de l'occasion, fouille dans la tombe des choses, voit les rayons partis d'un orbe unique, divergents jusqu'à ce qu'ils forment, en tombant,

---

[1] On peut s'étonner de voir si souvent revenir le mot âme pris dans un sens général ; il faut avoir toujours présent à la pensée ce qu'Emerson dit de l'âme dans l'*Essai sur la confiance en soi*.

des diamètres infinis. Le génie observe la monade[1] à travers tous ses masques lorsqu'il étudie la métempsycose de la nature. Le génie découvre dans la mouche, dans la chenille, dans le ver, dans l'œuf le type constant de l'individuel; il découvre à travers les individus sans nombre les espèces déterminées; à travers les espèces le genre; au milieu de tous les genres il découvre le type constant et immuable, et au milieu de tous les royaumes de la vie organisée l'unité éternelle. La nature est un nuage changeant qui est toujours et n'est jamais le même. Elle jette la même pensée dans des multitudes de formes, comme un poète compose vingt fables avec une seule idée morale. L'esprit brille avec splendeur à travers la rudesse et la grossièreté de la matière. Seul tout puissant, il dirige toutes choses vers sa propre fin. Le diamant se fond en une douce mais précise forme devant lui, et pourtant tandis que je le contemple, sa forme et sa surface ont déjà changé. Rien n'est aussi fuyant que la forme ; cependant il ne faut pas la dédaigner complétement. Dans l'homme nous retrouvons les rudiments et les essais de tout ce que nous regardons comme signes de servitude dans les races d'êtres inférieurs; mais en lui ils ne font que rehausser encore sa noblesse et sa grâce. Ainsi dans Eschyle, Io transformée en génisse offense l'imagination; mais comme elle est changée lorsque sous le nom d'Isis elle rencontre Jupiter en Égypte! Là elle n'est plus qu'une belle femme, n'ayant rien conservé de la métamorphose si ce n'est les cornes lunaires qui brillent sur son front comme un splendide ornement.

Dans l'histoire, il en est comme dans la nature : l'iden-

---

[1] *Monade* est un mot qui appartient au vocabulaire de Leibnitz ; la monade est la force primordiale incréée et créatrice qui donne la vie à chaque objet, dont l'être est la simplicité et l'attribut suprême l'activité.

tité de l'histoire est également intrinsèque, sa diversité également extérieure. Sa surface est couverte d'une infinie variété de choses; au centre il y a simplicité et unité de cause. Combien sont nombreux les actes d'un homme dans lesquels nous reconnaissons un caractère identique. Voyez la variété de nos sources d'information à l'égard du génie grec. Nous avons d'abord l'*histoire civile* de ce peuple telle que nous l'ont donnée Hérodote, Thucydide, Xénophon, Plutarque, récits qui nous disent suffisamment quels hommes étaient les Grecs et ce qu'ils firent. Puis nous avons la même âme s'exprimant de nouveau dans leur *littérature*, dans leurs poèmes, leurs drames, leur philosophie, autre forme très-complète de leur génie. Puis nous avons encore leur *architecture*, la pure beauté sensuelle, le milieu parfait qui ne dépasse jamais la limite de la propriété et de la grâce. Enfin nous avons la *sculpture*; une collection de formes dans toutes les attitudes, dans tous les âges de la vie, comprenant toute l'échelle des conditions universelles, depuis le dieu jusqu'à la bête, mais ne dépassant jamais l'idéale sérénité et souveraines maîtresses de l'ordre et de la loi même au milieu des plus convulsifs exercices. Ainsi nous avons quatre expressions du génie d'un grand peuple ; c'est l'expression la plus variée d'une chose morale unique, et cependant qu'y a-t-il pour les sens de plus différent et de moins ressemblant qu'une ode de Pindare, un centaure en marbre, le péristyle du Parthénon et les derniers actes de Phocion? Cependant toutes ces diverses expressions extérieures dérivent d'un même esprit national.

Chacun peut avoir observé que certaines figures et certaines formes, sans ressembler en rien aux formes et aux figures que nous connaissons, font sur nous la même impression que si nous les avions déjà vues. Une peinture, une pièce de vers, bien qu'elles ne réveillent pas en nous la même série d'images, provoqueront en nous cependant le même sentiment qu'elles expriment, bien que la ressemblance ne soit pas appréciable aux sens et qu'elle soit occulte et dépassant la portée de l'entendement. La nature est une combinaison infinie et une perpétuelle répétition de quelques lois. Avec d'innombrables variations, elle chante le vieil air si connu.

Une sublime ressemblance de famille brille à travers toutes les œuvres de la nature. Elle se plaît à nous étonner par cette ressemblance dans les lieux les plus inattendus. J'ai vu la tête d'un vieux sachem de la forêt qui rappelait à l'esprit le sommet d'une montagne escarpée, et dont les rides qui couvraient le front ressemblaient aux fentes des rochers. Il y a des hommes dont les manières ont cette même essentielle splendeur que nous admirons dans les simples et adorables sculptures des frises du Parthénon et dans les œuvres de l'art grec primitif. L'on peut trouver dans les livres de tous les âges des compositions de même nature. Qu'est-ce que l'aurore aux doigts de rose du Guide, sinon une pensée du matin, de même que les chevaux de cette peinture ne sont qu'un nuage du matin. Si nous voulons prendre la peine d'observer les actions auxquelles nous sommes portés dans certains moments et par certaines humeurs de pensée, et les actions pour lesquelles nous avons de l'aversion, nous comprendrons combien profonde est la chaîne de l'affinité qui réunit toutes choses.

Un peintre me disait qu'il était impossible de dessiner un arbre sans devenir soi-même en quelque sorte un arbre. Il me disait encore qu'il était impossible de dessiner un enfant en étudiant simplement les lignes de son corps; mais qu'en observant pendant un certain temps ses mouvements et ses jeux, alors on pénétrait dans les secrets de sa nature, et on pouvait à volonté le peindre dans toute espèce d'attitudes. J'ai connu un dessinateur employé à l'arpentage public qui ne pouvait dessiner les rochers que lorsqu'on lui en avait expliqué la structure géologique.

La conclusion qu'il faut tirer de tous ces faits est celle-ci : Que la commune origine d'œuvres complétement différentes consiste dans un certain état de l'esprit. C'est l'esprit qui est identique et non pas le fait. C'est en descendant bien bas dans les profondeurs de l'âme et non pas en acquérant péniblement quelques habiletés de métier que l'artiste peut arriver à imprimer à d'autres âmes une activité déterminée.

Il a été dit que les âmes communes payent avec ce qu'elles font, les âmes nobles avec ce qu'elles sont. Et pourquoi cela ? parce qu'une âme vivant au sein des profondeurs de l'être réveille en nous, par ses actions et ses paroles, par sa physionomie et ses manières, la puissance et la beauté qu'une galerie de sculpture ou de peinture a coutume d'enflammer en nous.

L'histoire civile, l'histoire naturelle, l'histoire de l'art, l'histoire de la littérature, toutes doivent être expliquées par l'histoire individuelle ou demeurer des mots. Il n'y a rien qui ne se rapporte à nous, rien qui ne nous intéresse ; le royaume, le collège, l'arbre, le cheval, les racines de toutes ces choses sont dans l'homme. C'est dans l'âme que l'architecture existe. *Santa Croce* et le dôme de Saint-Pierre sont de faibles copies d'un idéal divin. La cathédrale de Strasbourg est la contre-partie matérielle de l'âme d'Erwin Steinbach. Le vrai poeme est l'esprit du poëte ; le véritable vaisseau est le constructeur du vaisseau. Si nous pouvions voir dans l'intérieur de l'homme, nous y trouverions comme la raison suffisante des plus petites fibres et des derniers muscles de son œuvre, de même que chaque épine et chaque couleur de la coquille marine préexistent dans les organes de sécrétion du poisson. Tout le blason et toute la chevalerie consistent dans la courtoisie. Un homme de belles manières, en prononçant votre nom, lui donnera tous les ornements qu'aucun titre de noblesse n'aurait jamais pu lui donner.

La triviale expérience de chaque jour réalise sans cesse quelque vieille prédiction, et change en objets concrets les mots et les signes que nous avions écoutés et regardés étourdiment. Laissez-moi ajouter quelques exemples de l'espèce de ceux qui tombent sous l'observation de chaque homme, et me servir de faits vulgaires pour mettre en lumière des faits grands et solennels.

Une dame, en compagnie de laquelle j'allais à cheval dans une forêt, me disait qu'il semblait que les bois étaient toujours dans l'attente, comme si les génies qui les habitent eussent suspendu leurs actions jusqu'après le départ du voyageur. Cette pensée est précisément celle que les poètes ont célébrée dans la danse des fées, qui cesse à l'approche d'un pied humain. L'homme qui a vu la lune sortir des nuages à minuit, a été comme un archange présent à la création de la lumière et du monde. Je me rappelle que, me promenant un jour d'été, mon compagnon me montra un grand nuage qui, pendant un quart de mille, pouvait s'étendre parallèle à l'horizon, et qui avait tout à fait la forme d'un archange, tel que nous les voyons peints dans les églises; au centre il y avait une masse ronde qu'il était aisé d'animer avec des yeux et une bouche, soutenue de chaque côté par de larges ailes symétriquement étendues. Ce qui apparaît une fois dans l'atmosphère peut reparaître souvent, et sans doute ce fut là l'archétype de cet ornement familier à nos peintures. J'ai vu, dans le ciel, une chaîne de lumière divine qui me révéla que les Grecs s'étaient inspirés de la nature lorsqu'ils ont peint le tonnerre dans les mains de Jupiter. J'ai vu, le long d'un mur, un monceau de neige qui donnait très-clairement l'idée de l'architecture de la volute qui doit terminer une tour.

En nous jetant au milieu de nouvelles circonstances, nous inventons continuellement sur de nouveaux frais les ordres et les ornements de l'architecture, et nous surprenons les méthodes suivies par chaque peuple pour décorer ses primitives habitations. Le temple dorien présente quelque ressemblance avec les cabanes de bois dans lesquelles vivaient les Doriens. La pagode chinoise n'est qu'une tente tartare. Les temples indiens et égyptiens trahissent les formidables remparts et les demeures souterraines des anciens habitants de ces pays. « La cou-
« tume de creuser des tombeaux et des maisons dans le
« roc, dit Heeren dans ses *Recherches sur les Éthiopiens*
« détermina naturellement le principal caractère de
« l'architecture nubienne et égyptienne, c'est-à-dire les
« formes colossales que revêtit cette architecture. Dans
« ces cavernes déjà préparées par la nature, l'œil était
« accoutumé à se reposer sur de larges formes et sur
« des masses, si bien que, lorsque l'art vint pour assister
« la nature, il ne put pas se mouvoir sur une petite
« échelle sans se dégrader. Quelle figure auraient faite
« les statues de grandeur habituelle et les pratiques or-
« dinaires dans ces salles dont des colosses seulement
« pouvaient garder l'entrée ou soutenir les piliers in-
« térieurs. »

L'origine de l'église gothique consiste dans la représentation d'une forêt ornée de tous ses bourgeons au moyen d'une arcade en pierre, solennelle ou joyeuse. On ne peut se promener sur une route ouverte dans un bois de pins sans être frappé de l'apparence architecturale du bosquet, surtout en hiver, alors que la stérilité des autres arbres laisse apercevoir l'arche basse des Saxons. Dans les bois, pendant une après-midi, on surprend l'origine des fenêtres coloriées dont sont ornées les églises gothiques, dans les couleurs du ciel occidental aperçues à travers les branches nues et entrecroisées de la forêt. Aucun amant de la nature ne peut entrer dans les vieux édifices d'Oxford et dans les cathédrales anglaises sans sentir que l'idée de la forêt a tellement dominé l'esprit du constructeur, que son ciseau, sa scie et son rabot en reproduisent encore les fougères, les têtes des fleurs, les sauterelles, les pins, les chênes, les sapins.

La cathédrale gothique est une floraison en pierre, ordonnée avec cet insatiable besoin de l'harmonie qui est dans l'homme. Cette montagne de granit s'ouvre en une fleur éternelle avec la légèreté et le fini délicat, aussi bien qu'avec les proportions aériennes et la perspective de la beauté végétale.

De la même façon, tous les faits publics doivent être individualisés, et tous les faits privés doivent être généralisés. L'histoire devient ainsi fluide et vraie, la biographie profonde et sublime. Par la même raison pour laquelle les Persans imitaient, dans les flèches légères et dans les chapiteaux de leur architecture, la tige et la fleur du lotus et du palmier, la cour de Perse, dans son ère la plus magnifique, n'oublia jamais l'état nomade de ses tribus barbares, mais voyageait d'Ecbatane, où elle passait le printemps, à Suze, où elle habitait l'été, et à Babylone, où elle séjournait l'hiver [1].

Dans l'histoire primitive de l'Asie et de l'Afrique, l'état nomade et l'agriculture sont les deux faits antagonistes. La géographie de l'Asie et de l'Afrique nécessitait une vie nomade. Mais les nomades étaient la terreur de tous ceux que le sol et les avantages d'un marché portaient

---

[1] Il est assez difficile de saisir le rapport de cette dernière phrase avec les précédentes et même de la première partie de la phrase et de la seconde. Cela arrive quelquefois avec Emerson ; sa logique est si latente, pour ainsi dire, et les transitions si subtiles que souvent on perd le fil des idées et qu'elles s'éparpillent toutes comme les perles d'un collier.

à bâtir des villes. C'est pourquoi l'agriculture était une sorte d'injonction religieuse contre les dangers de la vie nomade. Dans ces nouvelles contrées civilisées de l'Angleterre et de l'Amérique, la lutte de ces penchants se continue encore dans chaque individu. Nous sommes, tour à tour, et très-rapidement, des coureurs et des casaniers. Les nomades de l'Afrique sont contraints d'errer à cause des attaques du taon, qui rendent les bestiaux malades, et forcent ainsi la tribu à émigrer dans la saison pluvieuse, et à chasser ses bestiaux vers les hautes régions sablonneuses. Les nomades de l'Asie suivent les pâturages de mois en mois. Certes, il y a progrès entre le taon d'Astaboras et la manie voyageuse de Boston. La différence entre les hommes, à cet égard, est une prompte *domestication*, la puissance de trouver partout son fauteuil et son lit, facultés qu'un homme possède et qu'un autre ne possède pas. Quelques hommes ont encore en eux tant de parties du vieil Indien primitif, ils ont, par leur constitution, tant d'habitude de s'accommoder facilement de ce qui les entoure, que, sur la mer, dans les forêts ou dans la neige, ils dorment aussi chaudement, dînent d'un aussi bon appétit, et sont aussi sociables que dans leur propre demeure. Et, pour pousser ce fait à un degré plus haut, nous trouvons qu'il est le type d'un fait permanent dans la nature humaine. Le nomadisme intellectuel est cette *objectivité* qui rend les gens heureux des spectacles qui les entourent. Celui qui a de tels yeux noue facilement partout des relations avec ses semblables. Chaque homme, chaque chose ont une valeur, sont un objet d'étude, ont une propriété pour lui, et cette sympathie rafraîchit son front, l'unit aux hommes et le fait apparaître à leurs regards beau et digne d'amour. Sa maison est un wagon, et, sous toutes les latitudes, il voyage aussi facilement qu'un Kalmouck.

Chaque chose que voit l'individu correspond à quelque

état de son esprit, et, en retour, toute chose est intelligible pour lui lorsque sa pensée l'a conduit à la vérité à laquelle ce fait ou ces séries de faits se rattachent.

Le monde primitif, le monde antérieur, comme disent les Allemands, je puis le creuser et le fouiller en moi-même, aussi bien que si je tâtonnais pour en retrouver des traces dans les catacombes, dans les bibliothèques, et que si je cherchais les bas-reliefs et les statues brisées des villas anéanties.

Quel est le fondement de l'intérêt que les hommes prennent à l'histoire, aux lettres, à l'art et à la poésie de la Grèce, dans toutes ses périodes, depuis l'âge héroïque et homérique jusqu'à la vie domestique des Athéniens et des Spartiates, quatre ou cinq siècles plus tard? Cette époque de l'histoire nous attire parce que nous sommes Grecs. Elle nous révèle un état par lequel passe en quelque sorte tout homme. La période grecque est l'ère de la nature corporelle, de la perfection des sens, de l'union intime de la nature spirituelle avec le corps. Dans cette période existaient ces formes humaines qui fournissaient au sculpteur ses modèles d'Hercule, de Phœbus et de Jupiter, non pas ces formes qui abondent dans les rues de nos modernes cités, non pas ces hommes dont la figure est un amas confus de ratures, mais des formes corporelles composées de traits purs, symétriques, nettement définis, et dont les orbites des yeux, par exemple, sont si bien formés qu'il serait impossible à de tels yeux de loucher ou de jeter des regards furtifs à droite et à gauche, mais que, pour regarder de côté, ils obligeraient la tête à se tourner tout entière.

Les manières de cette période sont simples et fières. Leur respect est réservé aux qualités personnelles, au courage, à l'adresse, à la domination de soi-même, à la justice, à la force, à l'agilité, à une large poitrine et à une forte voix. Ni le luxe, ni l'élégance ne sont connus.

Une faible population et la nécessité font de chaque homme son propre domestique, son cuisinier, son boucher, son soldat, et l'habitude de suffire ainsi à tous ses besoins fait l'éducation du corps et le dispose à des actions merveilleuses. Tels sont l'Agamemnon et le Diomède d'Homère et la peinture que Xénophon nous a tracée de lui-même et de ses compagnons dans la retraite des dix mille. « Après que l'armée eut traversé la rivière « Téléboas en Arménie, il tomba beaucoup de neige, et, « couvertes par elle, les troupes gisaient misérablement « étendues à terre. Mais Xénophon se leva tout nu, et « prenant une hache, il commença à fendre du bois ; « aussitôt tous les autres se levèrent et l'imitèrent. » Il semble qu'il y eût dans son armée une excessive liberté de parole. Les soldats se disputent pour le pillage, ils luttent avec les généraux lorsque ces derniers donnent un nouvel ordre; Xénophon a la langue aussi bien pendue qu'aucun et même beaucoup mieux, et leur rend ainsi autant de services qu'il en reçoit. Qui ne voit que c'est là une troupe de grands enfants avec le code de l'honneur et la discipline relâchée que les adolescents ont ordinairement?

Le grand charme de l'ancienne tragédie et de toute la vieille littérature est la simplicité du discours; cette littérature s'exprime simplement, comme le font, sans le savoir, les personnes d'un grand sens avant que l'habitude de réfléchir soit devenue l'habitude prédominante de l'esprit. Notre admiration de l'antique n'est pas l'admiration du vieux, mais du naturel. Les Grecs ne sont pas des gens qui réfléchissent, mais des hommes possédant des sens parfaits, une santé parfaite et la plus belle organisation physique qu'il y ait eue au monde. Ce sont des adultes qui agissent avec la simplicité et la grâce des enfants. Ils ont fait des vases, des tragédies et des statues tels que peuvent les faire des sens très sains, c'est-à-dire qu'ils ont fait des œuvres de bon goût. Dans tous les âges, partout où a existé une saine nature, elle a créé des œuvres analogues ; mais comme nation, les Grecs surpassent toutes les autres par leur organisation supérieure. Ils combinent en eux l'énergie de la virilité et le magnifique instinct des enfants. Notre respect pour eux est semblable au respect que nous avons pour les enfants. Personne ne peut réfléchir sur un acte instinctif sans regret et sans mépris de soi-même. Le barde et le héros ne peuvent voir indifféremment les mots et les gestes d'un enfant ; ces mots et ces gestes sont aussi grands que les leurs. L'attraction de ces manières vient de ce qu'elles appartiennent à l'homme, de ce qu'elles appartiennent à chacun de nous qui fut autrefois un enfant, et enfin de ce qu'il y a des hommes qui conservent toujours leur caractère d'enfant. Un homme d'un génie enfantin et d'une énergie innée est toujours un Grec et fait revivre notre amour pour la muse de l'Hellénie. Un garçon, une jeune fille pleins de bon sens sont Grecs. Certes, admirable est l'amour de la nature tel que nous le trouvons dans le Philoctète ; mais en lisant ces belles apostrophes au sommeil, aux étoiles, aux rochers, aux montagnes et aux vagues, je sens le temps couler comme le reflux de la mer ; je sens l'éternité de l'homme, l'identité de sa pensée. Le Grec, à ce qu'il semble, avait pour compagnons les mêmes êtres que moi. Le soleil et la lune, l'eau et le feu touchaient son cœur absolument comme ils touchent le mien. Aussi la distinction si vantée entre les Grecs et les Anglais, entre l'école romantique et l'école classique, me semble superficielle et pédantesque. Lorsqu'une pensée de Platon devient une pensée qui m'est propre ; lorsqu'une vérité qui enflamma l'âme de Pindare enflamme la mienne, le temps s'évanouit. Lorsque je sens que nos deux âmes se rencontrent dans une même perception, qu'elles reflètent les mêmes couleurs et que pour ainsi dire elles se confondent l'une dans l'autre, pourquoi irais-je mesurer les degrés de latitude et compter les années.

Le disciple interprète l'âge de la chevalerie par son propre âge chevaleresque et les époques de navigation et d'aventures maritimes par ses expériences, miniatures tout à fait parallèles à ces grandes actions. Il a la même clef pour ouvrir l'histoire sacrée du monde. Lorsque la voix d'un prophète, sortant des profondeurs de l'antiquité, lui renvoie l'écho d'un sentiment de son enfance, d'une prière de sa jeunesse, alors il va droit à la vérité à travers toutes les confusions de la tradition et toutes les caricatures des institutions.

De rares et extravagants esprits viennent par intervalles, qui nous découvrent de nouveaux faits dans la nature. Je vois que les hommes de Dieu ont toujours de temps à autre apparu parmi les hommes et accompli leur mission qui était écrite dans le cœur et dans l'âme du plus vulgaire de leurs auditeurs. De là évidemment le prêtre et la prêtresse inspirés par un souffle divin.

Jésus étonne et dépasse la portée des hommes sensuels. Ils ne peuvent l'unir à l'histoire et le concilier avec leur nature. Mais qu'ils viennent à respecter leurs intuitions et qu'ils aspirent à vivre saintement, alors leur propre piété leur expliquera chacune de ses actions, chacune de ses paroles.

Avec quelle facilité notre esprit se familiarise avec ces vieilles religions de Moïse, de Zoroastre, de Manou et de Socrate. Je ne puis leur trouver aucune antiquité; elles m'appartiennent beaucoup plus qu'à leurs fondateurs.

J'ai connu aussi les premiers moines et les anachorètes sans traverser les mers et les siècles. Plus d'une fois, des individus se sont présentés à moi, hommes d'une telle négligence de travail et d'un si impérieux besoin de contemplation que, hautains, suppliants et mendiants au nom de Dieu, ils me rendaient au dix-neuvième siècle Siméon Stylite, la Thébaïde et les premiers capucins[1].

Les ruses des prêtres de l'Orient et de l'Occident, des mages, des brahmes, des druides et des incas sont expliquées par la vie privée de l'individu. La gênante influence d'un dur *formaliste*, qui comprimant chez le jeune enfant l'esprit et le courage, paralysant son entendement, n'excite cependant pas son indignation, mais seulement sa crainte et son obéissance, et qui, même par cette tyrannie, éveille en lui plus d'une sympathie, est un fait habituel que l'enfant s'explique lorsqu'il devient homme, en s'apercevant que le tyran de sa jeunesse était lui-même un enfant tyrannisé par les noms, les mots et les formules dont il n'était que l'organe. Ce fait lui enseigne comment Bélus fut adoré et comment les pyramides furent bâties beaucoup mieux que la découverte par Champollion des noms de tous les maçons et du prix de chaque brique. Il trouve à sa porte l'Assyrie et les remparts de Cholula, et c'est lui-même qui en donne les mesures et en dirige les constructions.

Grâce à cette protestation que chaque personne considérable dirige contre les superstitions de son temps, l'individu remonte pas à pas le sentier des vieux réformateurs, et dans sa recherche de la vérité il rencontre comme eux de nouveaux périls pour sa vertu. Il apprend de nouveau avec eux combien il faut de force morale pour s'arracher au giron de la superstition, et qu'une grande licence marche toujours sur les pas d'une réformation. Combien de fois dans l'histoire du monde le Luther de chaque jour n'a-t-il pas eu à se lamenter sur la décadence de la piété, qui pénétrait même jusqu'à

---

[1] Emerson, on le voit, parle ici des moines avec une impartialité légèrement railleuse et qui sent son protestant.

son foyer domestique! Docteur, disait l'épouse de Martin Luther, comment se fait-il que vous fussiez si souvent en prières et si fervent lorsque vous étiez soumis à la papauté, et qu'aujourd'hui nous priions avec tant de froideur et si rarement?

En avançant, l'homme découvre que ses droits de propriété sur toute littérature, sur toute fable, ne sont pas moins profonds que sur toute histoire. Il découvre que le poète ne fut pas un excentrique décrivant des situations étranges et impossibles, mais que ce fut l'homme universel qui emprunta sa plume pour écrire une confession qui est vraie pour chacun de nous. Il trouve sa propre biographie dans des lignes qui sont pour lui complétement intelligibles, bien qu'elles aient été écrites longtemps avant sa naissance. L'une après l'autre, il rencontre ses propres aventures dans chaque fable d'Ésope, d'Homère, d'Hafiz, d'Arioste, de Chaucer, de Scott, et en vérifie l'exactitude avec sa tête et avec ses mains.

Les belles fables des Grecs, étant des créations de l'imagination et non du caprice, sont des vérités universelles. Quelle foule de pensées et quelle perpétuelle justesse se rencontrent dans la fable de Prométhée! Outre sa valeur primitive comme premier chapitre de l'histoire européenne (car la mythologie voile à peine ici des faits authentiques, l'invention des arts mécaniques et l'émigration des colonies), cette fable nous raconte l'histoire de la religion et de quelques-uns de ses rapports avec la foi des premiers âges. Prométhée est le Jésus de la vieille mythologie; il est l'ami de l'homme; il s'interpose entre l'injuste justice du Père éternel et la race des mortels, et souffre toutes sortes de tourments à cause de cela. Mais là où cette fable se sépare du christianisme et montre Prométhée défiant Jupiter, elle représente un état de l'âme, qui arrive bien vite toutes les fois que la doctrine du théisme est enseignée d'une manière brutale et objective, et qui semble être alors la défense de l'homme contre le mensonge. Cet état de l'âme consiste dans le dépit de croire qu'il y a un Dieu et dans le sentiment que l'obligation du respect est accablante. L'homme alors volerait, s'il pouvait, le feu du Créateur pour vivre séparé de lui et indépendant. Le Prométhée enchaîné est le poëme du scepticisme. Les détails de cette fable ne sont pas moins vrais. Apollon gardait les troupeaux d'Admète, disent les poëtes; chaque homme aussi est un dieu déguisé qui contrefait le fou. Il semble que le ciel ait envoyé ses anges insensés dans notre monde, et là par moments ils laissent apercevoir leur nature native, jettent quelques notes de leur musique, murmurent par intervalles les mots qu'ils ont appris au ciel; puis l'accès de folie revient et alors ils aboient comme des chiens. Lorsque les dieux viennent parmi les hommes ils ne sont pas connus; Jésus ne le fut pas, Socrate et Shakespeare non plus. Antée était suffoqué par l'étreinte d'Hercule, mais chaque fois qu'il touchait la terre sa force était renouvelée. L'homme est le géant fatigué, mais dont, malgré toute sa faiblesse, l'esprit et le corps sont rafraîchis, par ses habitudes de conversation avec la nature. La puissance que possèdent la musique et la poésie de communiquer le mouvement et de donner des ailes à toute la nature matérielle explique la fable d'Orphée, qui, dans notre enfance, n'était pour nous qu'un conte de nourrice. La perception philosophique de l'identité à travers les infinis changements des formes nous fait comprendre Protée. Que suis-je de plus, moi qui hier pleurais et riais, qui ai sommeillé toute la nuit comme un corps inerte, et qui ce matin me tiens debout et cours? Et de quelque côté que je me tourne, que vois-je, sinon les transmigrations de Protée? Je puis symboliser ma pensée en me servant des noms de toute créature, de tout fait, car l'homme, qu'il soit actif ou passif, contient en lui toute créature. Tantale n'est qu'un mot pour vous et moi; Tantale signifie l'impossibilité de boire les eaux de la pensée qui brillent et coulent sans cesse sous la vue de l'âme. La transmigration des âmes n'est pas non plus une fable. Je voudrais qu'elle fût une fable; mais les hommes et les femmes ne sont qu'à demi humains. Chaque animal de la basse-cour, du champ, de la forêt, de la terre et des eaux, a contribué à laisser l'empreinte de ses traits et de sa forme sur quelqu'un de ces êtres élevés, à la face divine. Ah! frère, tiens-toi ferme à l'homme et crains la bête; arrête le cours de ton âme, qui fuit vers des formes dans lesquelles tu t'es laissé glisser depuis bien des années. La vieille fable du sphinx qui s'asseyait sur les bords de la route et posait des énigmes à tous les passants nous touche aussi de bien près. Si l'homme ne pouvait pas deviner l'énigme, le sphinx le dévorait; si au contraire il pouvait la résoudre, le sphinx mourait. Qu'est-ce que notre vie, sinon une fuite sans fin d'événements et de faits ailés? ces changements se succèdent avec une splendide variété et posent tous des questions à l'esprit humain. Les hommes qui ne peuvent répondre à ces questions par une sagesse supérieure sont les esclaves des faits; les faits les embarrassent, les tyrannisent, en font les hommes de la routine, les hommes des *sens*, chez qui cette obéissance aux faits a fini par éteindre toute étincelle de cette lumière par laquelle l'homme est véritablement l'homme. Mais si l'homme est sincère envers ses meilleurs instincts et ses sentiments; s'il rejette la domination des faits en revendiquant une plus noble origine que la leur; s'il demeure enchaîné à l'âme et aux principes, alors les faits s'en retournent soumis à la place qui leur est propre, ils connaissent leur maître, et le moindre d'entre eux le glorifie.

Nous observons dans l'Hélène de Goethe ce même désir que chaque mot soit une chose. Ces figures, ces Chirons, ces Griffons, Phorkyas, Hélène et Léda ne sont pas simplement des figures, car elles exercent sur l'esprit une influence spécifique, dirait Goethe. Il s'en faut de beaucoup cependant qu'elles soient aujourd'hui des entités réelles comme aux jours de la première olympiade; mais les soumettant à sa fantaisie, le poëte exprime librement ses caprices et les fait servir de corps à ses imaginations; et bien que ce poëme soit vague et fantastique comme un rêve, il est cependant plus attrayant que les pièces dramatiques les plus régulières du même auteur, par la raison qu'il arrache l'esprit à la routine des images accoutumées, réveille l'invention et l'imagination du lecteur par l'étrange liberté du dessein de l'auteur et par l'incessante succession de violentes surprises.

L'universelle nature, trop forte pour la pauvre nature du poëte, s'assied sur ses genoux et écrit avec sa main; aussi il semble au poëte qu'il écrit un simple caprice et un roman, et à la fin il se trouve qu'il n'a composé qu'une exacte allégorie. C'est pourquoi Platon disait que les poëtes expriment de grandes et sages choses qu'ils ne comprennent pas eux-mêmes. Toutes les fictions du moyen âge s'expliquent comme expressions joyeuses et masquées de ce qui travaillait à s'accomplir et à se former dans les graves et ardents esprits de cette période. La magie et tout ce qui s'y rapporte n'est qu'un profond pressentiment des pouvoirs de la science. Les souliers de vitesse, les épées au tranchant si meurtrier, le pouvoir de subjuguer les éléments, de se servir des vertus secrètes des minéraux, de comprendre la voix des oiseaux, sont les efforts obscurs de l'esprit dans une droite voie. La prouesse surnaturelle du héros, le don de la perpétuelle jeunesse et autres choses semblables, sont également les efforts de l'esprit humain pour plier et soumettre les apparences des choses aux désirs de l'âme.

Dans *Perceforest et Amadis de Gaule,* une guirlande de roses fleurit sur la tête de celle qui est fidèle et se fane sur la tête de l'inconstante. Dans l'histoire de l'Enfant et du Manteau, un lecteur même d'un âge mûr peut surprendre en lui un éclair de plaisir vertueux en lisant le triomphe du charmant Génélas; et, en vérité, toutes les suppositions des Annales du Monde invisible, par exemple : que les fées n'aiment pas à s'entendre appeler par leur nom, que leurs dons sont capricieux et qu'il ne faut pas s'y fier, que celui qui cherche un trésor ne doit pas parler, je les trouve vraies à Concord[1], quoiqu'elles aient été émises en Cornouailles ou en Bretagne.

En est-il autrement dans le roman le plus nouveau? Je lis la *Fiancée de Lammermoor.* Sir William Ashton est un masque qui cache la tentation vulgaire, le château de Ravenswood est un beau nom pour désigner la pauvreté orgueilleuse, la mission d'État à l'étranger est un déguisement pour une honnête industrie. Tous nous pouvons tuer un taureau sauvage qui menace le bon et le beau, en combattant en nous ce qui est injuste et sensuel. Lucy Ashton est un autre nom qui signifie fidélité, laquelle est toujours belle et toujours exposée à la calamité dans ce monde.

Mais une autre histoire, celle du monde extérieur, dans laquelle l'homme ne se rencontre pas moins que dans les autres, marche de pair avec les histoires civiles ou métaphysiques et avance chaque jour. L'homme est l'abrégé du temps, il est le corrélatif de la nature. La puissance de l'homme consiste dans la multitude de ses affinités, dans ce fait que sa vie est entrelacée dans la

---

[1] Concord, ville du Massachusets où habite Emerson.

chaîne entière de l'être organique et inorganique. Dans l'âge des Césars, partaient du forum de Rome les grands chemins du nord, du sud, de l'est, de l'ouest qui conduisaient au centre de chaque province de l'empire et rendaient accessible aux soldats de la capitale chaque ville de la Perse, de l'Espagne et de la Grande-Bretagne; ainsi partent pour ainsi dire du cœur humain de grandes routes qui vont au cœur de chaque objet dans la nature pour le réduire sous la domination de l'homme. Un homme est pour ainsi dire un faisceau de relations et un nœud de racines dont le monde est la fleur et le fruit. Toutes les facultés de l'homme se rapportent à des propriétés naturelles qui sont en dehors de lui. Toutes ses facultés prédisent quel est le monde qu'il doit habiter, comme les nageoires du poisson démontrent que l'eau existe, et comme les ailes de l'aigle présupposent un médium semblable à l'air. Isolez l'homme et vous le détruisez. Il ne peut vivre sans un monde. Placez Napoléon dans une prison insulaire, empêchez ses facultés de trouver sur qui agir, qu'il n'ait ni Alpes à franchir, ni enjeux à tenir, et il combattra avec l'air et paraîtra stupide. Transportez-le dans de larges contrées, au milieu d'épaisses populations, de complexes intérêts et d'un pouvoir rival, et vous verrez que l'homme Napoléon, borné ou empêché par des limites, n'est pas le virtuel Napoléon, mais n'en est que l'ombre.

Colomb a besoin d'une sphère pour déterminer son voyage. Newton et Laplace ont besoin pour leur génie de myriades d'années et d'infinis espaces célestes. On peut dire que le système de la gravitation est déjà prédit par la nature de l'esprit de Newton. La pensée de Davy et de Gay-Lussac, observant depuis l'enfance les affinités et les répulsions des particules, anticipe sur les lois de l'organisation. Est-ce que l'œil de l'embryon humain ne prédit pas la lumière? Est-ce que l'oreille de Hændel ne prédit pas la magie des sons? Est-ce que les doigts *constructeurs* de Watt, de Fulton, de Whittemore, d'Arkwright, ne révèlent pas les qualités fusibles, dures ou tempérées des métaux, les propriétés de la pierre, de l'eau et du bois? Est-ce que les charmants attributs de la petite fille ne prédisent pas par avance les raffinements et les décorations de la société civile? Là aussi dans la société nous rencontrons l'action de l'homme sur l'homme. Un homme pourrait méditer pendant des siècles sans acquérir autant de connaissance de lui-même que la passion de l'amour lui en donnera en un seul jour. Sait-il ce qu'il est avant d'avoir frémi d'indignation en face d'un outrage, avant d'avoir écouté une voix éloquente, avant d'avoir partagé la palpitation de milliers de cœurs dans une alarme ou dans un enthousiasme national? Personne ne peut antidater son expérience et chercher quelle faculté ou quel sentiment un nouvel objet ouvrira en lui, pas plus que nous ne pouvons dessiner aujourd'hui les traits de la personne que nous verrons demain pour la première fois.

Je ne dépasserai pas les généralités pour explorer la raison de cette correspondance entre l'homme et la nature. Qu'il suffise de savoir que c'est à la lumière de ces deux faits, à savoir que l'esprit est un, et que la nature est corrélative de l'esprit, que l'histoire doit être lue et écrite.

Ainsi dans tous ses domaines l'âme concentre et reproduit ses trésors pour chaque disciple, pour chaque homme nouvellement né. Lui aussi passera à travers le cycle entier de l'expérience. L'histoire ne sera pas plus longtemps un livre stérile. Elle marchera incarnée dans chaque homme sage et juste. Vous ne viendrez pas me réciter les titres et le catalogue des livres que vous avez lus ; vous me ferez sentir quelles périodes vous avez vécues. Un homme sera le temple de la renommée. Il marchera vêtu comme les poëtes ont décrit cette déesse, d'une robe représentant les événements et les expériences les plus merveilleuses ; — sa propre forme et ses traits, grâce à leur intelligence élevée, seront cette robe variée. Je trouverai en lui le monde antérieur, dans son enfance l'âge d'or, puis les pommes de la science, l'expédition des Argonautes, la vocation d'Abraham, la construction du temple, l'avénement du Christ, le moyen âge, la renaissance des lettres, la réformation, la découverte de nouvelles terres, l'éclosion dans l'âme humaine de nouvelles sciences et de nouvelles nations. Il sera le prêtre de Pan, et portera avec lui dans les plus humbles demeures les bénédictions des étoiles du matin et tous les bienfaits de la terre et du ciel.

Y a-t-il quelque chose de trop présomptueux dans cette prétention? Alors je rejetterai tout ce que j'ai écrit; car où est l'utilité de prétendre savoir ce que nous ne savons pas? C'est là le défaut de notre rhétorique, nous ne pouvons affirmer fortement un fait sans paraître à l'instant en nier quelque autre. Je tiens notre science actuelle pour peu de chose. Écoutez les rats dans le mur, voyez le lézard sur la plate-forme, le champignon sous vos pieds, le lierre autour de l'arbre. Qu'est-ce que je connais moralement, sympathiquement de chacun de ces mondes de vie? Aussi vieilles que l'homme, plus vieilles peut-être, ces créatures ont tenu conseil en dehors de lui, et il n'y a pas souvenir d'un mot, d'un signe qui ait passé de la langue de l'un dans celle de l'autre. Et bien plus, qu'est-ce que l'histoire raconte des annales métaphysiques de l'homme? Quelle lumière jette-t-elle sur ces mystères que nous cachons sous les noms de mort et d'immortalité? Et cependant toute histoire devrait être écrite avec une sagesse qui établit l'ordre de nos affinités et regardât les faits comme des symboles. Je suis honteux de voir quel conte de village est ce que nous appelons notre histoire. Combien de temps encore dirons-nous Rome et Paris, et Constantinople ? Qu'est-ce que Rome m'apprend du rat et du lézard ? et que sont les consulats et les olympiades pour les systèmes d'existence qui nous entourent ? Quelle nourriture, quelle expérience, quel secours peuvent donner toutes ces choses au chasseur esquimau, au sauvage du Canada dans son canot, au pêcheur, à notre portier, à notre porteur d'eau ?

Nous devons écrire nos annales plus largement et plus profondément, d'après une réformation morale, d'après l'inspiration d'une conscience toujours nouvelle et toujours saine, si nous voulons exprimer avec vérité notre nature centrale et ses relations multiples au lieu de cette vieille chronologie de l'égoïsme et de l'orgueil à laquelle nous avons trop longtemps prêté nos yeux. Déjà ce jour existe pour nous ; déjà cette lumière brille sur nous à l'improviste ; mais sachons bien que la route des sciences et des lettres n'est pas la route qui conduit vers la nature, mais qui au contraire part de la nature et en sort. L'idiot, l'Indien, l'enfant et le garçon illettré de la ferme sont plus près de la nature et comprennent mieux ses symboles que les disséqueurs d'antiquités.

IV

AMOUR.

Chaque âme est une céleste Vénus pour une autre âme. Le cœur a ses sabbats et ses jubilés pendant lesquels le monde apparaît comme une fête d'hyménée dont les odes érotiques et les danses sont tous les bruits naturels et le cercle des saisons. L'amour est partout présent dans la nature comme motif et récompense. L'amour est notre mot le plus élevé, c'est le synonyme de Dieu. Chaque promesse de l'âme a d'innombrables accomplissements; chacune de ses joies se cueille sur un besoin nouveau. La nature infinie, flottante, prophétique, dès le premier mouvement de tendresse, atteint à une bienveillance universelle qui noie tous les motifs particuliers dans une lueur générale. L'introduction à cette félicité se rencontre dans les tendres et individuelles relations des créatures entre elles, relations qui sont l'enchantement de la vie humaine, qui, à certaines périodes, saisissent l'homme comme une rage et un enthousiasme divins, accomplissent une révolution dans son esprit et dans son corps, l'unissent à sa race, le plient aux relations domestiques et civiles, le remplissent d'une nouvelle sympathie pour la nature, doublent le pouvoir de ses sens, ouvrent son imagination, ajoutent à son caractère des attributs héroïques et sacrés, établissent le mariage, et donnent la permanence à la société humaine.

L'association naturelle de ce sentiment de l'amour avec la chaleur du sang semble requérir de celui qui veut peindre cette passion avec de vives couleurs une qualité que ne désavouera pas la palpitante expérience de tout jeune homme et de toute jeune fille; c'est que le peintre ne soit pas trop vieux. Les délicieuses imaginations de la jeunesse rejettent la mesquine saveur d'une mûre philosophie, et l'accusent de refroidir par l'âge et le pédantisme le sang pourpré des jeunes cœurs. Aussi je sais bien que j'encours, de la part des personnes qui composent la cour et le parlement de l'amour, une accusation de stoïcisme et d'inutile dureté. Mais j'en appelle de ces formidables censeurs à mes aînés. Car il est à considérer que cette passion, bien qu'elle commence avec la jeunesse, n'oublie cependant pas la vieillesse, ou plutôt qu'elle ne souffre pas que ses véritables serviteurs vieillissent, mais fait participer à ses feux les personnes âgées, non moins que les tendres jeunes filles, quoique d'une manière différente et plus noble. Car l'amour est un feu qui, allumé par une étincelle errante, sorti d'un cœur individuel, brûle d'abord ses premières cendres dans le coin étroit d'un autre cœur, puis brille et s'élargit jusqu'à ce qu'il rayonne sur les multitudes des hommes et des femmes, échauffe leur cœur et illumine ainsi le monde entier et la nature par ses flammes généreuses. C'est pourquoi il importe peu que nous essayions de décrire cette passion à vingt, à trente ou à quatre-vingts ans. Celui qui la peint dans sa première ou dans sa dernière période perdra quelques-uns de ses premiers ou de ses derniers traits. Seulement nous devons espérer qu'avec de la patience et l'aide de la muse nous pénètrerons dans le sanctuaire même de sa loi qui nous montrera une vérité toujours jeune, toujours belle, et qui est tellement le centre du monde, qu'elle frappe l'œil à quelque angle qu'on soit placé.

La première condition pour atteindre à ce but, c'est de se débarrasser d'une trop timide et trop étroite adhésion à l'actuel, aux faits, et d'étudier le sentiment de l'amour tel qu'il apparaît dans ses espérances et non dans son histoire. Car chaque homme voit dans son imagination sa propre vie effacée et défigurée comme ne l'est pas la vie de l'homme; chaque homme voit son expérience couverte par la boue de l'erreur, tandis que l'existence des autres semble belle et idéale. Qu'un homme retourne par le souvenir à ces délicieuses relations qui font la beauté de la vie, il frissonnera et frissonnera encore. Hélas! je ne sais pourquoi, mais d'infinis remords remplissent d'amertume pendant la maturité de la vie tous les souvenirs du sentiment dans sa fleur et couvrent de deuil tout nom bien-aimé. Toute chose est belle considérée du point de vue de l'intelligence, considérée comme vérité; mais tout est amer, vu par l'expérience. Les détails sont toujours pleins de mélancolie; l'ensemble, au contraire, est décent et noble. Il est étrange de dire combien notre monde est un monde de douleurs, un pénible royaume de l'espace et du temps. Là habitent la crainte et le souci, vers rongeurs. Là, grâce à l'idéal et à la pensée, habitent l'immortelle hilarité, la rose de la joie autour de laquelle chantent toutes les muses; mais aussi par l'effet des noms, des personnes et des intérêts partiels d'aujourd'hui et d'hier, là aussi habite le chagrin.

Nous pouvons juger de cette puissante inclination de la nature par la place qu'occupe dans les conversations de la société le sujet des relations personnelles. Que souhaitons-nous plus savoir dans la vie de chaque homme honorable que l'histoire de ses sentiments? Quels livres circulent le plus dans les cabinets de lecture? Comme nous tressaillons à la lecture de ces livres lorsque leurs histoires sont racontées avec quelque vérité et quelque naturel! Qu'est-ce qui attire l'attention dans le cours de la vie, comme un incident qui trahit l'affection mutuelle de deux personnes? Peut-être nous ne les avons plus vus, peut-être ne les rencontrerons-nous jamais plus; mais ils ont échangé un regard, ils ont trahi une profonde émotion et ils ne nous sont pas étrangers plus longtemps. Nous les comprenons et nous prenons le plus vif intérêt au développement de leur roman. Le genre humain tout entier aime un amant. Les premières marques de tendresse et de complaisance de l'amour sont les plus triomphantes peintures de la nature. C'est l'aurore de la politesse et de la grâce chez le bourru et le rustique. Le turbulent petit garçon du village taquine les petites filles à la porte de l'école; mais aujourd'hui il arrive en courant vers l'entrée de l'école, et là il rencontre une belle enfant arrangeant son petit sac; il tient ses livres afin de l'aider, et aussitôt il lui semble qu'elle est d'une nature bien éloignée de la sienne et comme habitant dans une enceinte sacrée. Il court rudement à travers la foule des petites filles; une seule le tient à distance, et ces deux petits voisins qui tout à l'heure étaient si familiers ont appris à respecter mutuellement leur personnalité. Et encore, qui peut détourner les yeux des manières engageantes, à demi artificieuses, à demi naïves de ces petites filles qui vont dans les boutiques de leur bourgade acheter un écheveau de soie ou une feuille de papier, et qui pendant une demi-heure restent à causer sur des riens avec le garçon de boutique, à la large face et au bon naturel. Dans les villages où tous sont sur le pied de cette égalité parfaite que l'amour chérit, l'heureuse et affectueuse nature de la femme s'épanche sans coquetterie aucune dans ce charmant babillage. Les filles peuvent manquer de beauté, et néanmoins elles établissent simplement entre elles et ce bon garçon des relations agréables et pleines de confiance, jasent avec ardeur et gaieté sur Jonas, Edgar, Almira, sur les personnes invitées à telle partie de plaisir, demandent quels sont ceux qui ont dansé à l'école de danse, quand s'ouvrira l'école de chant. Sur ces riens et d'autres pareils le couple babille. Mais de jour en jour ce garçon aura besoin d'une femme, et il saura où trouver une douce et sincère compagne, sans courir aucun de ces dangers dont Milton déplore l'habituelle rencontre dans le ménage des savants et des grands hommes.

On m'a dit que la base de ma philosophie était l'insociabilité, et que dans mes discours publics mon respect pour l'intelligence me rendait injuste et froid pour les relations personnelles. Mais aujourd'hui je tremble presque au souvenir de ces accusations, car les personnes sont le monde de l'amour, et le plus froid philosophe en exposant les obligations de la jeune âme errante dans la nature, en proie à la puissance de l'amour, est tenté de dénoncer comme une trahison envers la nature toute chose qui s'écarte des instincts sociaux. En effet, bien que cette extase divine qui nous vient du ciel s'abatte surtout sur les personnes d'un âge tendre, et que passé trente ans nous rencontrions difficilement une beauté qui surpasse pour nous toute analyse, toute comparaison, et qui soit capable de nous mettre hors de nous-mêmes, cependant le souvenir de ces visions surpasse toutes nos autres réminiscences et tresse une couronne de fleurs sur les fronts les plus vieux. Mais néanmoins voici un fait étrange ; il semble à certains hommes, lorsqu'ils se remémorent leurs expériences, qu'il n'y a pas de plus belle page dans le livre de leur vie que le délicieux souvenir de certaines heures durant lesquelles l'affection s'efforçait de donner à un détail de circonstances accidentelles ou triviales une magie qui dépassait l'attraction naturelle de ce détail. En regardant en arrière, ils trouvent que bien des choses qui n'étaient pas la passion ont dans cette vague mémoire où ils marchent à tâtons, plus de réalité que la passion et le charme qui les parfumaient autrefois. Toutefois, quelle que puisse être son expérience des choses particulières, aucun homme n'oublie jamais les visites que cette puissance rendit à son cœur et à sa pensée, qui refirent pour lui la création, qui furent pour lui l'aurore de la musique, de la poésie et de l'art, qui illuminèrent la face de la nature d'une lumière empourprée et remplirent la nuit et le matin d'enchantements variés. Aucun homme n'a oublié l'époque où le simple son d'une voix pouvait faire battre son cœur, où la plus triviale circonstance, quand elle était associée avec la forme aimée, était déposée dans l'ambre de la mémoire ; le temps où nous étions tout yeux quand elle était présente, tout souvenir quand elle était partie ; le temps où le jeune homme se fait le surveillant d'une fenêtre, l'amant d'un gant, d'un voile, d'un ruban, des roues d'un équipage ; où il n'y a aucune place trop solitaire et aucune trop silencieuse pour celui qui, dans ses nouvelles pensées, possède une plus riche compagnie et une plus douce conversation que celles de ses vieux amis, même les meilleurs et les plus purs ; car les formes, les mouvements, les paroles de l'objet bien-aimé ne sont pas comme les autres images tracées dans l'eau, mais, comme le dit Plutarque, peintes dans le feu, et font l'objet des pensées de minuit.

Dans le midi et dans l'après-midi de la vie, nous tressaillons encore au souvenir de ce temps où le bonheur n'était pas assez le bonheur, mais avait besoin d'être aiguillonné par la souffrance et la crainte, car il avait touché le vrai secret de cette passion, celui qui a dit : Tous les autres plaisirs ne sont pas dignes de ses peines ; — où le jour n'était pas assez long et où la nuit aussi était consommée en souvenirs pénétrants, où la tête bouillonnait toute la nuit sur l'oreiller, pleine des généreuses actions qu'elle méditait, où le clair de lune nous apportait une fièvre charmante, où les étoiles étaient des lettres, les fleurs des chiffres, où l'air était imprégné de chants, où toutes les affaires semblaient une impertinence, où les hommes et les femmes errants çà et là dans les rues paraissaient de simples peintures.

La passion refait le monde pour le jeune homme. Elle donne à toutes choses la vie et une signification. La nature prend pour lui conscience d'elle-même. Chaque oiseau qui chante sur les rameaux de l'arbre parle à son cœur et à son âme. Ses notes sont presque articulées. Les nuages, quand ils le contemplent, ont une figure. Les arbres de la forêt, le gazon ondoyant, les fleurs qui pointent sont devenues intelligentes, et il craint presque de leur dire le secret que tous ces objets semblent l'inviter à leur confier. La nature le caresse et sympathise avec lui. Dans les vertes solitudes il trouve une demeure plus chère que parmi les hommes.

« Les sources des fontaines, les bosquets immaculés,
« les lieux que chérit la pâle passion ; les promenades
« au clair de lune alors que tous les oiseaux sont en sû-
« reté dans leurs demeures, excepté les chauve-souris
« et les hiboux, les sons de la cloche à minuit, un mur-
« mure fugitif, tels sont les choses et les sons qui nous
« sont chers[1]. »

Contemplez le beau fou dans les bois, il se dilate ; il est deux fois un homme ; il se promène les bras étendus, il fait des soliloques ; il accoste le gazon et les arbres ; il sent comme couler dans ses veines le sang de la violette, du trèfle et du lis ; il babille avec le ruisseau qui mouille ses pieds.

Les causes qui ont aiguisé ses perceptions de la beauté

---

[1] Ces vers sont extraits d'une ode à la mélancolie de Fletcher, vieux poète contemporain de Shakspeare.

naturelle lui ont fait aimer la musique et les vers. C'est un fait souvent observé, que les hommes ont écrit de bons vers sous l'inspiration de la passion, ce qu'ils n'ont pu faire dans toute autre circonstance.

L'amour a le même pouvoir sur tout le reste de sa nature. Il élargit le sentiment, il rend le bouffon gracieux et donne du cœur au lâche. Il *infusera* le courage et la bravoure dans le cœur des plus abjects et des plus lâches, de manière à les rendre capables de défier le monde entier, pour peu qu'ils soient encouragés par l'objet bien-aimé. En le donnant à un autre, l'amour unit encore davantage l'homme à lui-même. Maintenant il est un nouvel homme, avec de nouveaux sens, de nouveaux et plus pénétrants desseins, avec un caractère et des élans pleins d'une religieuse solennité. Il n'appartient pas plus longtemps à sa famille et à la société. Il est *quelque chose* maintenant ; il est une personne, il est une âme.

Et ici examinons d'un peu plus près la nature de cette influence qui est si puissante sur la jeunesse de l'homme. Approchons, pour l'admirer, de cette beauté dont nous célébrons maintenant la révélation aux yeux de l'homme, beauté bienvenue comme le soleil partout où il lui plaît de briller. Merveilleux est son charme. Elle semble se suffire à elle-même. L'amant ne peut se représenter en imagination sa maîtresse pauvre et solitaire. Douce et remplie de boutons comme un arbre en fleur, animant toutes choses, la tendresse tire sa société d'elle-même, et enseigne à l'amant pourquoi la beauté fut toujours représentée accompagnée des grâces et des amours. L'existence de la beauté remplit le monde de richesses. Quoiqu'elle défende à l'amant de donner son attention à toutes les autres personnes, les déclarant indignes et viles, cependant elle l'indemnise en le transportant dans un élément impersonnel, large, universel, où sa maîtresse se présente à lui comme l'exemplaire de toutes les vertus et de toutes les choses choisies. C'est pour cette raison que l'amant ne trouve jamais aucune ressemblance entre sa maîtresse et ses parents ou les autres femmes. Ses amis trouvent en elle quelques traits de sa mère ou de ses sœurs, ou même de personnes qui ne sont pas de son sang. L'amant ne lui trouve de ressemblance qu'avec les soirs d'été, les matins étincelants comme le diamant, les arcs-en-ciel et le chant des oiseaux.

La beauté est toujours la chose que les anciens estimaient divine. C'est, disaient-ils, la floraison de la vertu. Qui peut analyser le charme sans nom, qui, sorti de cette forme, de cette figure ou de cette autre, vient nous frapper comme un trait de lumière? Nous sommes mus par un sentiment de tendresse et de plaisir, mais nous ne pouvons savoir d'où sortent cette délicate émotion et ce rayon errant. L'imagination nous interdit absolument de les rapporter à l'organisation; ils n'ont pas davantage leur source dans les relations de l'amitié et de l'amour, que la société connaît et possède; mais ils proviennent, à ce qu'il me semble, de relations d'une douceur et d'une délicatesse transcendantes. Ils appartiennent à une sphère tout à fait différente de la nôtre et inaccessible, à une vraie terre des fées que les roses et les violettes symbolisent pour nous et semblent nous faire pressentir. Nous ne pouvons faire la beauté captive; sa nature est semblable à l'éclat que jette la gorge de la colombe, elle se penche vers nous et s'évanouit aussitôt; par là elle ressemble aux choses les plus excellentes qui ont toutes ce caractère d'arc-en-ciel, et défient tous les efforts de l'homme pour se les approprier et les rendre propres à son usage. Que voulait donner à entendre Jean-Paul Richter, lorsqu'il s'exprimait ainsi en s'adressant à la musique : « Arrière, arrière, tu me parles de choses que je n'ai jamais trouvées dans ma vie, que je ne trouverai jamais, » si ce n'est ce que nous venons de dire. On peut observer le même fait dans les œuvres de l'art plastique. La statue est belle lorsqu'elle commence à être incompréhensible, lorsqu'elle a pour ainsi dire épuisé toute critique, et que ne pouvant plus être mesurée par le mètre et le compas, elle demande une forte imagination pour la comprendre et exprimer l'action qu'elle est près d'accomplir. Le dieu ou le héros du sculpteur est toujours représenté dans un point de transition entre ce qui est visible aux sens et ce qui ne l'est pas ; c'est alors que la statue commence à cesser d'être une pierre. La même remarque s'applique à la peinture. Quant à la poésie, son succès n'est pas certain lorsqu'elle se contente de bercer et de satisfaire, mais il est assuré lorsqu'elle nous étonne et nous enflamme, et nous remplit d'aspirations vers l'*inaccessible*. A ce sujet, Landor [1] demande si ce fait ne se rapporte pas à quelque plus pur état de sensation et d'expérience.

Telle doit être aussi la beauté personnelle que l'amour adore ; aussi est-elle charmante lorsque d'abord elle se fait inaccessible et reste elle-même, lorsqu'elle nous détache de tout but déterminé et commence pour nous une histoire sans fin, lorsqu'au lieu des satisfactions terrestres elle réveille en nous les rayons et les visions, lorsqu'elle nous semble « trop bonne et trop brillante pour la nourriture journalière de l'homme ; » lorsqu'elle fait sentir son indignité à l'adorateur, lorsqu'elle le rend incapable de se reconnaître aucun droit sur elle, fût-il César, non plus que sur le firmament ou sur les splendeurs du coucher du soleil.

De là est né le proverbe : « Si je vous aime, en quoi cela vous touche-t-il ? » Nous parlons ainsi parce que

---

[1] Nous présumons que le Landor dont il est ici question est Savage Landor, poëte distingué et très remarquable prosateur, auteur des *Conversations imaginaires.*

nous sentons bien que ce que nous aimons n'est pas soumis à votre volonté, mais domine votre volonté; que c'est le rayon sorti de vous et non pas vous, ce quelque chose que vous ne connaissez pas et que vous ne connaitrez jamais.

Cela s'accorde bien avec cette haute philosophie de la beauté dans laquelle se complaisaient les anciens écrivains. L'âme de l'homme, disent-ils, revêtue d'un corps sur cette terre, allait errant çà et là à la recherche de cet autre monde sa patrie, d'où elle était descendue pour venir dans celui-ci ; mais éblouie par la lumière du soleil naturel, elle ne pouvait voir d'autres objets que ceux de ce monde, lesquels sont les ombres des choses réelles. C'est pourquoi la Divinité envoie au devant de l'âme la belle jeunesse, afin qu'elle se serve des beaux corps comme d'aides, pour se ressouvenir du bon et du beau céleste, et c'est pourquoi aussi l'homme qui contemple une belle personne du sexe féminin accourt vers elle, et goûte la joie la plus haute en considérant la forme, le mouvement et l'intelligence de cette personne, parce qu'elle lui fait supposer la présence de ce qui est intrinsèquement la beauté et de la cause de la beauté.

Toutefois, si par une trop longue fréquentation du corps l'âme devient grossière, et place exclusivement sa satisfaction dans la matière, elle ne recueille rien que le chagrin, le corps étant incapable d'accomplir la promesse de la beauté. Mais si acceptant l'aide des visions et des suggestions que lui apporte la beauté, l'âme traverse le corps et va droit admirer les traits du caractère, si les amants se contemplent l'un l'autre dans leurs discours et dans leurs actions, alors ils entrent dans le palais de la véritable beauté, sentent leur amour pour elle s'enflammer de plus en plus, et de même que le soleil fait paraître le feu obscur en brillant sur le foyer, ainsi au moyen de cet amour ils éteignent en eux les basses affections et deviennent purs et saints. Par une conversation continuelle avec ce qui est excellent, magnanime, élevé et juste, l'amant arrive à une appréciation plus pénétrante de ces nobles choses et les aime d'un amour plus chaud. Alors, au lieu de les aimer dans un seul objet, il arrive à les aimer dans tous les objets, et la belle âme qu'il adorait n'est plus que la porte par laquelle il pénètre dans le sanctuaire où vivent rassemblées les âmes pures et vraies. Dans la société particulière de sa compagne, il a acquis maintenant une perspicacité qui lui fait apercevoir les taches et les corruptions que le monde lui a imprimées; mais c'est avec une joie mutuelle et sans qu'aucune pensée d'offense leur vienne à l'esprit qu'ils s'indiquent réciproquement les flétrissures et les torts qu'ils ont observé en eux, et qu'ils se prêtent aide et secours pour se guérir. Puis, contemplant dans bien des âmes les traits de la beauté divine, séparant dans chacune d'elles ce qui est divin des corruptions qu'elles ont contracté dans ce monde, l'amant s'élève jusqu'aux sommets de l'amour, de la beauté, de la science divine, au moyen des degrés de cette échelle des âmes créées.

Les hommes vraiment sages de tous les temps nous ont toujours enseigné sur l'amour une doctrine analogue; cette doctrine n'est ni ancienne, ni nouvelle. Platon, Plutarque et Apulée l'ont enseigné; ainsi ont fait Pétrarque, Michel-Ange[1] et Milton. De nos jours elle attend d'être développée pour être mise en opposition avec cette prudence souterraine qui préside aujourd'hui au mariage, dont les mots sont tous terrestres et sans aucun rapport avec le monde supérieur, et dont l'œil est

---

[1] Michel-Ange est ici cité évidemment à cause de ses magnifiques sonnets où la doctrine de l'amour platonique est prêchée, et dans lesquels cette doctrine perd son vague mystérieux pour revêtir une forme solide comme la pierre, pleine d'intensité et de concentration.

perpétuellement attaché sur le ménage, si bien que ses plus graves discours respirent toujours une légère odeur de cuisine. C'est bien pire encore lorsque ce sensualisme hideux[1] s'introduit dans l'éducation des jeunes femmes et dessèche les espérances et les affections de l'humaine nature, en lui enseignant que le mariage ne signifie rien autre chose qu'un ménage bien tenu et que toute la vie de la femme n'a pas d'autre but[2].

Mais ce rêve de l'amour, quoique beau, n'est qu'une scène du drame. Dans sa marche du dedans au dehors, l'âme élargit toujours ses cercles, comme le caillou jeté dans l'eau ou la lumière partant d'un orbe céleste. Les rayons de l'âme illuminent d'abord les choses les plus proches, chaque ustensile et chaque jouet, les nourrices et les valets, la maison, la cour, les passants, le cercle entier des choses domestiques; puis toute politique, toute géographie, toute histoire. Mais par la nécessité de notre constitution, les choses se groupent d'elles-mêmes selon des lois plus élevées et plus intimes. Voisinage, nombres, étendue, habitudes, personnes, perdent par degré leur pouvoir sur nous. La cause et l'effet, les affinités réelles, le désir de l'harmonie entre l'âme et les circonstances, l'instinct élevé, progressif, qui idéalise toutes choses, tout cela prédomine plus tard; et faire un pas en arrière pour redescendre de ces relations élevées à des relations plus basses est impossible. Ainsi l'amour lui-même, qui est la déification des personnes, devient plus impersonnel chaque jour. Pourtant il n'en fait rien paraître d'abord. Les jeunes gens et les jeunes filles, qui se jettent des regards si pleins d'une mutuelle intelligence d'un bout à l'autre du salon rempli de monde, ne

---

[1] Il y a ici une expression intraduisible : *the snout of this sensualisme*, mot à mot : lorsque le groin de ce sensualisme, etc.

[2] Emerson, on le voit, pense à peu près sur le mariage comme Jean-Paul Richter.

pensent guère au fruit précieux qui plus tard sortira de ce désir actuel et qui s'attache presque entièrement au dehors. L'œuvre de la végétation commence d'abord par l'*irritabilité* de l'écorce et par le jet des feuilles. Par l'aide de l'échange de leurs regards ils arrivent à des actes de courtoisie, de galanterie, et enfin à la passion qui les unit par le mariage. La passion considère son objet comme la parfaite unité dans laquelle l'âme est entièrement corporelle et le corps entièrement spirituel. « Son sang pur et éloquent parlait sur ses joues si distinctement qu'on eût dit presque que son corps pensait. »

Si Roméo était mort, Juliette voudrait que son corps fût découpé en petites étoiles pour illuminer les cieux. D'abord, pour ce couple, la vie n'a pas d'autre but, ne demande pas autre chose que Juliette, — que Roméo. La nuit, le jour, l'étude, le talent, les royaumes, la religion, tout est contenu dans cette forme pleine d'âme, dans cette âme qui est toute forme. Les amants se plaisent aux caresses, aux aveux d'amour, aux égards. Lorsqu'ils sont seuls, ils se consolent par le souvenir de l'image adorée. L'autre voit-il la même étoile, le même doux nuage? lit-il le même livre? ressent-il la même émotion qui maintenant nous comble de plaisir? Ils réfléchissent sur leur affection, la raisonnent, la mesurent et entassant en pensée tous les avantages les plus brillants, les amis, la fortune, la propriété, ils tressaillent de joie en découvrant que tous ces biens ils les donneraient joyeusement, volontairement, pour la rançon de la tête bien aimée dont ils ne souffriraient pas qu'on arrachât un seul cheveu. Mais ces enfants ont le même lot que le reste de l'humanité. Le danger, le chagrin, la peine, les visitent comme nous tous. Alors l'amour prie, et dans ses prières il fait des conventions avec les puissances éternelles pour qu'elles continuent leur faveur à l'être chéri. L'union qui est ainsi accomplie, et qui ajoute une nouvelle valeur à chaque atome de la nature (car elle change en un rayon d'or chaque fil de la toile entière des relations et baigne l'âme dans un élément nouveau et plus doux) n'est encore qu'un état temporaire. Les fleurs, les perles, la poésie, les protestations d'amour, et même le sanctuaire que nous avons dans un autre cœur ne peuvent contenter pour toujours l'âme auguste qui habite dans notre argile; elle se réveille enfin, se débarrasse de ces caresses qui lui semblent frivoles, revêt son armure, et aspire à de vastes et universelles fins. Les âmes des époux, altérées de béatitude et de perfection, découvrent mutuellement des défauts, des singularités, de la désharmonie dans chacun d'eux. Alors arrivent la surprise, les querelles, la souffrance. Toutefois, ce qui les attirait autrefois l'un vers l'autre, c'étaient des indices de tendresse, de vertu, et ces vertus existent toujours bien qu'obscurcies, elles apparaissent, reparaissent, et continuent de les attirer; mais l'attention change, quitte le signe et s'attache à la substance. Cela guérit l'affection blessée. Pendant ce temps, la vie, qui s'écoule toujours, amène un va-et-vient de changements et de combinaisons dans toutes les positions possibles des deux époux, épuise toutes leurs ressources, et leur fait connaître leur force et leur faiblesse mutuelles; car c'est la nature et la fin du mariage de faire que chacun des deux époux arrive à représenter à l'autre la race humaine tout entière. Tout ce qui est dans le monde est ou doit être connu, car toutes choses furent habilement placées sous l'épiderme de l'homme et de la femme. « La personne que l'amour nous a donnée a, comme la manne, le goût de toute chose en elle. »

Le monde roule et les circonstances varient d'heure en heure. Tous les anges qui habitent ce temple du corps apparaissent aux fenêtres, et aussi tous les gnomes et tous les vices. Les époux sont unis par leurs vertus,

S'il y a vertu en eux, ils savent que leurs vices sont des vices, ils les confessent et s'enfuient. Leur amour autrefois enflammé est épuré par le temps, et perdant en violence autant qu'il gagne en expérience, il devient un bon accord mutuel. Ils se résignent l'un l'autre sans se plaindre aux bons offices que l'homme et la femme doivent se rendre chacun dans leur voie, et échangent cette passion qui autrefois ne pouvait se détacher de la vue de son objet contre un appui joyeux et moins étroit donné aux desseins de l'un et de l'autre, qu'ils soient présents ou éloignés. A la fin ils découvrent que ces traits autrefois sacrés et ce charme magique qui les avaient entraînés l'un vers l'autre, étaient périssables et avaient une fin déterminée, semblables en cela à ces échafaudages qui servent à construire la maison et disparaissent quand elle est bâtie. La purification de l'intelligence et du cœur devient ainsi le mariage réel, prévu et préparé depuis le commencement, bien qu'ils n'en eussent pas conscience. Lorsque je considère la fin pour laquelle deux personnes, un homme et une femme doués de dons si divers et si relatifs, sont unies pour habiter dans une même maison et pour passer là quarante ou cinquante ans dans la société du mariage, je ne m'étonne plus si le cœur prophétise dès la plus tendre enfance cette suprême crise ; je ne m'étonne plus des beautés que les instincts répandent à profusion pour orner la couche nuptiale ; je ne m'étonne plus si l'art et l'intelligence rivalisent dans les dons et les mélodies de l'épithalame.

Ainsi donc nous sommes entraînés vers un amour qui ne connaît ni le sexe, ni les personnes, ni la partialité, mais qui cherche la sagesse et la vertu partout, à cette seule fin d'accroître la vertu et la sagesse. Nous sommes par nature des observateurs, et par conséquent susceptibles d'apprendre. Voilà notre état permanent. Souvent nous arrivons à sentir que nos affections ne sont que les tentes d'une nuit. Quoique lentement et péniblement, les objets des affections changent comme les objets de la pensée. Il y a des moments où les affections gouvernent et absorbent l'homme, et font dépendre son bonheur d'une ou de plusieurs personnes. Mais quand nous avons recouvré la santé, l'esprit laisse apercevoir de nouveau sa voûte infinie brillante de lumières immuables ; alors les chaleureux amours et les craintes qui s'étaient répandus sur nous comme des nuages perdent leur caractère terrestre et s'unissent à Dieu pour atteindre leur perfection. Nous ne devons pas craindre de rien perdre par les progrès de l'âme : nous devons nous confier à l'âme jusqu'à la fin ; car des choses aussi belles et aussi magnétiques que les relations de l'amour ne peuvent être supplantées et remplacées que par des choses plus belles et d'un degré plus élevé.

V

AMITIÉ.

Nous avons beaucoup plus de tendresse qu'on ne le dit. Malgré tout l'égoïsme qui refroidit le monde comme les vents de l'est, la famille humaine est tout entière baignée dans l'élément de l'amour comme dans une atmosphère divine. Combien ne rencontrons-nous pas dans nos maisons de personnes auxquelles nous parlons à peine, que nous honorons pourtant et qui nous honorent. Combien elles sont nombreuses les personnes qui passent dans la rue ou s'asseyent dans l'église, qui nous font ressentir une joie franche quoique silencieuse, et avec lesquelles nous sommes heureux de nous trouver! Lisez le langage de ces regards errants; le cœur le connaît.

L'effet produit par cette humaine affection est un certain épanouissement cordial. Dans la poésie comme dans la conversation habituelle, les émotions de bienveillance et de complaisance envers les autres peuvent être comparées aux effets matériels du feu. Aussi vifs et même plus vifs, plus actifs, plus pétillants de sympathie sont ces beaux rayonnements intérieurs qui, depuis le plus haut degré de l'amour passionné jusqu'au plus bas degré de la bonne volonté, font le charme de la vie.

Nos puissances intellectuelles s'accroissent avec nos affections. Le *scholar*[1] s'assied pour méditer, et toute

---

[1] Nous laissons subsister le mot anglais qui est trop expressif pour pouvoir être traduit par aucun synonyme et qui signifie : l'homme qui a passé toute sa vie à l'ombre de l'école.

sa vie de méditations est impuissante à lui fournir une bonne pensée ou une heureuse expression ; mais lui faut-il écrire à un ami, aussitôt les charmantes pensées arrivent en foule et trouvent de tous côtés des mots choisis pour s'en revêtir. Voyez dans la maison où habitent la vertu et le respect de soi-même, quelle palpitation occasionne l'approche d'un étranger. Un étranger qui nous est recommandé est-il attendu et annoncé, aussitôt une inquiétude qui tient du plaisir et de la peine envahit tous les cœurs de la famille. Son arrivée apporte presque la peine à tous ces braves cœurs qui voudraient le bien recevoir. La maison est balayée, toutes choses remises à leur place précipitamment, le vieil habit est remplacé par l'habit neuf et le diner est ordonné du mieux possible. Ce sont les autres qui nous font la bonne renommée d'un étranger distingué, mais c'est nous seuls qui comprenons les bonnes et nouvelles qualités qu'on lui prête. Alors il se dresse devant nous comme l'image de l'humanité ; il est selon nos souhaits ; et, après que nous l'avons pour ainsi dire imaginé et doué de la vie, nous nous demandons comment nous entrerons en conversation et en relation avec lui, et nous sommes tourmentés par une crainte inquiète. Cette même idée nous exalte pendant que nous causons avec lui. Nous causons mieux que d'habitude. Nous avons la fantaisie la plus vive et la plus riche mémoire, et nous donnons congé pour un temps à notre démon du silence. Pendant de longues heures, nous sommes capables de séries entières de riches, sincères et gracieuses communications que nous tirons de notre plus vieille et plus secrète expérience ; si bien que ceux qui sont assis auprès de nous, nos parents et nos connaissances, éprouvent une vive surprise à la vue de notre puissance inaccoutumée. Mais à mesure que l'étranger commence à introduire dans la conversation ses partialités, ses défauts et ses définitions, le charme est rompu, tout s'évanouit. Il a entendu le commencement et la fin de ce que nous lui dirons jamais d'excellent. Il n'est plus un étranger maintenant. La vulgarité, l'ignorance, le malentendu sont de vieilles connaissances. Maintenant, lorsqu'il viendra, il pourra obtenir de moi l'ordre et la tenue, le bel habit, le dîner, mais le tressaillement du cœur, mais les confidences de l'âme, jamais plus.

Charmants sont ces jets de l'affection qui rallument pour moi un monde tout jeune. Délicieuse est la juste et ferme rencontre de deux âmes dans une pensée, dans un sentiment. Combien les pas et les formes de l'être vrai et doté de dons divins résonnent agréablement et rayonnent splendidement! Comme à leur approche le cœur bat! Pendant l'instant où nous nous laissons aller à nos affections, la terre se métamorphose, il n'y a plus ni hiver, ni nuit; toutes les tragédies, tous les ennuis s'évanouissent, et même tous les devoirs aussi; les formes brillantes des personnes aimées remplissent seules l'éternité. Si l'âme est assurée de pouvoir un jour et à quelque place de l'univers rejoindre son ami, elle sera joyeuse et contente de rester seule pendant mille années.

Je me suis réveillé ce matin avec de religieux remercîments pour mes amis anciens et nouveaux. N'appellerai-je pas Dieu, qui chaque jour se manifeste à moi dans ses dons, la suprême beauté? Je boude la société, j'embrasse la solitude; mais je ne suis pas encore assez ingrat pour ne pas recevoir les sages, les hommes aimables et noblement doués, lorsque de temps en temps ils passent devant ma porte. Celui qui m'écoute, qui me comprend devient mien, devient ma possession pour toujours. La nature n'est pas si pauvre qu'elle ne me donne bien cette joie quelquefois; et alors nous tissons une nouvelle toile sociale à notre manière, une nouvelle chaîne de relations, et, de même qu'une succession de pensées diverses s'assemblent et finissent par former d'elles-mêmes un tout compacte; ainsi jour par jour nous nous trouverons marcher dans un monde nouveau, créé par nous-mêmes, et nous ne resterons pas plus longtemps des pèlerins et des étrangers dans un globe traditionnel et antérieur à nous. Mes amis viennent à moi sans que j'aie besoin de les chercher; c'est le Dieu tout-puissant qui me les amène. Je les rencontre, grâce aux divines affinités des vertus entre elles et aux droits anciens qu'elles ont les unes sur les autres; ou plutôt ce n'est pas moi, mais la divinité qui est en eux et en moi-même, qui renverse ces murailles épaisses du caractère individuel, des relations, de l'âge, du sexe, des circonstances, qui nous séparaient, et qui tout à l'heure va faire que, de plusieurs que nous étions, nous ne serons plus qu'un. Je vous dois de grandes louanges, ô vous excellents amis qui ouvrez pour moi dans le monde de nouvelles et nobles profondeurs, et qui augmentez la portée de toutes mes pensées. Les amis ne sont pas de sèches et de roides personnes, mais ils sont une poésie fraîchement créée par Dieu, poésie sans obstacle, hymne, ode, épopée, poésie toujours coulant de source, et non pas ensevelie dans des livres poudreux avec annotations et observations grammaticales; ce sont Apollon et les Muses qui chantent en personne. Ces amis se sépareront-ils aussi de moi? Je ne le sais pas, mais je ne le redoute nullement, parce que mes relations avec eux sont si pures qu'elles ne sont établies que par la simple affinité, et que le génie de ma vie étant ainsi complétement social, je suis certain qu'il exercera son énergie sur quiconque est aussi noble que ces hommes et ces femmes, et quel que soit le lieu où je me trouve.

Je m'accuse sur ce point d'une extrême tendresse naturelle. Il est presque dangereux pour moi de boire le doux poison de cette liqueur prodiguée des affections. Une nouvelle personne est toujours pour moi un grand événement et chasse mon sommeil. J'ai eu de belles imaginations dernièrement à propos de deux ou trois personnes qui m'avaient fait passer des heures délicieuses ; mais la joie a cessé avec le jour, et n'a porté aucun fruit, n'a pas donné naissance à la pensée, et n'a que bien peu modifié ma manière d'agir. Au contraire, je dois ressentir de l'orgueil pour les perfections de mon ami, comme si ces perfections étaient les miennes ; je dois avoir sur ses vertus un sentiment de propriété vif, délicat, énergique, prompt à s'alarmer. Je ressens une joie aussi vive lorsqu'il est loué que l'amant lorsqu'il entend les applaudissements qui accueillent sa fiancée. Nous sur-estimons la conscience de notre ami. Sa bonté semble supérieure à notre bonté, sa nature plus belle que la nôtre, ses tentations moindres que les nôtres. L'imagination élève toute chose qui est sienne ; son nom, ses formes, ses vêtements, ses livres, ses instruments. Notre propre pensée résonne bien mieux en sortant de sa bouche, elle est bien plus neuve et bien plus large.

Cependant la systole et la diastole du cœur ne sont pas sans analogie avec le flux et le reflux de l'amour. L'amitié, comme l'immortalité de l'âme, est une chose trop excellente pour qu'on puisse y croire[1]. L'amant, en contemplant sa fiancée, sent à demi qu'elle n'est pas l'objet qu'il adore en réalité, et, durant les heures dorées de l'amitié, nous sommes étonnés de voir s'abattre sur nous des ombres de soupçon et d'incrédulité. Nous nous doutons que nous prêtons à notre héros les vertus

---

[1] Les personnes qui ont l'odorat métaphysique très fin et qui plus d'une fois déjà se sont probablement demandé à quel système appartenait Emerson, diront, en lisant cette pensée sur l'immortalité de l'âme : voilà une pensée qui sent singulièrement son Spinosa ! Il n'en faudrait pourtant pas conclure qu'Emerson soit panthéiste.

dont il brille, et que nous adorons la forme que nous leur avons assignée comme leur divine habitation. Dans la stricte réalité, l'âme ne respecte pas les hommes comme elle se respecte elle-même, et en science stricte, toutes les personnes sont exposées à subir l'égale condition d'un éloignement infini. Craindrons-nous de refroidir notre amour en le regardant face à face, en sapant les fondements métaphysiques de ce temple élyséen? Ne serai-je pas un être aussi réel que les choses que je contemple? Si je suis aussi réel, je ne craindrai pas de les connaître telles qu'elles sont. Leur essence n'est pas moins belle que leur apparence, bien qu'il soit nécessaire d'organes plus subtils pour pénétrer cette essence. Bien que nous coupions la tige très courte pour la faire servir à tresser des guirlandes et des festons, la racine de la plante n'est pas pour cela indifférente à la science. Au milieu de ces charmantes rêveries, je me hasarderai pourtant à produire ce fait hardi, quoi qu'il ressemble à la momie présente aux banquets égyptiens. L'homme qui se tient fermement uni à sa pensée pense merveilleusement de lui-même : il a conscience d'un succès universel, bien que ce succès doive être acheté par des fautes particulières. Il n'y a pas d'avantages, de puissances, d'or ou de force qui puissent lui être comparés. Je n'ai pas la puissance de choisir ma condition, mais je dois me confier et m'appuyer sur ma pauvreté plus que sur votre richesse. Je ne puis faire que votre conscience soit équivalente à la mienne. L'étoile seule éblouit ; la planète n'a que des rayons languissants semblables aux rayons de la lune. J'écoute ce que vous me dites des admirables qualités et du caractère choisi du parti que vous louez ; mais je sais bien que, malgré tous ses habits de pourpre, je ne puis l'aimer, à moins qu'il ne soit un pauvre Grec comme moi. Je vois bien, ô mon ami! que l'ombre des phénomènes te recouvre, toi aussi, de son immensité bigarrée et colorée, et que tu ne peux être comparé avec l'être bon duquel tout n'est que l'ombre. Tu ne tiens pas étroitement à l'*être* comme y tiennent la vérité, la justice ; tu n'es pas mon âme, tu n'es que sa peinture et son effigie. Tu es venu vers moi tout récemment, et déjà voilà que tu prends pour me quitter ton chapeau et ton manteau. Est-ce qu'il ne semble pas que l'âme nous envoie les amis, ou plutôt les produit comme l'arbre produit ses feuilles, en les poussant du dedans au dehors, et puis par la floraison et la germination de nouveaux boutons jette à bas les vieilles feuilles. La loi de la nature est le changement incessant. Chaque état électrique cache en lui son contraire. L'âme s'environne d'amis, afin d'entrer dans une plus grande connaissance d'elle-même, dans une plus grande solitude ; et elle marche seule pendant un temps, afin de pouvoir jouir de sa conversation et de sa société. Cette méthode se trahit d'elle-même, durant toute l'histoire de nos relations personnelles. Perpétuellement l'instinct de l'affection ravive en nous l'espoir de l'union avec nos amis, et perpétuellement aussi le sentiment de la solitude nous rappelle et nous fait cesser cette poursuite. Ainsi l'homme passe sa vie à la recherche de l'amitié, et néanmoins quand il revient à son véritable sentiment, il pourrait écrire une lettre analogue à celle-ci et l'adresser à chaque nouveau candidat à son amour :

« Cher ami,

« Si j'étais sûr de toi, sûr de ta capacité, sûr d'ac-
« corder mon humeur avec la tienne, je ne regarderais
« plus comme des bagatelles sans importance aucune
« de tes démarches. Je ne suis véritablement pas très
« sage ; mon caractère est presque facile à conquérir et
« je respecte ton génie que je n'ai pas encore pénétré.
« Cependant je n'ose pas supposer en toi une parfaite

« intelligence de ma personne, et c'est pourquoi tu es
« pour moi un tourment divin. A toi pour toujours ou
« jamais. »

Cependant ces plaisirs difficiles et ces belles peines sont bonnes pour la curiosité, mais non pas pour la vie. Nous ne devons pas nous y laisser aller; ce sont des toiles d'araignée et non de solides vêtements. Nos amitiés arrivent à de pauvres et étroites conclusions, parce qu'elles sont pour nous un enivrement et un rêve et qu'elles ne touchent pas la fibre virile du cœur humain. Les lois de l'amitié sont grandes, austères, éternelles, faites de la même étoffe que les lois de la nature et de la morale. Mais nous avons cherché dans l'amitié de minces et prompts bénéfices, afin de nous désaltérer aux sources d'une douceur prochaine. Nous nous élançons impétueusement vers le fruit qui mûrit le plus lentement dans le jardin de Dieu et qui ne doit être cueilli qu'après bien des étés et bien des hivers. Nous cherchons nos amis non avec un respect sacré, mais avec une passion adultère qui puisse nous les approprier en quelque sorte; mais c'est en vain. Nous sommes entourés de subtils antagonistes qui se jouent de nous lorsque nous les approchons, et traduisent toute notre poésie dans la prose la plus plate. Presque tous les hommes s'abaissent en se fréquentant. Toute association n'est qu'un compromis, et, ce qui est pire, la fleur et l'arome de chacune de ces belles natures qui nous environnent s'évanouissent lorsqu'elles approchent les unes des autres. Quel perpétuel désappointement ne nous donne pas la société actuelle, même la société des vertueux et des bien doués! D'abord, la prévoyance entourait nos entrevues comme d'un rempart de réserve prudente; mais, maintenant, voilà que nous souffrons et que nous sommes tourmentés par des railleries, par des froideurs soudaines, hors de saison, par des épilepsies d'esprit et de passions qui se font jour, grâce à la chaleur de l'amitié et de la pensée. Nos facultés mutuelles ne nous expriment pas la vérité, et alors, chacun de notre côté, nous nous soulageons par la solitude.

Dans toutes mes relations je dois trouver l'égalité. Le nombre de mes amis et le contentement que je puis trouver dans leur conversation importent peu, si parmi eux il y en a quelqu'un dont je ne sois pas l'égal. Si j'ai senti mon inégalité pendant une discussion, aussitôt toute la joie que je puis trouver dans leurs qualités devient une joie vile et lâche. Je devrais me haïr moi-même, si désormais je cherchais un asile dans l'âme de mes amis. « Si le vaillant guerrier, renommé dans les combats, est vaincu une seule fois après cent victoires, son nom est pour toujours effacé du livre de l'honneur et tous ses anciens exploits sont oubliés. »

Notre impatience est ainsi vivement amortie. La réserve et la froideur forment un abri sévère qui protége les délicates organisations d'une maturité prématurée. Elles seraient perdues, si elles se connaissaient et se répandaient avant que quelqu'une des excellentes âmes d'ici-bas ne fût assez mûre pour les connaître et témoigner d'elles. Respecte la lenteur de la nature[1] qui travaille et durcit le diamant pendant mille années. Les bons génies de notre existence n'ont point de paradis pour la témérité impétueuse. L'amour, qui est l'essence de Dieu, n'est pas fait pour la légèreté, mais est créé pour la complète dignité de l'homme. Ne mettons pas dans nos poursuites un puéril entraînement, mais la plus austère dignité; approchons de notre ami, pleins d'une croyance audacieuse en la vérité de son cœur, en la profondeur de son être, que nous ne devons pas supposer capable d'être bouleversé.

[1] Le mot est en allemand dans l'original : *Naturlangsamkeit*.

Il est impossible de résister à un sujet aussi sympathique que celui de l'amitié; je laisserai donc de côté pour un moment toute analyse de ses bienfaits sociaux et inférieurs, pour parler de ce qu'il y a de sacré et de rare dans la nature de cette relation qui est une sorte d'absolu, et dont le langage est si pur et si divin qu'il laisse bien loin derrière lui le langage suspect et commun de l'amour.

Je ne souhaite pas de traiter mes amitiés délicatement, mais avec un courage viril. Lorsqu'elles sont réelles, elles ne sont semblables à des verres fragiles ou aux fondants caprices de la gelée, mais elles sont les choses les plus solides qu'il y ait au monde. Après tant de siècles d'expériences, que savons-nous sur la nature et sur nous-mêmes? L'homme n'a pas fait un pas vers la solution du problème de sa destinée. L'univers des hommes est comme frappé d'une condamnation à la folie; mais la douce sincérité de la joie et de la paix que je tire de cette alliance avec l'âme de mon frère est le fruit véritable dont toute nature et toute pensée ne sont que l'enveloppe et l'écorce. Heureuse est la maison qui abrite un ami! Elle peut bien être bâtie sous la forme d'une arche sainte, ou d'un bosquet de fête pour le recevoir, quand bien même il n'y devrait séjourner qu'un seul jour. Heureux est-il lui aussi, s'il connait la solennité de cette relation et s'il honore ses lois. L'amitié n'est pas un lien stérile. Celui qui se présente comme candidat à cette sainte alliance s'élève comme un olympien vers ces hautes destinées que recherchent toutes les grandes âmes; il se destine à des luttes où figureront le temps, le besoin, le danger, et d'où celui-là seul sort vainqueur qui a en lui assez de vérité pour préserver la délicatesse de sa beauté des ravages et des morsures que toutes ces choses fatales lui feront souffrir. Les dons de la fortune peuvent exister ou ne pas exister pour lui, mais le résultat du combat dépend de sa noblesse intrinsèque et du mépris qu'il aura pour les puériles vulgarités. Deux éléments entrent dans la composition de l'amitié, deux éléments si puissants, que je ne puis découvrir en vertu de quelle supériorité et de quelle raison l'un doit être nommé avant l'autre ; l'un d'eux est la vérité. Un ami est une personne avec laquelle je puis être sincère ; en sa présence je puis penser tout haut ; avec lui je me trouve enfin en présence d'un homme si réel et si égal à moi-même, que je puis dépouiller ces derniers masques de la dissimulation, de la politesse et de la *seconde pensée* que les hommes ne quittent jamais, et que je puis me conduire avec lui avec la simplicité complète d'un atome chimique qui s'agrége à un autre atome. La sincérité, comme le diadème et l'autorité, est le luxe réservé aux personnes du plus haut rang, qui peuvent dire la vérité, parce qu'il n'y a au-dessus d'elles personne à qui elles aient besoin de se conformer ou d'adresser des flatteries. Chaque homme, lorsqu'il est seul, est sincère ; mais vienne à entrer une seconde personne, l'hypocrisie commence. Nous nous gardons et nous défendons des hommes au moyen des compliments, du babillage, des amusements, des affaires. Nous enveloppons notre pensée de mille replis pour que leur vue ne puisse la pénétrer. J'ai connu un homme qui, sous l'influence d'une certaine frénésie religieuse, dépouillait toutes ces draperies dont nous couvrons notre pensée, et qui laissant de côté tout compliment et tout lieu commun, parlait à la conscience de tous ceux qu'il rencontrait avec une puissante intuition et une grande beauté ; d'abord on lui résistait, et tout le monde s'accordait à dire qu'il était fou ; mais lui, persistant pendant quelque temps dans cette voie, et ne pouvant d'ailleurs pas faire autrement que d'y persister, se trouva avoir obtenu l'avantage d'amener tous les hommes de sa connaissance dans de vraies relations avec lui. Personne ne pensait à parler faussement de lui ou à s'amuser de lui par des commérages de place publique et de cabinets de lecture; mais grâce à sa grande sincérité, tout homme était obligé de le regarder face à face, et de montrer quel amour de la nature, quelle poésie, quel symbole de poésie il avait en lui. A la plupart d'entre nous la société ne montre pas sa physionomie et ses yeux, mais se détournant elle nous montre le dos. Établir entre soi-même et les hommes de vraies relations dans un âge factice est un acte de folie, n'est-ce pas? Nous pouvons à peine marcher droit; presque tous les hommes que nous rencontrons nous demandent quelques politesses, nous demandent à être amusés; ils ont quelque renommée, quelque talent, quelque caprice de religion et de philanthropie dans la tête, qu'il ne faut pas contrarier, et ainsi ils réduisent à néant toute conversation. Mais un ami est un homme en bonne santé, qui me met à l'épreuve, moi, et non pas ma candeur; mon ami converse avec moi sans exiger de moi aucune minauderie, aucune révérence, sans que j'aie besoin avec lui de grasseyer et de me masquer. C'est pourquoi un ami est dans la nature une sorte de paradoxe, car pendant que je vais seul je ne vois rien dans la nature dont je puisse affirmer l'existence avec autant d'évidence que j'affirme la mienne; mais maintenant je contemple la ressemblance de mon être reproduit sous une forme qui m'est étrangère, avec toute son élévation, sa variété, sa curiosité. Ainsi donc on peut regarder sans crainte un ami comme le chef-d'œuvre de la nature.

Le second élément de l'amitié est la tendresse. Nous sommes enchaînés aux hommes par toutes sortes de liens : par le sang, par l'orgueil, par la crainte, par l'espérance, par le lucre, par la convoitise, par la haine, par l'admiration, par toutes sortes de circonstances et de bagatelles, et pourtant nous osons à peine croire qu'il existe un caractère qui puisse nous enchaîner par l'amour. Existe-t-il un être assez béni pour que nous lui offrions notre tendresse, et s'il existe, sommes-nous assez purs pour la lui offrir. Lorsqu'un homme me devient cher, j'ai touché au but de la fortune. Je trouve dans les livres peu de choses écrites qui aillent profondément dans le cœur de ce sujet ; cependant j'ai un texte que je puis rappeler. Mon auteur dit : Je m'offre brusquement et presque à contre cœur à ceux auxquels j'appartiens véritablement, et je suis moins tendre pour ceux auxquels je suis le plus dévoué. Ah ! si cette amitié-là avait des mains et des pieds, comme elle a pour ainsi dire des yeux et une langue éloquente, je voudrais qu'elle fût une vertu de la terre avant d'être une vertu idéale, qu'elle fût la vertu des citoyens avant d'être la vertu des anges. Je blâme le citoyen parce qu'il fait de l'amour une commodité ; il en fait un échange de dons, de bons et utiles services ; il en fait une relation de bon voisinage, un sentiment qui veille au chevet du malade, qui tient les cordons du poêle aux funérailles, mais il perd entièrement de vue les délicatesses et la noblesse de cette relation. Mais bien que nous ne trouvions pas le dieu de l'amitié sous ce déguisement du bon camarade, cependant nous ne devons pas davantage pardonner au poëte si, lorsqu'il parle de l'amitié, il tisse sa toile trop belle, et s'il ne donne pas un corps à ce sentiment, en lui prêtant les vertus civiles de la justice, de la ponctualité, de la fidélité et de la pitié. Je hais la prostitution du nom de l'amitié, lorsqu'on emploie ce mot pour exprimer des alliances mondaines et capricieuses. Je préfère la compagnie des garçons de charrue et des chaudronniers à cette amitié vêtue de soie et parfumée qui célèbre ses rencontres par de frivoles amusements, par des promenades en voiture, par des dîners aux meilleures tavernes. Le but de l'amitié est d'établir le commerce le plus strict et le plus étroit dont les hommes aient connaissance. L'amitié est faite pour les jours sereins, pour les dons gracieux, pour les promenades à travers la campagne, comme aussi pour les sentiers difficiles, pour les durs voyages, pour la pauvreté, les naufrages, la persécution; elle est faite pour tenir compagnie aux saillies de l'esprit, comme pour s'associer aux tressaillements de la religion. Nous devons naturellement entourer de dignité les besoins journaliers et les fonctions de la vie de l'homme, et les embellir par le courage, la sagesse et l'unité; l'amitié ne doit jamais tomber dans le vulgaire et l'habituel, mais doit être au contraire alerte et inventive, afin de prêter le rhythme et la raison à ce qui n'était d'abord que vulgarité.

La parfaite amitié requiert, pour exister, des natures si rares et si belles, qui se modèrent si bien l'une par l'autre, des natures si heureusement accordées et semblables, et en même temps si différentes (car même dans ce cas particulier un poete dit que l'amour exige que les amants soient d'une nature différente et d'un caractère divers), que ses prétentions peuvent rarement trouver à se réaliser. L'amitié ne peut exister dans toute sa perfection si elle comprend plus de deux personnes, disent ceux qui sont savants dans cette science chaleureuse du cœur. Je ne me sers pas de termes aussi stricts, peut-être parce que je n'ai jamais connu une amitié aussi élevée que celle des autres; mon imagination se plait mieux dans un cercle d'hommes et de femmes sublimes, dont les relations mutuelles sont variées, et sur lesquels plane une intelligence élevée; mais je trouve que cette loi, qui veut que l'amitié soit le rapport étroit d'*un seul* et d'*un seul* est parfaitement juste appliquée à la conversation, qui est la pratique et la suprême jouissance de l'amitié. Ne mélangez pas trop les eaux; dans ce mélange les bonnes deviennent mauvaises et les meilleures pires. Vous pourrez trouver à différentes reprises, en causant avec deux hommes différents, des paroles utiles et joyeuses; mais rencontrez-vous une fois tous trois ensemble, et vous ne trouverez pas un mot nouveau et venant du cœur. Sur trois personnes rassemblées, deux peuvent causer et une écouter; mais trois ne peuvent prendre part à une conversation sincère et pénétrante. Dans la bonne compagnie il n'y a jamais de ces conversations entre deux personnes, comparables à celles qui s'engagent dès que vous laissez seules ces deux personnes; dans la bonne compagnie les individus doivent noyer leur égoïsme dans une sorte d'âme sociale, qui soit exactement en rapport avec les divers caractères et les diverses consciences présentes; il n'y a là aucune partialité de l'ami pour l'ami; aucune tendresse du frère pour la sœur, de la femme pour l'époux n'est convenable, mais c'est tout le contraire qui est exigé. Celui-là seul peut parler dans ces occasions, qui navigue sur les eaux des pensées communes à la compagnie, et ne se tient pas timidement ancré à sa pensée propre; et cependant cette convention que le bon sens requiert détruit la haute liberté de la grande conversation, qui exige l'absolue fusion de deux âmes en une seule.

Deux hommes, mais pas davantage, laissés seuls, entrent dans des relations plus simples; cependant c'est leur affinité qui déterminera le sujet sur lequel ils converseront. Les hommes qui n'ont aucune ressemblance et aucun rapport les uns avec les autres, se donnent mutuellement peu de joie et ne soupçonnent jamais la puissance cachée de chacun d'eux. Nous parlons souvent d'hommes qui ont un grand talent de conversation, comme si c'était un don permanent chez ces hommes. La conversation est un rapport passager, rien de plus. Un homme est renommé pour sa pensée et son éloquence; mais malgré tout cela il ne trouve pas un mot à dire à son oncle et à son cousin ; ils accusent son silence avec autant de raison qu'ils blâmeraient l'absurdité d'un cadran placé à l'ombre : c'est au soleil que le cadran marquera l'heure ; c'est parmi ceux qui se réjouissent d'entendre les pensées de l'homme éloquent, que ce dernier retrouvera sa langue.

L'amitié exige ce rare juste milieu entre la ressemblance et la dissemblance qui fait sentir à chacun des deux amis la présence de la puissance particulière et de l'approbation de son compagnon. Je préférerais aller seul jusqu'au bout du monde, plutôt que mon ami outrepassât par un mot ou un regard sa sympathie réelle. Je suis également frustré par son antagonisme et sa complaisance. Qu'il ne cesse donc pas un instant d'être lui-même ; la seule joie que me procure son amitié consiste en ce que le *non moi* devient *moi*. Cela enlève tout cœur et tache la lumière de nos jours, de rencontrer des concessions là où nous espérions trouver un secours viril, ou au moins une résistance virile. Mieux vaut blesser votre ami que d'être son écho. La condition qu'exige de nous une haute amitié, c'est que nous possédions le pouvoir de nous passer d'elle : de grands et sublimes personnages sont seuls capables de ce haut sentiment. Pour que l'union s'opère, ils doivent d'abord être *deux*, séparés, avant de ne faire qu'un. Que leur amitié soit l'alliance de deux formidables natures se contemplant mutuellement, se craignant mutuellement, avant d'être la reconnaissance de la profonde unité qui les unit malgré ces contrastes.

Celui-là seul est fait pour l'amitié qui est magnanime. Il doit être magnanime s'il veut connaître les lois de l'amitié ; il doit être un homme qui sait que la bonté et la grandeur sont toujours la meilleure économie ; il ne doit pas être ardent et fiévreux et mettre trop de vivacité à combattre avec la fortune ; il ne doit pas oser se mêler et s'inquiéter de ces choses. Donnez au diamant le temps de se former, n'espérez pas accélérer les enfantements du ciel. L'amitié demande à être traitée régulièrement ; avec elle nous ne devons pas être capricieux, nous ne devons pas être défiants. Nous parlons de choisir nos amis, mais nos amis se choisissent d'eux-mêmes en quelque sorte. Le respect est une grande partie de l'amitié. Considérez votre ami comme un spectacle, car, après tout, s'il est un homme, il a des mérites qui ne sont pas les vôtres, et que vous ne pouvez honorer si vous ne pouvez vous empêcher de le tenir à tout instant étroitement embrassé ; tenez-vous à part, de manière à laisser de l'air à ces mérites ; laissez-les s'élargir et s'élever. Ne soyez pas tant son ami avant que vous n'ayez pu connaître ses énergies particulières ; soyez comme les mères passionnées qui gardent leurs enfants dans leurs maisons jusqu'à ce qu'elles soient devenues de grandes filles. Êtes-vous l'ami des vêtements de votre ami ou bien de sa pensée ? Un grand cœur le regardera comme un étranger et pendant longtemps l'appréciera comme un étranger dans mille circonstances, afin de pouvoir s'approcher plus près de lui sur cette terre sacrée qu'il habite. Il n'y a que les adolescents et les jeunes filles qui considèrent un ami comme une propriété et qui s'amusent à goûter un court et confus plaisir au lieu de se désaltérer au pur nectar des dieux.

Achetons notre entrée dans cette société par une longue épreuve. Pourquoi profanerions-nous le sanctuaire des nobles et belles âmes en y pénétrant sans leur permission ? Pourquoi insister pour établir des relations personnelles précipitées avec notre ami ? Pourquoi aller à sa maison et faire la connaissance de sa mère, de son frère et de ses sœurs ? Pourquoi le forcer par vos importunités à vous visiter ? est-ce que ces choses sont nécessaires matériellement à votre alliance ? Laissez là toutes ces flatteries et toutes ces instances trop sensibles et grossières. Que votre ami soit pour vous un esprit. Une lettre, une pensée, une parole sincère, un regard de lui, voilà ce dont j'ai besoin et non pas des nouvelles qu'il peut m'apprendre ou des dîners qu'il peut m'offrir. Je puis bavarder, m'informer de la politique, jouir des agréments de la société et des bons rapports du voisinage avec des compagnons d'une moindre importance. La société de mon ami ne doit-elle pas être pour moi poétique, pure, universelle, grande, comme la nature elle-même? Serai-je forcé de reconnaître que nos relations sont profanes, comparées à cette barre lointaine de nuages qui sommeille à l'horizon, ou à cette masse de gazon ondoyant qui divise le ruisseau? N'avilissons pas l'amitié, mais relevons-la, et abritons-la sous l'étendard idéal. Le grand œil plein de menaces de notre ami, la beauté pleine de dédain de son maintien et de ses actions ne nous ordonnent pas de nous abaisser, mais au contraire nous invitent à nous fortifier et à nous élever. Ne souhaite pas qu'il soit plus petit d'une seule de ses pensées, mais reçois-les toutes et réponds-leur à toutes. Garde ton ami comme la grande contre-partie de toi-même; donne-lui le rang d'un prince. Honore toutes ses supériorités; qu'il soit pour toi une sorte de magnifique ennemi, indomptable, religieusement respecté, et non un trivial compère fait pour fatiguer bien vite et pour être promptement mis de côté. Les couleurs de l'opale, la lumière du diamant ne peuvent être vues si l'œil est trop près d'elles. J'écris une lettre à mon ami, j'en reçois une de lui; cela vous semble peu de chose; pour moi, et cela me suffit. Cette lettre est un don spirituel digne de m'être offert par lui, digne d'être accepté par moi, et qui ne déshonore aucun de nous deux. En lisant ces chaudes lignes le cœur se confiera spontanément, comme il ne se serait pas confié à la parole, et se répandra en prophéties d'une existence plus divine que toutes celles que l'héroïsme a faites excellentes.

Respectons donc les lois de l'amitié de façon à ne pas nuire à sa fleur suprême par notre impatience de la voir s'ouvrir. Nous devons être à nous avant d'être aux autres. Il y a dans le crime cette satisfaction que le criminel, selon le proverbe latin, peut traiter son complice sur un pied complet d'égalité. *Crimen quos inquinat, œquat.* Mais avec ceux que nous admirons et que nous aimons nous ne pouvons pas agir ainsi. Cependant le moindre manque de possession de soi-même vicie, à mon avis, les rapports entiers de l'amitié. Il ne peut y avoir de paix profonde entre deux esprits, il ne peut y avoir de respect mutuel que lorsque dans leurs conversations chacun se présente comme le représentant du monde entier.

Agissons avec toute la grandeur d'esprit qu'il nous est possible dans une affaire aussi grande que l'amitié. Soyons silencieux afin de pouvoir entendre le chuchotement des dieux. N'intriguons pas. Qui vous force à vous jeter de tous côtés et à répandre autour de vous les pensées que vous auriez exprimées aux âmes choisies? Qui vous force à dire quelque chose même à ces dernières? Il importe peu que les paroles que vous répandez soient ingénieuses, gracieuses et affables. Il y a des degrés innombrables dans l'échelle de la sagesse et de la folie, et pour vous, dire quelque chose, c'est être frivole. Attendez, et c'est votre âme alors qui parlera; attendez jusqu'à ce que la nécessité et l'infini vous dominent, jusqu'à ce que le jour et la nuit se servent eux-mêmes de vos lèvres pour exprimer leurs mystères. La seule monnaie de Dieu, c'est Dieu lui-même; il ne paye jamais moins, jamais plus. La seule récompense de la vertu est la vertu, la seule manière d'acquérir un ami est d'être soi-même un ami. Il serait absurde d'espérer nous rapprocher d'un homme parce que nous fréquentons sa maison. S'il est différent de vous, son âme fuira loin de vous, et vous ne surprendrez jamais dans ses yeux un seul regard sincère. Nous contemplons de loin les âmes nobles, et malgré cet éloignement elles nous repoussent encore; pourquoi alors les importunerions-nous? Tard, bien tard, nous nous apercevons qu'il n'y a pas d'arrangements, d'introductions, de coutumes, d'habitudes de société qui puissent nous servir pour nous établir en relation d'amitié avec ceux que nous désirerions pour amis, et que la seule condition pour cela c'est d'élever notre nature à la hauteur de la leur; alors nous les rencontrerons absolument comme l'eau rencontre l'eau, et si nous ne les rencontrons pas, nous n'aurons plus besoin d'eux, car nous serons déjà devenus *eux*. En dernière analyse, l'amitié n'est que la réflexion de la dignité personnelle d'un homme sur d'autres hommes. Les hommes ont quelquefois changé de noms avec leurs amis, comme pour faire entendre par là que dans son ami chacun aimait sa propre âme.

Plus haute est la noblesse que nous exigeons de l'amitié, plus nous sentons la difficulté de la réaliser et de la faire vivre en chair et en os. Nous errons solitaires dans le monde. Les amis tels que nous les désirons sont des rêves et des fables. Mais une sublime espérance réjouit le cœur fidèle qui songe que, quelque part, dans d'autres régions de l'infini, des âmes existent qui maintenant agissent, souffrent, osent, qui peuvent nous aimer et que nous pouvons aimer. Nous pouvons nous féliciter d'avoir passé dans la solitude, les périodes du bas âge, des folies, des étourderies, et de la honte, puisque, lorsque nous sommes des hommes accomplis nous pouvons serrer une main héroïque avec une main héroïque. Seulement, soyez avertis par tout ce que vous avez déjà observé de ne pas nouer de rapports avec les personnes vulgaires avec lesquelles aucune amitié ne peut subsister. Notre impatience nous trahit en nous jetant dans des relations folles et téméraires auxquelles aucun dieu ne fait attention. En persistant à suivre votre sentier vous pouvez oubliez les détails, mais vous gagnez l'essentiel. Votre caractère se dessine définitivement et vous vous manifestez si clairement à vous-même que vous vous trouvez placé hors de l'atteinte des fausses amitiés et que vous attirez vers vous les premiers nés du monde, ces rares pèlerins dont un ou deux à la fois seulement errent dans le monde, et en présence desquels les grands hommes du vulgaire ne sont simplement que des spectres et des ombres.

C'est folie de craindre former des nœuds trop spirituels, car nous ne pouvons perdre aucun amour naïf. Quelle que soit l'altération que notre intuition fasse subir à nos opinions ordinaires, nous pouvons être sûrs que la nature nous fera toujours avancer dans une région supérieure, et bien qu'elle semble nous dérober quelque joie, elle nous en dédommagera par des plaisirs plus grands. Comprenons, s'il nous est possible, l'absolue solitude de l'homme. Nous pouvons être sûrs que nous portons tous les hommes en nous. Nous allons en Europe, nous cherchons des hommes, nous lisons des livres pleins d'une foi instinctive et nous croyons naïvement qu'ils nous illumineront et nous révéleront à nous-mêmes. Oh! mendiants que nous sommes! Les hommes sont semblables à nous; l'Europe est une vieille garde-robe formée d'hommes morts dont les livres sont les spectres. Rejetons loin de nous cette idolâtrie. Abandonnons ces manières de mendiants. Disons même adieu, s'il le faut, à nos plus chers amis, et demandons-leur : qui êtes-vous? Abandonnez-moi, je ne serai pas dépendant plus longtemps[1]. Oh! mon frère, ne vois-tu pas que nous ne nous

---

[1] Dans tout cet essai, malgré les couleurs avec lesquelles il peint

séparons que pour nous rencontrer sur de plus grandes hauteurs et pour être plus l'un à l'autre, parce que nous nous appartenons encore trop à nous-mêmes? Un ami est un Janus à double face, qui regarde à la fois le passé et le futur. Il est l'enfant de tous nos jours passés, le prophète de tous nos jours à venir. Il est le précurseur d'amis plus grands que lui, car c'est la propriété des choses divines de se reproduire à l'infini.

J'agis avec mes amis comme avec mes livres. Je les aurais conformes à ma pensée que je m'en servirais à peine. Nous devons faire à la société nos propres conditions, l'admettre ou l'exclure pour la plus légère cause. Je ne puis m'accorder la licence de parler beaucoup avec mon ami. S'il est grand, il m'élève si haut que je ne puis redescendre pour causer. Dans mes grandes journées, des pressentiments se manifestent et se suspendent au-dessus de moi et me font signe du fond du firmament. C'est à eux alors que je dois me dévouer. Je sors afin de les atteindre, je rentre afin de les saisir ; je crains seulement qu'ils ne se retirent dans le ciel, car ils ne sont déjà plus à l'horizon que comme une traînée de brillante lumière. Eh bien ! dans ces moments, quoique j'apprécie mes amis, puis-je abandonner la poursuite de mes visions pour étudier les leurs et causer avec eux? Certes, j'éprouverais une sorte de joie familière à abandonner cette haute recherche, cette astronomie spirituelle, cette étude des étoiles, pour descendre à sympathiser chaleureusement avec eux ; mais je sais bien que je pleurerais toujours la perte de mes divinités. Il est vrai aussi que la semaine prochaine j'aurai un certain nombre de jours maussades et languissants, pendant lesquels j'aimerais à m'occuper d'objets qui me

---

le sentiment de l'amitié, l'idée fixe d'Emerson, l'isolement ; son sentiment fixe, la solitude reviennent à chaque ligne.

sont étrangers; alors je regretterai votre esprit littéraire et je souhaiterai de vous voir assis à mes côtés. Mais si vous venez, peut-être ne ferez-vous que remplir mon esprit de nouvelles visions; vous le remplirez de votre éclat et non de votre être, et je serai aussi incapable qu'auparavant de causer avec vous. Je rendrai à mes amis des visites passagères. Je recevrai d'eux non leurs biens et leurs qualités, mais leur caractère. Ils me donneront ce qu'ils n'ont pas le pouvoir de me donner, à proprement parler, mais ce qui rayonne en eux. Mais ils ne m'enchaîneront pas par des relations moins subtiles et moins pures que celles-là. Nous nous rencontrerons ainsi sans nous rencontrer, nous nous séparerons sans nous séparer.

Je pensais dernièrement qu'il y avait plus de possibilité qu'on ne l'imagine à mener grandement une amitié, sans qu'il y eût un exact rapport entre les deux amis. Pourquoi m'embarrasser de ce triste fait, à savoir que mon ami n'est pas intelligent? Le soleil ne s'inquiète pas de savoir si ses rayons tombent en vain dans l'espace stérile, ou seulement sur une petite portion de la planète qui reflète ces rayons. Que notre grandeur fasse l'éducation de notre grossier et froid compagnon. S'il reste avec son inégalité, alors qu'il disparaisse. Compagnon des êtres les plus vils, il ne s'enflammera plus et ne sera plus porté sur les ailes des dieux de l'Empyrée; mais l'orbe de notre amour se sera élargi par cet excès de lumière répandue. On pense que l'amour sans récompense est une disgrâce, mais les grandes âmes voient que l'amour ne peut être récompensé. Le véritable amour dépasse aussitôt les objets indignes, habite dans l'éternité, se nourrit de l'Éternel, et lorsque les misérables masques transitoires tombent, alors il se sent délivré d'autant de cette terre et sent d'autant mieux la sûreté de son indépendance. Cependant toutes ces choses peuvent à peine être dites sans une sorte de trahison envers les relations de l'amitié. L'essence de l'amitié est l'intégrité, la complète magnanimité et la confiance. L'amitié ne doit avoir ni soupçons ni défiances, mais elle doit traiter son objet comme un dieu, afin que les deux êtres humains qui ont établi entre eux ces rapports d'amitié puissent être, pour ainsi dire, déifiés l'un par l'autre.

VI

PRUDENCE.

Quel droit ai-je donc d'écrire sur la prudence, moi qui en ai réellement peu et qui ne possède qu'une prudence négative ? Ma prudence consiste à éviter les accidents et à marcher en dépit d'eux ; elle ne consiste pas dans l'invention de moyens et de méthodes particuliers. Je n'ai pas d'adroits moyens de conduite ni d'aimables manières de réparer le mal ; je m'entends médiocrement à bien dépenser mon argent ; je n'ai pas de génie dans mon économie domestique, et quiconque voit mon jardin découvre que je dois en avoir un autre. Cependant, j'aime les faits, je hais l'incertitude et les gens sans clairvoyance. J'ai donc, pour écrire sur la prudence, les mêmes droits que pour écrire sur la poésie ou la sainteté. Nous écrivons par aspiration et par antagonisme, aussi bien que par expérience. Nous dépeignons les qualités que nous ne possédons pas. Le poëte admire l'homme d'énergie et d'habile tactique ; le marchand élève son fils pour le barreau ou pour l'Église. Vous découvrirez par les choses qu'il loue, les choses que ne possède pas un homme lorsqu'il n'est pas trop vain et trop égoïste. C'est pourquoi il serait presque déshonnête de ma part de ne pas contrebalancer ces beaux mots lyriques d'amour et d'amitié par des mots d'une consonnance plus rude, et de ne pas payer à mes sens ce que je leur dois, puisque cette dette est réelle et constante.

La prudence est la vertu des sens, la science des apparences. C'est l'action la plus objective de notre vie intime. C'est Dieu qui pense pour la bête. La prudence se sert de la matière selon les lois de la matière; elle est contente de chercher la santé du corps en se conformant aux conditions physiques, et la santé de l'esprit en se conformant aux lois de l'intelligence. Le monde des sens est un monde d'apparences; il n'existe pas pour lui-même, mais il a un caractère symbolique. La vraie prudence, ou autrement dit la loi des apparences, reconnaît la coprésence des autres lois, comprend que son office est subalterne, et que c'est à la surface et non au centre des choses qu'elle accomplit ses œuvres. La prudence est fausse lorsqu'elle est séparée des autres vertus. Elle est légitime tant qu'elle est l'histoire naturelle de l'âme incarnée, tant qu'elle déroule la beauté des lois sous l'étroit horizon des sens.

Il y a des degrés infinis dans les progrès à accomplir pour arriver à la connaissance du monde; il est suffisant, pour notre dessein actuel, d'en indiquer trois. Il y a une classe d'hommes qui vit en vue de l'utilité du symbole et qui estime la richesse et la santé les biens les plus importants. Une autre classe, s'élevant au-dessus de ce marché, aime la beauté du symbole; le poète, l'artiste, le naturaliste et le savant font partie de cette catégorie d'hommes. Une troisième classe s'élève par sa vie au-dessus de la beauté du symbole et adore la chose représentée par le symbole; cette classe se compose des hommes sages. Les premiers ont le sens commun en partage, les seconds le goût, les troisièmes la perception spirituelle. L'homme met longtemps à traverser l'échelle entière; mais une fois il lui arrive de voir le symbole et d'en jouir complétement; dès lors il a pour la beauté un œil clairvoyant, et enfin lorsqu'il dresse sa tente sur le sommet de cette île sacrée et volcanique de la nature, il ne s'offre pas à y bâtir des maisons et des granges, mais il adore la splendeur de Dieu qu'il voit rayonner à travers chaque fente et chaque crevasse.

Le monde est rempli des actes et des proverbes d'une basse prudence qui n'a d'autre religion que celle de la matière, comme si nous ne possédions pas d'autres facultés que le palais, le nez, le toucher, l'œil et l'oreille, d'une prudence qui adore la règle de trois, qui ne souscrit jamais, ne donne jamais, prête à grand'peine et ne fait qu'une question à toute sorte de projets ; cela pétrira-t-il du pain? Cette prudence est une maladie absolument comparable à cet épaississement de la peau qui continue jusqu'à ce que les organes soient détruits. Mais la culture de l'esprit révélant la haute origine de ce monde apparent, et aspirant à la perfection de l'homme comme étant sa suprême fin, réduit toutes les autres choses, la vie corporelle ou la santé, par exemple, à l'état de moyens. Elle montre que la prudence n'est pas une vertu particulière, mais n'est que le nom que la sagesse prend dans ses rapports avec le corps et ses besoins. Les hommes cultivés pensent et parlent toujours d'après cette règle qu'une grande fortune, l'accomplissement de grandes mesures civiles ou sociales, une grande influence personnelle, une gracieuse et imposante dextérité ont une immense valeur comme preuves de l'énergie de l'esprit. Mais s'ils voient un homme perdre l'équilibre, se jeter à corps perdu dans les affaires ou dans les plaisirs pour l'amour des affaires et des plaisirs, ils en concluent que cet homme peut bien être une bonne roue ou une bonne cheville dans le mécanisme universel, mais qu'il n'est pas un homme cultivé.

La prudence bâtarde qui fait des sens sa fin est le dieu des sots et des lâches, et sert de sujet à la comédie. Comme elle est la farce de la nature, elle l'est aussi de la littérature. La vraie prudence limite ce sensualisme grâce à la connaissance d'un monde intérieur et réel. Cette connaissance une fois acquise, l'ordre du monde, la distribution des affaires et du temps une fois disposés à leurs places respectives, chacune des marques de notre attention recevra sa récompense. Car notre existence, si attachée en apparence à la nature, au soleil, à la lune et aux saisons que marquent les astres, si susceptible de s'acclimater et de s'établir dans toutes les contrées, d'une vivacité si prompte pour le bien et pour le mal, si passionnée pour la splendeur, si sensible au froid, à la faim et à l'encontre des dettes, lit toutes ses premières leçons en dehors de ces livres de la nature dans le monde intérieur.

La prudence ne va pas au delà de la nature et ne se demande pas d'où elle vient : elle prend les lois de la nature pour ce qu'elles sont et telles qu'elles sont dans les conditions où l'être de l'homme les a acceptées, et se conforme à ces lois afin de jouir du bien qui leur est propre; elle respecte l'espace et le temps, le besoin, le sommeil, la loi de polarité [1], la croissance et la mort. Le soleil et la lune, ces grands *formalistes* du ciel, accomplissent leurs révolutions pour limiter de tout côté, par des bornes et des périodes, l'être flottant de l'homme; autour de lui se déroule la matière obstinée qui ne s'écarte jamais de sa routine chimique. Il habite dans un globe pénétré et entouré de lois naturelles, protégé par des droits particuliers et divisé extérieurement en lots et en propriétés civiles, qui imposent la contrainte à chacun de ses jeunes habitants.

Nous mangeons le pain qui croît dans les champs. Nous vivons grâce à l'air qui souffle autour de nous, et les sources de notre vie sont attaquées par ce même air,

---

[1] Cette expression, *la loi de polarité* se rapporte à certaines idées sur la compensation qu'Emerson regarde comme une loi de la nature.

selon qu'il est trop froid ou trop chaud, trop sec ou trop humide. Le temps qui nous paraît si vide, si invisible et si divin avant d'être tout près de nous, porte néanmoins avec lui une foule de bagatelles importunes et s'avance revêtu d'habits en guenilles. Cette porte a besoin d'être peinte, cette serrure a besoin d'être réparée; j'ai besoin de bois, d'huile, de sel, de farine; la maison fume, j'ai mal à la tête; puis vient l'impôt; puis c'est une affaire qu'il faut arranger avec un homme sans tête et sans cœur; puis vient le souvenir poignant d'un mot injurieux ou maladroit; toutes bagatelles qui dévorent les heures. Agissez comme vous voudrez, l'été aura toujours ses mouches. Si nous nous promenons dans les bois, nous avalerons en respirant d'invisibles insectes. Si nous allons à la pêche, nous devons nous attendre à mouiller nos habits. Aussi le climat est-il un grand obstacle pour les personnes paresseuses. Souvent nous prenons la résolution de nous moquer du temps qu'il fait, mais nous n'en gardons pas moins l'œil attaché sur les nuages et sur la pluie.

Nous sommes instruits par ces mesquines expériences qui usurpent les heures et les années. Le sol infertile et les quatre mois de neige de la zone du Nord rendent l'habitant des contrées septentrionales plus sage et plus habile que son compagnon qui jouit de l'éternel sourire du soleil des tropiques. L'habitant des îles peut rôder tout le jour à sa fantaisie. La nuit il peut sommeiller sur une natte aux rayons de la lune, et partout où croît un dattier, la nature, sans se faire prier, a dressé une table pour son repas du matin. Mais l'habitant du Nord est par force obligé de garder la maison. Il est obligé de brasser, de faire cuire, de saler et de conserver sa nourriture. Il doit faire provision de bois et de charbon. Mais comme le travail ne s'exerce pas sans donner à l'homme quelque nouvelle connaissance de la nature et comme les significations de la nature sont inépuisables, l'habitant du Nord a toujours surpassé en force l'habitant du Sud. Telle est l'importance de ces précautions, qu'un homme, qui sait même beaucoup de choses, ne peut jamais être assez informé de tous ces accidents qui encombrent sa vie. Qu'il ait donc une connaissance exacte de ces choses. Il a des mains, qu'il s'en serve pour toucher; il a des yeux, qu'il s'en serve pour mesurer et discerner. Qu'il reçoive avec empressement, et qu'il arrête au passage chaque fait de chimie, d'histoire naturelle, d'économie; plus il en possédera et moins il sera avare de ceux qu'il a déjà pénétrés. Le temps apporte toujours avec lui les occasions qui nous découvrent la valeur de ces faits. Une certaine somme de sagesse sort de chaque action naturelle et innocente. L'homme domestique, qui n'aime aucune musique autant que celle du coucou de sa cuisine, et que les airs que lui chantent les bûches en brûlant dans le foyer, a des consolations auxquelles les autres hommes n'ont jamais rêvé. La juste application des moyens à la fin n'assure pas moins la victoire dans une ferme ou dans une boutique que dans les partis politiques et dans la guerre. L'homme économe et prudent découvre que cette méthode peut s'appliquer en entassant du bois de chauffage sous un hangar ou en rangeant ses fruits dans son cellier aussi bien que dans les guerres de la Péninsule ou dans la législation du département de l'État. Dans les jours pluvieux, il construit un établi et va prendre dans un coin du grenier sa boîte à outils garnie de vrilles, de pointes, de tenailles, de tarauds et de ciseaux. Là il goûte ces vieilles joies de l'enfance et de la jeunesse, ces affections semblables à celles des chats pour les greniers, les pressoirs, les chambres où le blé est entassé et toutes les commodités établies par un long séjour dans une même demeure. Son jardin ou son poulailler, de médiocre apparence peut-être, lui racontent bien des anecdotes charmantes. On peut trouver un argument favorable à l'optimisme dans le flot abondant de ce doux élément du plaisir qui se rencontre dans chaque faubourg et dans chaque recoin de ce monde excellent. Qu'un homme soit fidèle à sa loi quelle qu'elle soit, et il sera comblé de satisfactions. Il y a de plus grandes différences dans la qualité de nos plaisirs que dans la somme de ces plaisirs qui en renferme pourtant de si divers.

D'un autre côté, la nature punit toute négligence de cette vertu que j'appelle prudence. Si vous pensez que les sens aient leur fin en eux-mêmes, obéissez à leurs lois. Si vous croyez à l'âme, ne vous attachez pas à la douceur sensuelle avant qu'elle n'ait mûri sur l'arbre tardif de la cause et de l'effet. La fréquentation des personnes d'une prévoyance relâchée et imparfaite fait sur les yeux la même impression que le vinaigre. On rapporte que le docteur Johnson disait un jour : « Si l'enfant dit qu'il a regardé par cette fenêtre, tandis qu'il a, au contraire, regardé par celle-là, fouettez-le. » Notre caractère américain est surtout marqué par ce plaisir plus que calculé que nous donne l'exacte perception des choses et qu'indique si bien l'emploi fréquent de ce dicton : « Pas d'erreur. » Mais la gêne que donne l'absence de ponctualité, la confusion de la pensée dans le jugement des faits, l'inattention et l'imprévoyance pour les besoins de demain, ne se rencontrent dans aucune nation. Les belles lois du temps et de l'espace, une fois bouleversées par notre manque d'aptitude à les comprendre, ne laissent apercevoir que de sombres cavernes et de dangereux repaires. Si la ruche est troublée par des mains stupides et téméraires, au lieu de nous donner le miel, elle jettera sur nous les abeilles. Nos paroles et nos actions, pour être belles, doivent venir à temps. Le son produit par l'aiguisement d'une faux est charmant pendant les matinées de juin, et cependant qu'y a-t-il de plus triste et de plus ennuyeux que le bruit d'une pierre à aiguiser ou le bruit produit par le travail du faucheur, lorsque la saison est trop avancée pour faire le foin? Les hommes imprévoyants, à la cervelle légère, les hommes qui viennent toujours trop tard, gâtent bien mieux que leurs affaires, car ils gâtent le caractère de ceux qui sont en affaires avec eux. J'ai lu une critique sur quelques peintures dont je me souviens toujours lorsque je vois ces hommes malheureux et sans ressources dans l'esprit, qui ne sont pas vrais dans leur perception des choses. Le dernier grand-duc de Weimar, un homme d'une intelligence supérieure, disait : « J'ai souvent remarqué dans les peintures, et surtout à Dresde, combien une certaine propriété contribue à l'effet qui donne la vie aux figures et à la vie une vérité irrésistible. Cette propriété consiste à placer chacune des figures que nous dessinons dans son véritable centre de gravité. J'entends par là que les personnages doivent être placés fermes sur leurs pieds, que les mains doivent fortement serrer, que les yeux doivent être fixés sur l'endroit qu'ils regardent. Même les figures inanimées, telles que les vases et les meubles, avec quelque perfection et quelque correction qu'elles soient dessinées, manquent leur effet aussitôt qu'elles perdent, même faiblement, le repos que leur donne ce centre de gravité, et qu'elles ont une certaine apparence d'oscillation ou d'instabilité. Le Raphaël de la galerie de Dresde (la peinture la plus pathétique que j'aie vue) est le morceau le plus tranquille et le moins passionné que vous puissiez imaginer, car c'est un couple de saints qui adorent la Vierge et l'Enfant. Néanmoins cette peinture réveille des impressions plus profondes que les contorsions de dix martyrs crucifiés ; car, outre l'irrésistible beauté de la forme, elle possède au plus haut

degré la propriété de la perpendicularité des figures. »
C'est cette perpendicularité que nous exigeons de tous
les personnages dans les peintures de la vie. Qu'ils se
tiennent debout sur leurs pieds, qu'ils ne remuent pas,
qu'ils ne flottent pas ; qu'ils distinguent bien entre
leurs souvenirs et leurs rêves; qu'ils appellent une pioche, une pioche; qu'ils se tiennent fermement accro-
chés au fait, et qu'ils honorent leurs sens en toute confiance.

Mais quel homme osera en taxer un autre d'impru-
dence? Qui est prudent? Les hommes que nous appelons les plus grands sont les moins prudents de tous. Il
y a une certaine dislocation fatale dans nos relations
avec la nature, pervertissant toutes nos manières de
vivre, et faisant de chaque loi notre ennemie, qui semble exciter tous les esprits et toutes les vertus de ce
monde à poser les questions de réforme. Nous devons
appeler la plus haute prudence pour lui demander ses
conseils et l'interroger pour savoir si la beauté, le génie
et la santé, qui ne sont maintenant que l'exception, ne
pourraient pas être la règle de la nature humaine. Nous
ne connaissons pas les propriétés des plantes, des animaux et des lois de la nature, malgré notre sympathie
pour tous ces objets ; mais tout cela reste encore le sujet
des rêves des poètes. La poésie et la prudence devraient
être coïncidentes. Si cette coïncidence existait, les poètes
seraient des législateurs, car la plus hardie inspiration
lyrique ne serait plus alors un reproche et une insulte,
mais promulguerait le code civil et serait le guide des
travaux de chaque jour. Mais aujourd'hui ces deux
choses semblent irréconciliablement séparées. Nous
avons violé toutes les lois l'une après l'autre, et maintenant nous nous tenons debout au milieu des ruines, et
lorsque par hasard nous surprenons une coïncidence
entre la raison et le phénomène, nous sommes surpris.

La beauté devrait être le douaire de chaque homme et de chaque femme aussi invariablement que la sensation; mais cela est vraiment rare. La santé et une robuste organisation devraient être universels. Le génie devrait être, non pas une abstraction, mais une incarnation; il devrait être, non le *génie*, mais un *enfant de génie*, et chaque enfant devrait être inspiré; mais aujourd'hui nulle part le génie n'est pur et on ne peut le prédire dans aucun enfant. Nous appelons génie, par courtoisie, de demi-lumières; nous appelons génie le talent qui se convertit en argent, le talent qui brille aujourd'hui, afin de pouvoir bien dîner et bien sommeiller demain, et la société est administrée par des *hommes de parti*, comme on les appelle à juste titre, et non par des hommes divins. Ils se servent de leurs dons pour raffiner encore la luxure et non pour l'abolir. Le génie, au contraire, est toujours ascétique, plein de piété et d'amour. Les belles âmes considèrent l'appétit comme une maladie, et trouvent la beauté dans les limites qui peuvent le borner et dans les coutumes qui peuvent lui résister.

Nous avons trouvé de beaux noms pour recouvrir notre sensualité, mais aucun don ne peut rehausser l'intempérance. L'homme de talent affecte de considérer comme des trivialités les transgressions des lois des sens et de ne les compter pour rien en comparaison de la dévotion qu'il a pour son art; mais son art le réprimande et lui répond qu'il ne lui a jamais enseigné le libertinage, ni l'amour du vin, ni le désir de moissonner là où il n'a pas semé. Son art s'amoindrit avec chaque réduction de sa sainteté, s'amoindrit par chaque défaut de sens commun. Le monde méprisé tire vengeance de celui qui méprise le monde. Celui qui méprise les petites choses périra par de plus petites encore. Le Tasse de Goethe est pour ces raisons à la fois un beau portrait historique et une tragédie vraie. Les douleurs d'un millier de personnes opprimées et tuées par quelque tyrannique Richard III ne me semblent pas des douleurs aussi réelles que les blessures que se font mutuellement Tasse et Antonio, tous deux en apparence si pleins de droiture : l'un vivant d'après les maximes de ce monde, avec constance et sincérité ; l'autre enflammé de tous les sentiments divins, et pourtant s'accrochant encore aux plaisirs des sens sans vouloir se soumettre à leurs lois. C'est là une douleur que nous sentons tous, un nœud que nous ne pouvons pas délier. Le cas du Tasse est fréquent dans la biographie moderne. Un homme de génie, d'un ardent tempérament, insouciant à l'endroit des lois physiques, plein d'indulgence envers lui-même, devient bien vite malheureux, hargneux, *mauvais coucheur*[1], un vrai buisson plein d'épines pour lui-même et pour les autres.

Le *scholar* nous fait rougir par sa vie double. Lorsque quelque chose de plus haut que la prudence est actif en lui, il est admirable ; quand il est besoin de sens commun, il devient un embarras. Hier César n'était pas aussi grand, aujourd'hui Job n'est pas aussi misérable que lui. Hier il était illuminé de la lumière du monde idéal dans lequel il vit ; il était le premier des hommes, et maintenant le voilà opprimé par le besoin et la maladie qui le forcent à se glorifier lui-même, car aucun homme n'est assez pauvre pour l'honorer dans ces conditions. Il ressemble aux buveurs d'opium que les voyageurs nous décrivent fréquentant les bazars de Constantinople, qui rôdent tout le jour comme de misérables idiots, et se traînent jaunes, en haillons, maigres, et puis qui, lorsque le soir est venu et que les bazars sont

---

[1] Nous n'avons pas trouvé d'autre expression que cette locution populaire pour rendre l'expression toute locale et tout américaine de l'original : *discomfortable cousin*.

ouverts, entrent dans la boutique où se vend l'opium, avalent leur portion et deviennent tranquilles, glorieux et grands. Et qui n'a pas vu cette tragédie d'un imprudent génie, luttant pendant des années avec de misérables difficultés financières, et à la fin s'affaissant épuisé, glacé et sans avoir produit ses fruits, comme un géant tué à coups d'épingles?

N'est-il pas meilleur qu'un homme accepte les premières peines et les mortifications de ce genre que la nature ne se lasse pas de lui envoyer pour lui apprendre qu'il ne doit attendre d'autre bien que le juste fruit de son travail et de sa domination sur lui-même? La richesse, la nourriture, le climat, la position sociale ont leur importance, et il doit satisfaire à leurs justes exigences. Qu'il regarde la nature comme un perpétuel conseiller, et ses perfections comme l'exacte mesure de nos désobéissances. Qu'il fasse de la nuit la nuit et du jour le jour. Qu'il contrôle ses habitudes de dépenses. Qu'il sache qu'une grande sagesse peut naître de l'économie privée; qu'une grande sagesse est aussi nécessaire pour bien diriger cette économie que pour gouverner un empire. Les lois du monde sont écrites sur chacune des pièces d'argent qu'il tient dans la main. Alors il n'y aura rien qu'il ne lui soit bon de connaître, fût-ce même la science du bonhomme Richard, ou la prudence d'acheter acre par acre de terre pour revendre pied par pied, ou même la prudence qui consiste à ménager ses outils, à économiser de courts instants, de petites sommes d'argent, de petits gains. L'œil de la prudence ne doit jamais être fermé. Le fer, s'il reste trop longtemps chez le taillandier, se rouillera. La bière, si elle n'est pas brassée en bonne saison et en bon temps, tournera à l'aigre. Le bois des vaisseaux pourrira s'il reste sur mer; ou bien, si le vaisseau est tiré à sec sur le rivage, il se fendra, se gonflera et pourrira à l'air. L'argent, si nous le gardons, ne nous rapporte rien et peut être perdu ; si nous le plaçons, il peut encourir les dépréciations ordinaires de ce genre de capital ou de celui-là. Frappez, dit le forgeron, le fer est blanc. Tenez le rateau tout près de la faux et le chariot tout près du rateau, dit le faucheur. Le commerce américain a la renommée d'être à l'autre extrême de cette prudence ; mais il se sauve par son activité. Il accepte les billets de banque, qu'ils soient bons, mauvais, salis, en lambeaux, et se sauve, grâce à la rapidité avec laquelle il s'en débarrasse. Le fer ne peut se rouiller, la bière ne peut s'aigrir, le vaisseau ne peut pourrir, les calicots ne peuvent passer de mode, les fonds n'ont pas le temps de baisser pendant les courts moments où tous ces objets sont en la possession du Yankee. Nous patinons, en vérité, sur une mince glace, mais notre salut est dans notre promptitude.

Que l'homme apprenne une prudence d'un ordre plus élevé que celle-là. Qu'il apprenne que toutes les choses de ce monde, même les pailles et les plumes, sont gouvernées par des lois et non par le hasard, et qu'il moissonnera ce qu'il sèmera. Qu'il mette à sa disposition le pain qu'il mange, par sa diligence et sa domination sur lui-même, et ne se mette pas à la disposition des autres, s'il veut ne pas entretenir avec les hommes d'amères relations ; car le meilleur bien que procure la richesse, c'est l'indépendance. Qu'il pratique les vertus inférieures. Combien de temps dans la vie humaine ne perdons-nous pas à attendre ! Qu'il ne fasse pas attendre ses compagnons. Combien de mots et de promesses ne sont que des promesses de conversation ! Que ses promesses, au contraire, soient certaines comme la destinée. Que ce morceau de papier plié et cacheté sous forme de lettre qui flotte autour du monde dans un vaisseau, et vient au milieu d'une population fourmillante, tomber directement sous les yeux auxquels il était destiné, lui serve d'exemple. Qu'il sente que lui aussi doit maintenir l'intégrité de son être au milieu de ce conflit de forces; qu'il doit toujours garder une parole et une pensée humaines au milieu des tempêtes, des accidents qui nous jettent ici et là, et que, par sa persévérance, il force la misérable puissance des hommes à lui payer leur dette, après des mois et des années et dans les contrées les plus lointaines.

Nous ne devons pas essayer d'écrire les lois d'aucune vertu en la séparant des autres. La nature humaine est symétrique et n'aime pas les contradictions. La prudence qui assure un bien-être extérieur ne doit pas être étudiée par un groupe d'hommes, tandis que la sainteté et l'héroïsme seront étudiés par un autre groupe, mais ces différentes vertus doivent être réconciliées. La prudence se rapporte au temps présent, aux personnes, à la propriété, aux formes existantes. Mais comme chaque fait ayant ses racines dans l'âme cesserait d'être ou deviendrait tout autre chose si l'âme était transformée, il résulte que la véritable administration des choses extérieures repose toujours sur une juste connaissance de leur cause et de leur origine, et c'est pourquoi l'homme bon doit être l'homme sage, et l'homme au cœur simple l'homme politique. Chaque violation de la vérité est non-seulement une sorte de suicide pour l'âme de celui qui la viole, mais est aussi un coup de poignard frappé au cœur de la société humaine. Le cours des événements transforme en une sorte de taxe destructive le plus profitable mensonge; au contraire, la franchise est la meilleure politique, car elle invite à la franchise, place les partis dans une position facile et transforme leurs affaires en amitiés. Confiez-vous aux hommes, et ils seront vrais avec vous; traitez-les grandement, et ils se montreront grands avec vous, bien qu'ils fassent en cela à votre égard une exception contraire à toutes leurs règles habituelles.

Ainsi donc, en présence de toutes les choses désagréables, la prudence ne consiste pas dans l'évasion ou dans la fuite, mais dans le courage. Celui qui souhaite d'entrer dans les régions paisibles de la vie doit pour ainsi dire se visser à la résolution. Qu'il regarde en face l'objet de ses pires appréhensions, et sa vigueur ruinera toutes ses craintes. Le proverbe latin dit que, dans les batailles, c'est l'œil qui est le premier vaincu. L'œil est intimidé et exagère grandement les périls de l'heure présente. L'entière possession de soi-même peut faire d'une bataille quelque chose d'aussi peu dangereux pour la vie qu'un combat au fleuret ou une partie de balles. Les soldats citent des exemples d'hommes qui, ayant vu pointer le canon, l'ayant vu allumer, se sont reculés pour laisser passer le boulet. Les terreurs de la tempête sont principalement reléguées dans les chambres et la cabine du vaisseau. Mais le pilote, le matelot luttent avec elle tout le jour, et leur santé se renouvelle dans le combat, et leur pouls bat aussi vigoureusement sous la tempête que sous le soleil de juin.

A la découverte de choses désagréables chez nos voisins, la crainte vient vite à notre cœur et en exagère l'importance; mais la crainte est une mauvaise conseillère. Tout homme est fort en apparence et faible intérieurement. A ses propres yeux, il est faible; aux yeux d'autrui, il est formidable. Grim vous effraie, mais lui aussi vous redoute. Vous êtes désireux de conquérir la bonne volonté des plus tristes personnes, et vous êtes mal à l'aise en face de leur mauvaise volonté. Mais l'homme qui trouble le plus grossièrement votre paix et votre voisinage devient aussi timide qu'aucun autre lorsque vous pénétrez ses prétentions, et c'est ainsi que la paix du monde est souvent préservée, parce que, comme disent les enfants, l'un craint et l'autre n'ose pas. Éloignés, les hommes prennent des dimensions colossales, s'effrayent et se menacent ; rapprochez-les, et ils ne sont plus qu'un timide troupeau.

Il y a un proverbe qui dit que la politesse ne coûte rien ; mais le calcul doit apprécier l'amour d'après ses avantages et son utilité. La Fable raconte que l'amour est aveugle ; mais à coup sûr la tendresse est nécessaire à la netteté de la perception ; l'amour n'est pas un bandeau, mais un remède propre à guérir nos yeux de leurs infirmités. Si vous rencontrez un sectaire ou un partisan passionné, faites semblant de ne jamais apercevoir les lignes qui vous séparent ; mais placez-vous sur le terrain commun qui vous est laissé, par exemple, que le soleil brille et que la pluie tombe pour l'un et pour l'autre, et alors, avant même que vous ayez eu le temps de vous en apercevoir, l'espace se sera élargi, et les montagnes qui bornaient l'horizon et sur lesquelles votre œil était attaché se seront évanouies et fondues dans l'air. Mais s'il se mêle de discuter, saint Paul lui-même mentira et saint Jean haïra. Quels pauvres, vils, misérables et hypocrites personnages fera, des âmes pures et choisies, un seul de ses arguments sur la religion ! Ils vont ruser, dissimuler, se faire mille révérences et mille compliments ; ils vont feindre de se confesser mutuellement, simplement afin de pouvoir se glorifier et remporter la victoire sur leur adversaire ; mais aucune pensée n'a enrichi l'un et l'autre des deux, ni aucune émotion de bravoure, de modestie et d'espérance. Mais ne vous placez pas davantage dans une fausse position à l'endroit de vos contemporains en cédant à une veine d'hostilité ou d'amertume. Quoique vos vues soient en opposition avec les leurs, attribuez-vous leurs sentiments, dites-vous que vous exprimez ce qu'ils pensent, et alors, dans l'élan de l'esprit et de l'amour, élevez vos paradoxes en solides colonnes, et débarrassez-vous ainsi de l'infirmité du doute. Vous vous délivrerez ainsi, au moins tant bien que mal. Les mouvements naturels de l'âme sont si supérieurs à ses mouvements volontaires, qu'il ne nous est jamais possible de leur rendre justice dans la chaleur de la dispute. Dans la dispute, la pensée n'est pas justement exprimée; elle n'est pas proportionnée, et, dans ses saillies les plus vraies, elle se montre rauque et brisée, et ne témoigne qu'à demi d'elle-même. Mais soyez de la même opinion que votre adversaire, et alors vous reconnaîtrez aussitôt qu'en réalité, au-dessous de toutes leurs différences extérieures, tous les hommes n'ont qu'un même cœur et un même esprit.

La sagesse ne nous permettra jamais de rester avec aucun homme en état de guerre. Nous refusons notre sympathie et notre intimité, comme si nous attendions de plus grandes sympathies, de meilleures intimités. Mais d'où viendront-elles et quand viendront-elles? Demain sera semblable à aujourd'hui. La vie se passe pendant que nous nous préparons à vivre. Nos amis et nos compagnons meurent loin de nous. A peine pouvons-nous dire que nous voyons s'approcher de nous de nouveaux hommes et de nouvelles femmes. Nous sommes trop vieux pour avoir égard à la mode, trop vieux pour espérer le patronage de quelqu'un de plus riche et de plus puissant. C'est pourquoi, sachons goûter la douceur des affections et des habitudes qui nous entourent. Ces souliers sont aisés à nos pieds. Sans doute dans la société qui nous entoure nous pouvons surprendre plus d'un défaut ; sans doute nous pourrions prononcer des noms plus beaux et qui chatouillent mieux l'imagination. L'imagination de chaque homme a ses amis, et charmante serait la vie si on pouvait la passer avec les compagnons qu'on a désirés. Mais si vous ne pouvez vivre avec eux dans de bons termes, vous ne pourrez les obtenir. Si ce n'est pas la Divinité, mais l'ambition qui forme et noue vos nouvelles relations, toute vertu sortira d'elles, comme toute saveur disparaît dans les fraises plantées dans les jardins.

Ainsi la vérité, la franchise, le courage, l'amour, l'humilité et toutes les vertus se rangent du côté de la prudence, autrement dit l'art de s'assurer le bien-être présent. Je ne sais pas si on reconnaîtra un jour que toute la matière est formée d'un seul élément, l'hydrogène ou l'oxygène, mais le monde des mœurs et des actions est taillé dans une même étoffe, et commençons par où nous voudrons, nous serons bien sûrs de réciter au bout de peu de temps nos dix commandements.

VII

HÉROISME.

> Le paradis est sous l'ombre des épées.
> MAHOMET.

Dans les vieux dramaturges anglais, et principalement dans Beaumont et Fletcher[1], il y a une si constante science de la distinction et de la noblesse, qu'il semble qu'une noble conduite fût la marque de la société de leur âge comme la couleur est la marque de notre population américaine. Lorsque quelque Rodrigo, quelque Pedro, quelque Valero entre, bien qu'il soit un étranger, le duc ou le gouverneur s'écrie aussitôt : Voilà un *gentleman*, et lui prodigue des politesses sans fin. Un certain jet héroïque de caractère et de dialogue qui s'harmonise avec cet amour des avantages personnels dans leurs pièces de théâtre,—par exemple dans *Bonduca, Sophocle, le Fol amant, le Double mariage*, — rend le personnage qui parle si ardent et si cordial, sort si profondément du fond même du caractère, qu'à la plus légère occasion, au moindre incident, le dialogue s'élève naturellement jusqu'à la poésie. Parmi un grand nombre de passages, nous choisirons le suivant : Le Romain Martius

---

[1] François Beaumont et John Fletcher, tous deux contemporains de Shakspeare et du siècle d'Élisabeth, sont auteurs d'un grand nombre de tragédies et de comédies pastorales, composées en commun. L'aîné de ces jumeaux littéraires, John Fletcher, est né en 1579 et mort en 1625 ; Beaumont, né probablement en 1585, est mort en 1616.

a conquis Athènes tout entière, à l'exception des âmes invincibles de Sophocle, le duc d'Athènes, et de Dorigène, sa femme. La beauté de cette dernière enflamme Martius, et il cherche alors à sauver son époux; mais Sophocle ne demandera pas grâce pour sa vie, bien qu'il ait l'assurance qu'un mot le sauverait, et l'exécution des deux époux est ordonnée.

Valerius. Dis adieu à ta femme..

Sophocle. Non, je ne prendrai pas congé d'elle. Ma Dorigène, va, mon esprit planera au-dessus de toi et t'environnera. Toi, je t'en prie, hâte-toi.

Dorigene. Arrête-toi, Sophocle, bande-moi les yeux; que la douce nature et la sensible humanité de mon sexe ne soient pas offensées par la vue du sang de mon époux. Maintenant, tout est bien; jamais je ne contemplerai sous le soleil un objet comparable à mon Sophocle. Adieu. Maintenant, enseigne aux Romains à mourir.

Martius. Sais-tu ce que c'est que de mourir?

Sophocle. Si tu ne le sais pas, Martius, tu ne sais pas davantage alors ce que c'est que de vivre. Mourir, c'est commencer à vivre, c'est terminer une existence vieille, décrépite et épuisée, pour en commencer une autre plus nouvelle et meilleure; c'est laisser la société de fourbes et de coquins pour entrer dans celle des dieux et des déesses. Toi-même, à la fin, tu devras abandonner tes guirlandes, tes triomphes, tes plaisirs, et le visage que tu montreras à cette heure suprême prouvera ta force d'âme.

Valerius. Mais n'es-tu pas chagrin et affligé d'abandonner ainsi la vie?

Sophocle. Pourquoi donc serais-je affligé d'être envoyé vers ceux que j'aimais toujours le plus? Maintenant je vais m'agenouiller en te tournant le dos; c'est le dernier devoir que ce corps doive remplir envers les dieux.

Martius. Frappe, frappe, Valérius, ou le cœur de Martius va s'élancer hors de son sein. Quel homme! quelle femme! Embrasse ton époux, et vivez avec toute la liberté à laquelle vous étiez accoutumés! O amour! tu m'as doublement affligé, tu m'as frappé par la beauté et par la vertu. Traître cœur, ma main t'arrachera de mon sein avant que tu brises le pieux lien qui unit ces deux époux.

VALERIUS. Qu'as-tu donc, frère?

SOPHOCLE. Martius! Martius! tu as trouvé maintenant le véritable moyen de me vaincre.

DORIGENE. O étoile de Rome! La reconnaissance a-t-elle des mots convenables pour une telle action?

MARTIUS. Valérius, cet admirable duc, captif, m'a captivé moi-même par son dédain de la fortune et de la mort; et bien que mon bras ait conquis son corps, son âme a subjugué l'âme de Martius. Par Romulus, il est, je crois, tout âme; il n'a pas de corps et l'esprit ne peut être enchaîné. Ainsi donc, nous n'avons rien conquis, car il est libre et c'est Martius qui est maintenant captif.

Je ne me rappelle aucun poème, aucune pièce de théâtre, aucun discours, aucun sermon, aucune nouvelle parmi toutes les publications des dernières années qui aient le même ton. Nous avons beaucoup de flûtes et de flageolets, mais rarement le son du clairon vient frapper notre oreille. Cependant, dans Wordsworth, *Laodamia* et l'ode intitulée *Dion* ont une certaine noble musique. Scott, de temps à autre, rencontre quelques beaux traits, par exemple le portrait de lord Evandale, décrit par Balfour de Burley. Thomas Carlyle, grâce à son goût naturel pour les caractères virils et entreprenants, n'a pas laissé échapper un seul trait héroïque dans les peintures historiques et biographiques qu'il nous a données de ses favoris. Un peu avant tous ceux-là, Robert Burns nous avait laissé un chant ou deux. Dans les *Mélanges harléiens*, il y a un récit de la bataille de Lutzen qui mérite d'être lu. L'histoire des Sarrasins de Simon Ockley raconte les prodiges de la valeur individuelle avec admiration, mais c'est l'histoire elle-même qui raconte ces prodiges, car, pour l'auteur, il semble évident qu'il a pensé que sa position dans la chrétienne Oxford l'obligeait à certaines récriminations et protestations. Mais si nous explorons la littérature de l'héroïsme, nous irons droit à Plutarque qui est son professeur et son historien. C'est à lui que nous devons le *Brasidas*, le *Dion*, l'*Epaminondas*, le *Scipion*, tous les vieux héros d'autrefois, et c'est pourquoi je pense que nous devons plus à Plutarque qu'à tous les autres écrivains de l'antiquité. Chacune de ses vies est une réfutation de la lâcheté et du désespoir de nos modernes théoriciens religieux ou politiques. Un courage hardi, un stoïcisme qui sort non de l'école, mais du sang, brillent dans chaque anecdote et ont donné à ce livre son immense renommée.

Nous avons besoin de livres empreints de cette âcre et salutaire vertu plutôt que de livres traitant de science politique ou d'économie privée. La vie n'est une fête que pour les hommes sages. Vue du coin du feu de la prudence, elle montre un visage menaçant et dévasté. Les violations des lois de la nature, commises par nos devanciers et nos contemporains, sont expiées par nous aussi. Le malaise et la difficulté qui nous entourent nous assurent de l'infraction aux lois naturelles, intellectuelles et morales, et même nous rendent certains qu'il a fallu violation sur violation pour arriver à former une telle complexité de misère. Un mal de dents qui force un homme à incliner sa tête jusqu'à ses pieds, l'hydrophobie qui le fait aboyer à sa femme et à ses enfants, la folie qui lui fait manger de l'herbe; la guerre, la peste, le choléra, la famine, indiquent une certaine férocité de la nature qui, née du crime humain, doit être expiée par la souffrance humaine : malheureusement il n'existe presque aucun homme qui n'ait participé au péché et qui n'ait mérité ainsi sa part de l'expiation universelle.

Toutefois notre culture ne doit pas omettre de fournir des armes à l'homme. Qu'il apprenne, lorsque l'heure en sera venue, qu'il est né dans l'état de guerre, que la société et son propre bien-être exigent qu'il n'aille pas folâtrer dans les marais de la paix, mais qu'il doit être prudent, recueilli, qu'il ne doit ni défier, ni craindre le tonnerre. Qu'il porte donc entre ses mains sa vie et sa réputation et qu'avec une urbanité parfaite il affronte par l'absolue vérité de ses discours et par la rectitude de sa conduite le gibet et la populace.

L'homme au dedans de son cœur prend la résolution d'avoir contre les maux extérieurs une attitude guerrière et se donne à lui-même l'assurance qu'il est capable, lui, tout isolé qu'il soit, de combattre l'armée infinie de ses ennemis. Nous donnons le nom d'héroïsme à cette attitude militaire de l'âme. Sa forme la plus rude est ce mépris de l'aisance et de la sûreté qui fait l'attrait de la guerre. L'héroïsme est une confiance en soi qui, dans la plénitude de son énergie et de sa puissance à réparer les désastres qu'il peut avoir à essuyer, méprise les contraintes de la prudence. Le héros possède un esprit si exactement balancé qu'aucun tumulte ne peut ébranler sa volonté, mais que, grâce à cet équilibre de son esprit, il passe avec harmonie et pour ainsi avec gaieté au son de la propre musique de son âme, au travers des alarmes et des effrois, et aussi de la folle joie de l'universelle corruption. Il y a quelque chose dans l'héroïsme d'anti-philosophique, quelque chose d'anti-religieux. Le héros n'a pas l'air de se douter que toutes les âmes sont faites de la même étoffe que la sienne; il a de l'orgueil. L'héroïsme est le point extrême de la nature individuelle. Néanmoins nous devons profondément le respecter. Il y a, dans les grandes actions, quelque chose qui nous défie de les dépasser. L'héroïsme sent et ne raisonne jamais, c'est pourquoi il est toujours droit; et bien qu'une éducation différente, une religion différente et une plus grande activité intellectuelle eussent souvent modifié ou même complétement changé telle ou telle action individuelle, cependant il est à remarquer que l'action du héros, quelle qu'elle soit, est toujours l'action la plus haute qui se puisse imaginer et qu'elle échappe à la critique des philosophes et des théologiens. Tout homme illettré avouera qu'il trouve en lui une qualité qui ne se soucie ni de la dépense, ni de la santé, ni de la vie, ni du danger, ni de la haine, ni des reproches et dont il est assuré que les volontés sont plus hautes et plus excellentes que tous les contradicteurs actuels et possibles.

L'héroïsme marche en contradiction avec la voix du genre humain et même pour un temps en contradiction avec les sages et les grands. L'héroïsme est une obéissance à une impulsion secrète du caractère individuel. Dans le moment, aucun homme ne peut voir la sagesse de cet acte comme le héros lui-même la voit, par cette simple raison que chaque homme voit plus clair que personne dans ses propres affaires. C'est pourquoi les hommes sages et justes prennent ombrage de ces actes, jusqu'à ce qu'au bout de quelque temps ils voient que ces actes sont en parfaite harmonie avec les leurs. Les hommes prudents voient aussi de leur côté que *l'action* est le contraire le plus absolu de la prospérité sensuelle; car tout acte héroïque se mesure par son mépris pour quelque bien extérieur. Mais à la fin, l'héroïsme rencontre aussi sa prospérité et alors les hommes prudents l'exaltent et le louent.

La confiance en soi est l'essence de l'héroïsme. L'héroïsme est l'état de guerre de l'âme; sa fin, c'est la défiance de la fausseté et de l'injustice, la puissance de supporter tout ce que peuvent lui faire souffrir les agents du mal. Il dit la vérité et il est juste. Il est généreux, hospitalier, plein de tempérance, il méprise les calculs sordides et dédaigne les dédains. Il est plein de persistance, il est d'une hardiesse indomptable et d'une infatigable valeur. Le sujet de ses railleries est la petitesse de la vie commune. Cette fausse prudence qui adore la richesse et la santé est le but vers lequel l'héroïsme dirige ses attaques, le sujet sur lequel il répand sa gaieté. L'héroïsme, comme Plotin, est presque honteux d'avoir un corps. Que dira-t-il alors des dragées et des lits moelleux, des compliments, de la toilette, des querelles, des jeux et des douces choses qui torturent et absorbent l'esprit de toute société humaine? Oh! quelles joies la tendre nature a gardées pour nous tous ses chers enfants! Il semble qu'il n'y ait aucun intervalle entre la grandeur et la petitesse. Lorsque l'esprit n'est pas le maître du monde, il est sa dupe. Cependant le petit homme qui est né blond et meurt grisonnant prend si innocemment la vie, travaille avec tant d'étourderie et de confiance, qu'en le voyant arranger sa toilette, prendre soin de sa santé, inventer des ruses et disposer des lacets et des piéges pour attraper quelque douce nourriture ou quelque enivrante liqueur, mettre toute son âme et toute sa joie dans la possession d'un cheval et d'un fusil, être heureux de quelques babillages ou de quelques petites louanges, une grande âme ne peut s'empêcher de rire et de s'amuser de toutes ces absurdités passionnées. « En vérité, ces humbles considérations m'enlèvent à l'amour de la grandeur. Quel ennui n'est-ce pas pour moi d'être obligé de prendre note du nombre de tes paires de bas de soie, de savoir combien il en est qui sont couleur de pêche, de dresser l'inventaire de tes chemises et de les ranger les unes pour le nécessaire, les autres pour le superflu! »

Les citoyens qui pensent d'après les lois de l'arithmétique considèrent l'inconvénient de recevoir des étrangers à leur foyer, et calculent petitement la perte du temps et les dépenses inaccoutumées que cette hospitalité occasionnera ; une âme d'une qualité supérieure rejette au contraire dans les souterrains de la vie cette économie hors de saison, et dit : J'obéirai à Dieu ; c'est lui qui fournira le feu et le sacrifice. Ibn Hankal, le géographe arabe, décrit en ces termes l'héroïsme extrême de l'hospitalité, telle que l'exerçait un habitant de Sogd, en Bukharie : « Lorsque j'étais à Sogd, je vis un grand bâtiment semblable à un palais, dont les portes étaient ouvertes et fixées au mur par des ongles de fer. J'en demandai la raison, et on me repondit que ce bâtiment n'avait été fermé ni le jour ni la nuit depuis cent ans. Les étrangers, quel que soit leur nombre, peuvent s'y présenter à toute heure ; le maître a amplement fait ses provisions pour la réception des hommes et de leurs animaux, et il n'est jamais plus heureux que lorsqu'ils séjournent quelque temps chez lui. Je n'ai rien vu de semblable dans aucune autre contrée. » Les âmes magnanimes savent bien que lorsqu'elles donnent aux étrangers leur temps, leur argent, leur maison, pourvu que tout cela soit donné par amour et non par ostentation, elles mettent Dieu pour ainsi dire dans l'obligation de leur rendre de semblables services, tellement sont parfaites les compensations de l'univers. Le temps qu'elles semblent perdre est racheté, les peines qu'elles semblent prendre portent leur récompense avec elles-mêmes. Ces êtres magnanimes soufflent sur toute la terre la flamme de l'amour humain et élèvent l'étendard de la vertu civile sur tout le genre humain. Mais l'hospitalité doit être donnée pour rendre service, et non pour satisfaire notre orgueil ; car dans ce cas elle humilierait notre hôte. L'âme héroïque s'apprécie d'une valeur trop haute pour s'estimer d'après la splendeur de sa table ou de ses draperies ; elle donne ce qu'elle a et tout ce qu'elle a ; mais sa propre majesté peut prêter à de simples gâteaux d'avoine et à une eau limpide plus de grâce que n'en ont les somptueux festins des cités.

La tempérance du héros découle de ce même désir de ne pas déshonorer sa dignité. Mais il aime la tempérance pour son élégance et non pour son austérité ; il ne lui semble pas digne d'employer son temps à prendre des airs solennels pour dénoncer avec amertume l'habitude de manger de la chair et de boire du vin, l'usage du tabac, de l'opium, du thé, de la soie et de l'or. Un grand homme sait à peine comment il dîne, comment il s'habille ; mais sans être méthodique et précise sa vie est naturelle et poétique. John Éliot, l'apôtre indien, buvait de l'eau, et disait du vin : « C'est une noble et généreuse liqueur, et nous devons être humblement reconnaissants envers Dieu pour nous l'avoir donnée ; mais, s'il m'en souvient, l'eau fut créée avant lui. » Plus belle encore est la tempérance du roi David, qui renversa à terre, pour en faire un sacrifice au Seigneur, l'eau que trois de ses guerriers lui avaient apportée au péril de leur vie pour le désaltérer.

On raconte de Brutus, que lorsqu'il se perça de son épée, après la bataille de Philippes, il cita une ligne d'Euripide : « O vertu ! je t'ai suivie toute ma vie, et à la fin j'ai vu que tu n'étais qu'une ombre ! » Le héros, je n'en doute pas, est calomnié par ce récit ; une âme héroïque ne vend pas sa justice et sa noblesse ; elle ne demande pas à dîner agréablement et à dormir chaudement. L'essence de la grandeur consiste dans la connaissance que la vertu se suffit à elle-même ; la pauvreté est son ornement ; elle n'a pas besoin de l'opulence, et lorsqu'après l'avoir possédée elle l'a perdue, elle sait s'en passer.

Mais ce qui saisit le plus vivement mon imagination parmi toutes les qualités des hommes héroïques, c'est la bonne humeur et l'hilarité qu'ils manifestent. Souffrir avec solennité, entreprendre et oser avec solennité, c'est une hauteur à laquelle peut parfaitement atteindre le devoir ordinaire. Mais les grandes âmes font si bon marché du succès, de l'opinion et de la vie, qu'elles n'essayent pas d'attendrir leurs ennemis par des pétitions, et en exposant leurs chagrins en spectacle; elles gardent leur habituelle grandeur. Scipion, accusé de concussion, refuse de se faire à lui-même le déshonneur de se justifier, et il met en pièces devant la tribune le relevé de ses comptes, qu'il tenait entre les mains. Socrate se condamnant lui-même pour avoir été honoré dans le Prytanée pendant toute sa vie, et Thomas Morus, plaisantant sur l'échafaud, sont de la même race de héros. Dans le *Voyage sur mer* de Beaumont et Fletcher, Juletta parle ainsi au brave capitaine et à son équipage:

« JULETTA. Eh quoi! esclaves, ne savez-vous pas qu'il est en notre pouvoir de vous faire pendre?

« LE MAITRE. Oui! mais aussi en revanche il est en notre pouvoir d'être pendus et de vous mépriser. »

Ces réponses sont pleines et retentissantes. La gaieté et la plaisanterie sont la fleur et la lumière d'une santé parfaite. Les grandes âmes ne demanderont jamais à prendre au sérieux aucune chose; toutes les choses sont pour elles aussi gaies que le chant d'un oiseau, fût-ce la construction de nouvelles cités ou l'extirpation de vieilles nations et de vieilles églises qui auraient encombré la terre pendant des milliers d'années. Les simples cœurs jettent par derrière eux toute l'histoire et toutes les coutumes de la terre, et jouent leur jeu avec une innocente défiance des lois du monde. Si nous pouvions voir comme dans une vision le genre humain rassemblé, ces hommes héroïques nous apparaîtraient comme de petits enfants folâtrant ensemble, bien qu'aux yeux du genre humain ils traînent après eux une belle et solennelle cargaison d'œuvres et d'influences.

L'intérêt qu'excitent en nous les belles histoires, le pouvoir qu'un roman exerce sur l'imagination de l'enfant, qui retire de dessous le banc de son école le livre défendu, notre amour du héros ; c'est là pour nous le fait important. Toutes ces grandes et transcendantes propriétés sont nôtres. Si notre poitrine se dilate lorsque nous admirons l'énergie grecque, l'orgueil romain, c'est que déjà ces sentiments commencent à nous devenir familiers. Efforçons-nous de trouver une assez grande salle dans nos petites demeures pour recevoir cet illustre convive. Les premiers pas que nous ferons, les premiers degrés de dignité que nous monterons nous désabuseront de nos associations superstitieuses avec le temps et le lieu, avec le nombre et l'étendue. Pourquoi donc ces mots Athénien, Romain, Asie, Angleterre, résonnent-ils si fortement à nos oreilles? Sentons et comprenons enfin que c'est là où est le cœur vivant que séjournent les Muses et les dieux, et non dans quelques lieux d'une grande renommée géographique. Nous pensons que le Massachusets, la rivière du Connecticut, la baie de Boston, sont des places chétives, et notre oreille aime les noms d'une topographie étrangère et classique. Mais c'est dans ces lieux, chétifs à notre avis, que nous habitons. Voilà le fait important, et si nous attendons un peu, nous ne tarderons pas à voir que là aussi tout est au mieux. Sachez seulement cela, que vous habitez ici, à cette place, et non à une autre ; et l'art et la nature, l'espérance et la crainte, les amis, les anges, l'Être suprême, ne seront pas longtemps absents de la chambre où vous êtes assis. Le brave et affectueux Épaminondas nous paraît-il avoir besoin du mont Olympe pour rendre le dernier soupir, et du soleil de la Syrie? il est bien couché là où il est. Le *Jersey*[1] était pour Washington une terre assez belle, les rues de Londres un sol suffisant pour soutenir les pieds de Milton. Un grand homme illustre le lieu où il habite, rend son pays une terre connue à l'imagination des hommes, et l'air qu'il respire devient l'élément préféré de tous les esprits délicats. La contrée qui est habitée par les plus nobles esprits est aussi la plus belle. Les peintures qui remplissent l'imagination à la lecture des actions de Périclès, de Xénophon, de Colomb, de Bayard, de Sidney, d'Hampden, nous enseignent combien nous rendons notre vie misérable sans nécessité, et comment, par la profondeur de notre vie, nous pourrions orner notre existence de splendeurs plus que royales ou plus que patriotiques, et agir d'après des principes qui toucheraient l'homme et la nature, pendant toute la durée de nos jours.

Nous avons vu ou nous avons entendu parler de jeunes hommes extraordinaires qui n'ont jamais mûri, pour ainsi dire, et dont le rôle dans la vie actuelle n'a pas été extraordinaire. Lorsque nous voyons leur air et leur maintien, lorsque nous les écoutons parler de la religion, de la société, des livres, nous admirons leur supériorité; ils semblent jeter le mépris sur l'état actuel du monde entier; leur ton est celui d'un jeune géant qui est envoyé pour accomplir des révolutions. Mais ils entrent dans une profession et commencent une carrière active, et le géant s'abaisse jusqu'à la stature ordinaire d'un homme. La magie dont ils se servaient, c'étaient les tendances idéales qui font toujours paraître l'*actuel* ridicule; mais le monde brutal prend sa revanche aussitôt qu'ils descendent de leurs coursiers de feu, pour tracer leur sillon sur son sein. Ils n'ont pas trouvé d'exemples, pas de compagnons, et le cœur leur a manqué. Qu'im-

---

[1] État de l'Union américaine.

porte? la leçon qu'ils nous ont donnée dans leurs premières aspirations est encore vraie, et un plus grand courage, un plus pur et plus véridique esprit exécutera un jour leurs volontés restées sans action, et fera honte au monde. Et pourquoi une femme s'enchaînerait-elle elle aussi à quelque autre femme renommée dans l'histoire? pourquoi penserait-elle que, puisque Sapho, madame de Sévigné, madame de Stael et toutes les âmes des cloîtres qui ont eu génie et culture ne satisfont pas l'imagination, pas même la sereine Thémis, pourquoi penserait-elle qu'elle ne le peut pas? Elle a à résoudre un problème nouveau et qui n'a pas été tenté, le problème le plus charmant peut-être qui se soit jamais présenté. Que la jeune fille, avec une âme élevée, marche sereinement dans sa voie ; qu'elle accepte l'épreuve de chaque nouvelle expérience, que tour à tour elle fasse l'essai de tous les dons que Dieu lui offre, afin qu'elle puisse acquérir le pouvoir et le charme ; que son être, toujours récréé par elle-même, soit comme une nouvelle aurore rayonnant hors de l'espace. La jeune fille qui rebute l'intrigue par le choix précis et hautain de certaines influences, qui sans souci de plaire reste volontaire et élevée, souffle quelque chose de sa noblesse à chacun de ses admirateurs. Le cœur silencieux l'encourage. O amie! ne vous embarquez jamais avec crainte; allez au port grandement, ou voyagez avec Dieu sur les mers. Ce n'est pas en vain que vous vivez, car chaque œil qui passe est réjoui et purifié par votre vue.

Le caractère d'un héroisme naïf c'est sa persistance. Tous les hommes ont des élans errants, des accès et des tressaillements de générosité. Mais si vous avez pris la résolution d'être grand, habitez avec vous-même, et n'allez pas lâchement essayer de vous réconcilier avec le monde. L'héroïque ne peut être le commun, ni le commun l'héroïque. Cependant nous avons la faiblesse de rechercher la sympathie des hommes dans les actions dont l'excellence consiste en ce qu'elles s'élancent au-delà de la sympathie et font appel à une tardive justice. Si vous avez résolu de rendre service à votre frère, parce que vous avez jugé convenable de lui rendre service, ne retirez pas votre parole sous prétexte que les hommes prudents ne vous ont pas approuvé. Soyez vrai dans chacun de vos actes, et félicitez-vous lorsque vous aurez fait quelque chose d'étrange et d'extravagant et brisé la monotonie d'un âge de *décorum*. C'était un conseil élevé que celui que j'entendis une fois donner à un jeune homme : « Fais toujours ce que tu as peur de faire. » Un caractère simple et viril n'a jamais besoin de s'excuser et de se faire des apologies de lui-même ; mais il regarde ses actions passées avec le calme de Phocion, lorsqu'en accordant que l'issue de la bataille était heureux, il déclara ne regretter cependant pas d'avoir voulu détourner et dissuader d'engager le combat.

Il n'y a pas de faiblesse dont je ne puisse trouver la consolation dans ma pensée ; cette faiblesse fait partie de ma constitution, elle fait partie de mes relations et de mes devoirs avec les autres hommes. La nature a-t-elle donc passé un contrat avec moi, dans lequel elle m'ait garanti que je ne paraîtrais jamais à mon désavantage, que je ne ferais jamais une figure ridicule. Soyons prodigues de notre dignité aussi bien que de notre argent. La grandeur en finit pour toujours en une fois avec l'opinion. Nous rendons compte de nos charités, non pour être loués, non parce que nous pensons qu'elles ont un grand mérite, mais pour notre justification. C'est là une faute capitale, et que nous apercevons dès qu'un autre homme vient nous réciter les litanies de ses charités.

Dire la vérité même avec quelque austérité, vivre avec rigueur, tempérance et générosité, c'est là, ce nous semble, l'ascétisme que la bonne nature recommande à tous les hommes qui sont dans l'aisance et dans l'opulence, à cette seule fin qu'ils sentent leur fraternité avec la grande masse des hommes souffrants. Non-seulement cet ascétisme est nécessaire pour exercer notre âme en lui imposant les peines de l'abstinence, des dettes, de la solitude, de l'impopularité, mais il est nécessaire pour habituer les hommes sages à considérer, d'un œil hardi, ces dangers plus rares qui, quelquefois, menacent les hommes, et pour les familiariser avec les formes de maladies les plus dégoûtantes, avec les cris d'exécration et la vision des morts violentes.

Les temps d'héroïsme sont généralement des temps de terreur ; mais les temps où cet élément de l'âme humaine ne peut s'exercer n'existent pas. Les circonstances au milieu desquelles vit l'homme sont peut-être historiquement meilleures qu'autrefois, dans tel pays ou dans tel moment. Il y a, grâce à la culture de l'esprit, plus de liberté. Les hommes ne courent plus aux armes aussitôt que se manifeste la moindre différence d'opinion. Mais quiconque est héroïque trouvera toujours à exercer son héroïsme. La vertu humaine demande ses champions et ses martyrs, et la persécution continue toujours. N'est-ce pas hier encore que le brave Lovejoy exposait sa poitrine aux balles de la populace, pour maintenir les droits du libre discours et de la libre opinion, et mourait lorsqu'il était préférable pour lui de mourir que de vivre [1].

Je ne vois pas que l'homme ait d'autre moyen pour arriver à la paix parfaite que de prendre conseil de son

---

[1] Lovejoy, un des martyrs de la cause abolitionniste ; il allait de ville en ville, imprimant des journaux et répandant des brochures pour la cause de l'abolition. Traqué partout comme une bête fauve et forcé de s'enfuir, il fut enfin massacré par les anti-abolitionnistes qui avaient cerné sa maison.

propre cœur. Qu'il laisse de côté la société des hommes, qu'il vive beaucoup solitaire, et qu'il marche dans le sentier qu'il a choisi. La continuelle société des sentiments simples et élevés endurcira son caractère et le fera honorablement agir, s'il est besoin, dans les tumultes ou sur l'échafaud. Tous les maux qui sont arrivés aux hommes peuvent aussi lui arriver, et très aisément, surtout dans une république où apparaissent des signes de décadence religieuse. Le jeune homme doit familiariser sa pensée avec la grossière médisance, le feu, la poix bouillante, le gibet, doit méditer avec douceur de caractère, et se convaincre de la nécessité d'établir solidement son sentiment du devoir pour braver toutes ces tortures, puisqu'il peut plaire au journal de demain ou à un nombre suffisant de ses voisins de déclarer ses opinions incendiaires.

Mais le cœur le plus susceptible doit calmer ses appréhensions de la calamité en voyant combien vite la nature met un terme aux plus extrêmes cruautés de la malice. Nous approchons rapidement d'une frontière où aucun ennemi ne peut nous suivre. Laisse-les extravaguer, dit le poète, toi tu dors tranquille dans ta tombe. Au milieu des ténèbres de notre ignorance de ce qui sera, dans les heures où nous sommes sourds pour les voix divines, qui n'a pas envié ceux qui ont vu en sûreté leurs virils efforts arrivés à bonne fin? Celui qui voit la petitesse de notre politique ne félicite-t-il pas intérieurement Washington, ne le trouve-t-il pas heureux d'être depuis longtemps enveloppé dans son linceul, d'avoir été couché dans la tombe avant que l'espérance de l'humanité ait succombé en lui? Qui n'a pas envié quelquefois les bons et les braves qui ne souffrent plus des tumultes du monde naturel, et qui, dans les régions d'en haut, attendent avec une curieuse complaisance la fin de la conversation et des relations de ce monde avec la nature finie? et cependant l'amour qui disparaîtra avant que la haine disparaisse a déjà rendu la mort impossible, et affirme hautement qu'il n'est pas mortel, mais qu'il est sorti des profondeurs de l'Être absolu et inépuisable.

VIII

COMPENSATION.

Depuis l'âge où j'étais enfant, j'ai toujours souhaité d'écrire un discours sur la compensation, car il me semblait, lorsque j'étais jeune, que la vie, sur ce sujet, était un meilleur maître que la théologie, et que le peuple en savait plus là-dessus que n'en enseignaient les prédicateurs. Les documents aussi, d'où on pouvait tirer cette doctrine, charmaient mon imagination par leur infinie variété, et étaient toujours placés sous mes yeux, même dans mon sommeil : car ces documents, ce sont les outils qui sont entre nos mains, le pain placé dans notre corbeille, les faits de la rue, la ferme, la maison domestique, les rencontres, les relations, les dettes et le crédit, l'influence du caractère, la nature et les dons de tous les hommes. Il me semblait que cette doctrine pourrait montrer aux hommes un rayon de la Divinité, l'action toujours présente de l'âme du monde pure de tous les vestiges de la tradition, et qu'elle pourrait baigner dans une inondation d'éternel amour le cœur de l'homme et le faire converser avec l'Être qu'il sait avoir toujours été, devoir être toujours, parce qu'il est en réalité maintenant. Il me semblait encore que si cette doctrine était exprimée en termes qui eussent quelque ressemblance avec ces brillantes intuitions par lesquelles cette vérité se révèle souvent à nous, elle serait une étoile qui, dans bien des heures ténébreuses et des passages difficiles de notre voyage, nous empêcherait de perdre notre route.

Dernièrement, comme j'écoutais un sermon à l'église, je sentis mon désir s'accroître encore. Le prédicateur, homme estimé pour son orthodoxie, exposait de la manière habituelle la doctrine du jugement dernier. Il expliqua comment la justice n'a pas tout son cours en ce monde, établit que les méchants sont heureux, les bons misérables, et tira de la raison et de l'Écriture les preuves qui forçaient à croire à une compensation dans la vie future. Cette doctrine ne parut exciter parmi les assistants aucune récrimination, et l'assemblée se dispersa, sans que j'eusse remarqué que personne fît une observation sur ce sermon.

Cependant quel était le sens de ce discours, que voulait dire le prédicateur en établissant que les bons sont misérables dans la vie présente. Voulait-il dire par là que les maisons, les terres, les places, le vin, les chevaux, les somptueux vêtements, le luxe sont entre les mains des hommes sans principes, tandis que les saints sont pauvres et méprisés, et qu'une compensation, qui leur donnerait plus tard les mêmes biens, les billets de banque et les doublons, le gibier et le vin de Champagne, leur est bien due. Cette compensation doit être celle dont il entendait parler, car si ce n'est pas celle-là, quelle est-elle? Consiste-t-elle en ce qu'il leur sera permis de prier et de bénir, d'aimer et de servir les hommes? mais c'est ce qu'ils font déjà maintenant. La légitime induction qu'un disciple eût pu tirer de cette doctrine était celle-ci : « Nous aurons le même bon temps dont jouissent maintenant les pécheurs ; — ou bien, pour pousser jusqu'aux dernières conséquences, — « vous péchez maintenant, nous pécherons plus tard ; nous pécherions maintenant si nous pouvions ; mais n'étant pas assez heureux pour pouvoir pécher aujourd'hui, nous prendrons notre revanche demain. »

L'erreur de cette doctrine consiste dans cette immense

concession que les méchants sont toujours heureux, que la justice n'a pas son cours immédiatement. L'aveuglement du prédicateur consistait à estimer le succès viril au vil prix des marchés, au lieu de confronter le monde avec la vérité, et de le réfuter par là, en établissant la présence éternelle de l'âme, l'omnipotence de la volonté, au lieu de distinguer ainsi les étendards du bien et du mal, du succès et du mensonge, et de sommer les morts à comparaître devant son tribunal.

Je trouve le même ton misérable dans les livres populaires sur la religion, écrits de nos jours, et les mêmes doctrines acceptées par les hommes littéraires lorsqu'ils traitent de sujets analogues. Je pense que notre théologie populaire a gagné en *décorum*, mais non pas en principe, sur les superstitions qu'elle a renversées. Mais les hommes sont meilleurs que cette théologie. Leur vie journalière lui donne un démenti. Chaque âme ingénieuse et pleine d'aspirations laisse cette doctrine derrière elle ensevelie dans les limbes de son expérience passée; et tous les hommes sentent quelquefois la fausseté qu'ils ne pourraient démontrer, car les hommes sont meilleurs qu'ils ne le pensent. Ce qu'ils écoutent sans arrière-pensée, et ce qu'ils acceptent sans réflexion dans les écoles et au pied des chaires, s'ils l'entendent exprimer dans la conversation, ils l'interrogeront probablement dans le silence de leur pensée. Un homme qui dogmatise dans une compagnie mélangée, sur la Providence et les lois divines, obtient pour toute réponse un silence qui enseigne à un observateur le mécontentement de l'auditeur et en même temps son incapacité à établir par lui-même son opinion.

Dans cet essai et dans l'essai suivant, je rappellerai quelques faits qui peuvent servir à indiquer la manière dont s'exerce la loi de la compensation; heureux au delà mon attente, si je pouvais seulement dessiner avec vigueur et exactitude le plus petit arc de ce cercle.

La polarité de l'action et la réaction se rencontrent dans chaque division de la nature : dans les ténèbres et la lumière, dans la chaleur et dans le froid, dans le flux et le reflux des mers, dans les sexes masculins et féminins, dans l'aspiration et l'expiration des plantes et des animaux, dans la systole et la dyastole du cœur, dans les ondulations des fluides et du son, dans les forces centrifuges et centripètes, dans l'électricité, le galvanisme et l'affinité chimique. Placez l'aimant à un bout de l'aiguille, la force magnétique opposée agit à l'autre bout ; si le sud attire, le nord repousse. Pour creuser cette place, il vous faut encombrer celle-là. Un inévitable dualisme divise toute la nature, de sorte que chaque objet est une moitié et en suggère une autre qui doit la compléter : comme esprit, matière ; homme, femme ; subjectif, objectif ; dans, au dehors ; au-dessus, au-dessous ; mouvement, repos ; oui, non.

Le monde ainsi est double, et double est aussi chacune de ses parties. Le système entier des choses est représenté dans chaque parcelle. Il y a quelque chose qui ressemble au flux et au reflux de la mer, au jour et à la nuit, à l'homme et à la femme, dans une simple pomme de pin, dans un grain de blé, dans chaque individu du règne animal. La réaction, si grande dans les éléments principaux, se répète dans d'infiniment petites limites. Par exemple, dans le règne animal, les physiologistes ont observé qu'il n'y a pas de créatures privilégiées, mais qu'une certaine compensation balance chaque don et chaque défaut. Un surplus donné d'un côté est payé par une réduction sur quelque autre partie de la même créature. Si la tête et le cou sont plus larges, le tronc et les extrémités sont plus courts.

La théorie des forces mécaniques est un autre exemple. Ce que nous gagnons en puissance est perdu en durée, et *vice versâ*. Les révolutions périodiques ou équivalentes des planètes nous offrent encore un nouvel exemple; les influences du climat et du sol dans l'histoire politique en sont un autre. Le climat froid fortifie. Un sol stérile n'enfante pas les fièvres, les crocodiles, les tigres et les scorpions.

Le même dualisme se cache dans la nature et dans la condition de l'homme. Chaque excès est la cause d'un défaut; chaque défaut la cause d'un excès. Chaque douceur a son amertume; chaque mal a son bien. Chaque faculté qui perçoit le plaisir porte en elle une punition égale au plaisir, en cas d'abus. Il lui faut répondre de sa modération au prix de sa vie. Pour chaque grain d'esprit, il y a un grain de folie. Pour chaque chose que nous perdons, nous en gagnons une autre, et pour chaque chose que nous gagnons, nous en perdons en retour quelque autre. Si les richesses s'accroissent, les dépenses s'accroissent aussi. Si celui qui récolte récolte trop, la nature prend en dehors de l'homme ce qu'elle place dans ses coffres, elle augmente ses biens, mais tue le propriétaire. La nature hait les monopoles et les exceptions. Les vagues de la mer ne sont pas plus promptes à se trouver un niveau après leur plus vive agitation, que les variétés des conditions ne sont promptes à s'égaliser. Il y a toujours quelque circonstance niveleuse qui jette le superbe, le puissant, le riche, le fortuné, sur le même terrain que les autres hommes. Un homme est-il trop puissant et trop fier pour la société, ou bien est-il par tempérament et par position un mauvais citoyen, un morose coquin compliqué de certaines portions de la nature du pirate, la nature lui envoie cette troupe de petits garçons et de petites filles que vous voyez se diriger vers l'école du village, et son amour et ses craintes pour eux adoucissent sa physionomie et lui enseignent la courtoisie. Ainsi la nature chasse le porc au dehors, fait pénétrer l'agneau au dedans et tient la balance juste.

Le fermier s'imagine que le pouvoir et les places sont de belles choses; mais le président a payé cher sa maison blanche. Ordinairement elle lui a coûté sa tranquillité et les meilleurs d'entre ses attributs virils. Pour conserver pendant un court espace de temps une position éminente en apparence, il est heureux de se courber jusqu'à terre devant ses maîtres réels qui se tiennent droits derrière le fauteuil. Ou bien encore les hommes désirent-ils la grandeur plus substantielle et plus permanente du génie? Mais là non plus il n'existe d'immunités. Celui qui par la force de sa pensée et de sa volonté est grand et domine un grand nombre de choses, porte la responsabilité de cette domination. Avec chaque flot de lumière arrive un nouveau danger. Possède-t-il la lumière? il doit alors rendre témoignage de la lumière et devancer cette sympathie qui lui donne de si vives satisfactions, par sa fidélité envers les nouvelles révélations que lui fait incessamment l'âme éternelle. Il lui faut haïr son père et sa mère, sa femme et son enfant. Possède-t-il tout ce que le monde aime, admire et convoite, il doit rejeter ces admirations, affliger le monde par sa fidélité envers la vérité, et se résigner à voir son nom passer en proverbe et devenir un sujet de railleries.

Cette loi de la compensation écrit les lois des cités et des nations. Elle ne déviera pas de sa fin du plus petit iota. Il est inutile de vouloir machiner, conspirer et combiner des moyens de défense contre elle. Les choses se refusent à être longtemps mal conduites. *Res nolunt diu male administrari*. Quoique les désastres qu'a engendrés un mal nouveau ne soient pas apparents, les désastres existent et se manifesteront. Si le gouvernement est cruel, la vie de celui qui gouverne n'est pas en sûreté. Si l'impôt est trop fort, le revenu ne vous donnera rien. Si vous faites un code criminel sanguinaire, les jurés ne condamneront pas. Rien d'arbitraire, rien d'artificiel ne peut durer. La véritable vie et les véritables satisfactions de l'homme semblent éluder à la fois les extrêmes rigueurs et les extrêmes félicités des conditions humaines, et s'établissent avec une grande indifférence au milieu de toutes les variétés des circonstances. Sous tous les gouvernements, l'influence du caractère reste la même, absolument la même depuis la Turquie jusqu'à la nouvelle Angleterre. L'histoire confesse honnêtement que sous les despotes primitifs de l'Égypte, l'homme a dû jouir d'autant de liberté que son état de culture pouvait lui en donner.

Ces apparences indiquent ce fait, que la nature est représentée tout entière dans chacun de ses atomes. Chaque objet naturel contient toutes les puissances de la nature. Toutes les choses sont faites d'une même étoffe inconnue. Ainsi, le naturaliste voit un même type sous chaque métamorphose, regarde un cheval comme un homme courant, un poisson comme un homme nageant, un oiseau comme un homme volant, un arbre comme un homme qui a pris racine dans le sol. Chaque forme nouvelle répète non-seulement le caractère principal du type, mais répète l'un après l'autre tous les détails, toutes les destinations, tous les progrès, toutes les faiblesses, toutes les énergies, enfin le système entier de chaque autre type. Toute occupation, tout commerce, tout art, toute transaction est un abrégé du monde et correspond à quelque autre de ces choses. Chaque homme est un emblème complet de la vie humaine, de son bien et de son mal, de ses épreuves, de ses ennemis, de son cours et de sa fin. C'est pourquoi chacun doit équilibrer et façonner en lui l'homme complet et raconter la destinée entière de l'homme.

Le monde a sa figure répétée dans une goutte d'eau. Le microscope ne peut trouver l'animalcule dont la petitesse nuise à la perfection. Les yeux, les oreilles, le goût, l'odorat, le mouvement, la résistance, l'appétit et les organes de la reproduction qui, pour ainsi dire, assurent l'être de l'animal, de l'éternité, toutes ces choses trouvent assez d'espace dans la plus petite créature pour les contenir. La vraie doctrine de l'omniprésence consiste en ceci que Dieu apparaît entier avec tous ses attributs dans le brin de mousse et dans la toile de l'araignée. L'univers s'efforce de concentrer sur un seul point toutes les forces infinies. Si le bien est à cette place, là est aussi le mal; si c'est l'affinité, la répulsion s'y rencontre aussi; si c'est la force, la limitation viendra lui imposer ses barrières.

Ainsi, l'univers tout entier est vivant; toutes les choses sont morales. L'âme qui au dedans de nous est sentiment, au dehors de nous s'appelle loi. Au dedans de nous, nous sentons ses inspirations, et au dehors de nous, l'histoire nous explique sa force fatale. Elle est toute puissante, toute la nature ressent son pouvoir, « elle est dans le monde et c'est par elle que le monde a été créé. » Elle est éternelle, mais elle s'incarne dans le temps et l'espace pour se manifester. Sa justice n'est jamais en retard. Une équité parfaite tient droite la balance entre toutes les parties de la vie. Οἱ κυβοι Διος ἀει ἐυπιπτουσι : les dés des dieux gagnent toujours. Le monde est semblable à une table de multiplication ou à une équation mathématique qui reste exactement en équilibre de quelque côté que vous la retourniez. Prenez telle figure que vous voudrez, elle vous donnera sa valeur exacte, ni plus ni moins. Tout secret est découvert, tout crime est puni, toute vertu récompensée, tout tort redressé, en silence mais infailliblement. Ce que nous appelons rétribution et récompense, c'est l'universelle nécessité qui force le tout à se montrer lorsqu'une de ses parties s'est fait voir. Là où vous voyez de la fumée, il doit y avoir du feu. Si vous voyez une main ou une jambe, vous comprenez que le corps auquel ces membres appartiennent est là caché par derrière.

Chaque acte porte sa récompense en lui-même, ou, en d'autres termes, se reproduit d'une double façon; d'abord dans la chose, ou dans la nature réelle; secondement, dans la circonstance ou dans la nature apparente. La circonstance, les hommes l'appellent rétribution. Mais la rétribution *causale* existe dans la chose et n'est vue que par l'âme. La rétribution que la circonstance nous accorde est perçue par l'entendement, elle est inséparable de la chose, mais elle est souvent cachée pendant longtemps et ne devient visible qu'après bien des années. Les blessures véritables d'une offense peuvent venir longtemps après cette offense, mais elles arrivent infailliblement parce qu'elles ont accompagné cette offense. Le crime et la punition croissent sur une même tige. La punition est un fruit que cueille sans s'en douter le coupable, en même temps que la fleur du plaisir qui la recouvre. Cause et effet, moyens et fin, semence et fruit, toutes ces choses ne peuvent être séparées les unes des autres, car l'effet fleurit déjà dans la cause, la fin préexiste dans les moyens, le fruit dans la semence.

Et nous pourtant, tandis que le monde s'efforce d'être un et de maintenir intégralement son unité, nous cherchons à agir partiellement, à diviser, à nous approprier cette chose ou cette autre; par exemple, afin de gratifier nos sens, nous séparons le plaisir des sens des exigences du caractère. La naïveté de l'homme s'est toujours appliquée à la solution de ce problème ; comment détacher la douceur sensuelle, la force sensuelle, l'éclat sensuel de la douceur morale, de la profondeur morale, de la beauté morale, ce qui revient à dire : comment enlever légèrement cette surface de façon à la détacher complétement du fond solide sur lequel elle repose, comment avoir une extrémité d'une chose, sans avoir l'autre extrémité. L'âme dit : mange, et le corps se donne des fêtes. L'âme dit : l'homme et la femme ne seront qu'une chair et qu'une âme, et le corps ne s'unit qu'à la chair. L'âme dit : domine toutes les choses pour le triomphe de la vertu, et le corps conquiert cette domination pour la faire servir à ses propres fins.

L'âme lutte vigoureusement pour vivre et travailler à travers tous les obstacles des choses. Ce fait devrait être notre seul modèle et alors toutes les choses s'enchaîneraient et s'uniraient, puissance, plaisir, science, beauté. Mais l'homme individuel veut être quelqu'un, il veut s'en tenir à ses propres affaires ; il commerce et vend en vue d'un bien particulier ; il monte à cheval pour monter à cheval, il s'habille pour s'habiller, il mange pour manger et gouverne pour paraître. Les hommes cherchent à être grands. Ils voudraient avoir les places, la richesse, la puissance et la renommée. Ils pensent qu'être grand c'est jouir d'un des côtés de la nature, la douceur, en évitant son autre côté, l'amertume.

Mais la nature déjoue vite cette division. Jusqu'à ce jour, il faut l'avouer, aucun faiseur de projets n'a obtenu le plus petit succès. L'eau séparée se réunit sous notre main. Dès l'instant même où nous essayons de les séparer du tout, le plaisir se recueille hors des choses agréables, le profit nous arrive hors des choses profitables, la puissance hors des choses puissantes. Il nous est aussi impossible de diviser les choses et de chercher le bien sensuel pour lui-même que de rencontrer l'intérieur dans l'extérieur ou la lumière dans l'ombre. « Chassez la nature à coups de fourche, dit le proverbe, et elle revient en courant. »

La vie est encombrée d'inévitables conditions que les fous cherchent à éviter ; ils se vantent de ne pas les connaître et prétendent qu'elles ne les touchent pas ; mais la vanterie n'est que sur leurs lèvres, tandis que leur âme sent la fatalité de ces conditions. S'ils leur échappent d'un côté, elles les attaquent dans une autre portion plus vitale d'eux-mêmes. S'ils ne leur ont échappé qu'en apparence, c'est qu'ils ont résisté à leur propre vie, qu'ils ont fui loin d'eux-mêmes, et alors leur punition n'est rien moins que la mort. Si énorme est le crime de tous les essais qui cherchent à séparer le bien de l'obligation, que l'expérience ne saurait être tentée — et la tenter, c'est folie — par aventure, sans qu'aussitôt que commence cette maladie de la rébellion et de la *séparation* l'intelligence ne soit infectée, sans que l'homme ne cesse de voir Dieu dans sa plénitude en chaque objet; alors il n'est plus capable que de reconnaître les attraits sensuels d'un objet, sans être capable de reconnaître en même temps le préjudice de ces attraits; il voit la tête de la syrène, mais non la queue du dragon et pense qu'il a séparé tout ce qu'il désirait posséder de ce qu'il ne désirait pas. « O combien secrètes sont tes voies, toi qui habites dans les profondeurs des cieux, ô Dieu, toi qui seul es grand, et dont l'infatigable providence jette l'aveuglement comme châtiment sur les yeux des hommes qui nourissent des désirs sans frein[1]. »

L'âme humaine connaît la vérité de tous ces faits et les a peints dans les fables, dans les histoires, dans les lois, dans les proverbes, dans les conversations. Les vérités parlent à l'improviste dans la littérature. Ainsi, les Grecs appelaient Jupiter l'esprit suprême ; mais comme ils avaient traditionnellement attribué à ce dieu plusieurs basses actions, ils ont fait involontairement amende honorable à la raison en enchaînant, pour ainsi dire, les mains d'un si mauvais dieu. Dans son Olympe,

---

[1] *Confessions de saint Augustin.*

il est aussi peu soutenu qu'un roi constitutionnel d'Angleterre. Prométhée sait un secret qui force Jupiter à entrer en affaires avec lui ; Minerve en sait un autre. Il ne peut avoir sous la main ses propres foudres ; Minerve les tient sous clef. « De tous les dieux, moi seule connais les clefs qui ouvrent les solides portes des appartements où ses foudres sommeillent. » C'est une confession complète de l'œuvre équilibrée du grand tout et de sa fin morale. La mythologie indienne finit par la même morale, et en vérité il est impossible qu'une fable soit inventée et obtienne quelque circulation sans être morale. L'Aurore oublia de demander la jeunesse pour son amant et ainsi Tithon, bien qu'il soit immortel, est vieux. Achille n'est pas complétement invulnérable, car Thétis le tenait par le talon lorsqu'elle le plongea dans le Styx et les eaux sacrées ne mouillèrent pas cette partie de son corps. *Siegfried*, dans les Niebelungen, n'est pas tout à fait invulnérable non plus, car une feuille tomba sur son dos tandis qu'il se baignait dans le sang du dragon et la place que recouvrit cette feuille est vulnérable. Il en est toujours ainsi. Il y a une fêlure dans chaque chose que Dieu a faite. Toujours reparait à l'improviste cette vindicative circonstance, toujours même dans la poésie au moyen de laquelle l'imagination humaine essaye de se donner une joie téméraire, de se débarrasser et de se libérer des vieilles lois, se rencontrent le contre-coup du fusil déchargé, le choc en retour qui nous affirment que la loi est fatale, que dans la nature rien ne peut être donné, que tout doit être payé.

C'est là ce que veut dire cet ancien mythe de la Némésis qui surveille l'univers entier et ne laisse aucune offense sans châtiment. Les Furies, disaient les anciens, sont les servantes de la justice ; et si le soleil lui-même s'écartait de sa route, elles le puniraient. Les poëtes rapportent que les murs de pierre, et les épées de fer et les sangles de cuir avaient avec les maux de leurs propriétaires une secrète sympathie ; que la ceinture qu'Ajax donna à Hector servit à attacher le héros troyen aux roues du char d'Achille, et que l'épée donnée par Hector à Ajax fut précisément celle dont Ajax se perça le sein. Ils racontent que lorsque les Thasiens eurent élevé une statue à Théogènes vainqueur dans les jeux, un de ses rivaux vint pendant la nuit et s'efforça de la jeter à bas de son piédestal, si bien que la statue, ébranlée par des coups répétés, tomba sur ce rival envieux et le tua.

La voix de la Fable a en elle quelque chose de divin. Elle se fait entendre à l'écrivain en dépit de sa volonté. La meilleure partie de l'écrivain est celle dans laquelle il n'entre pour rien. La meilleure partie de lui-même est celle qu'il ne connaît pas, qui découle de sa constitution, et non pas de sa trop active invention ; celle que vous découvrirez difficilement par l'étude d'un seul artiste, mais qu'il vous sera facile d'abstraire par l'étude de plusieurs, comme étant l'esprit général de tous. Ce n'est pas Phidias que je veux connaître, mais l'œuvre de l'homme dans cet ancien monde hellénique. Le nom et la vie de Phidias, quoique choses excellentes pour l'histoire, nous embarrassent lorsque nous nous élevons à la suprême critique. Nous désirons savoir ce que l'homme tendait à faire dans une période donnée, à connaître la pensée qu'il cherchait à exprimer et qui fut empêchée ou, si vous aimez mieux, modifiée par les volontés de Phidias, de Dante, de Shakspeare, organes par lesquels l'homme s'exprima à ce moment.

Encore plus frappante est l'expression de cette loi de la compensation dans les proverbes de toutes les nations, qui sont toujours la littérature de la raison, ou l'énonciation sans talent d'une absolue vérité. Les proverbes, ainsi que les livres sacrés de chaque nation, sont le sanctuaire de l'intuition. Ce que le monde paresseux, enchaîné aux apparences, ne permettrait pas de dire au réaliste, les proverbes le lui diront sans qu'il songe à les contredire. Et cette loi des lois, cette compensation que la chaire, le sénat et le collége nient, est prêchée journellement dans tous les marchés, exprimée dans toutes les langues par des nuées de proverbes, dont l'enseignement est aussi vrai et aussi universel que la présence en tout pays des oiseaux et des insectes. Voyez plutôt.

Toutes les choses sont doubles : l'une est le contraire de l'autre. — Œil pour œil, dent pour dent, sang pour sang, mesure pour mesure, amour pour amour. — Donnez et il vous sera donné. — Celui qui mouille sera mouillé lui-même. — Que désirez-vous? demande Dieu; payez le prix de ce que vous demandez et prenez-le. — Qui n'aventure rien n'a rien. — Tu seras payé exactement selon ce que tu auras fait, ni plus ni moins. — Celui qui ne travaille pas ne mangera pas. — Mauvaise surveillance, maigres profits. — Les malédictions retombent toujours sur la tête de celui qui les prononce. — Si vous passez une chaîne autour du cou d'un esclave, l'autre extrémité de la chaîne s'attache à votre cou. — Un mauvais conseil couvre de confusion celui qui l'a donné. — Le diable est un âne.

Les proverbes s'expriment ainsi, parce qu'il en est ainsi dans la vie. Notre action est maîtrisée et caractérisée en dépit de notre volonté par les lois de la nature. Nous courons vers un petit but qui soit tout à fait en dehors du bien public; mais nos actions, comme par un irrésistible magnétisme, se rangent d'elles-mêmes sur une même ligne avec les pôles du monde.

Un homme ne peut dire une parole sans pour ainsi dire se juger lui-même. Volontairement ou involontairement, il dessine son portrait aux yeux de ses compagnons avec chaque mot qu'il prononce. Chaque opinion réagit sur celui qui l'exprime. C'est une corde jetée comme indice, mais dont l'autre extrémité reste dans la poche de celui qui l'a jeté ; ou plutôt c'est un harpon lancé à la baleine qui déroule en volant vers son but un paquet de cordes dans le bateau ; si le harpon n'est pas bien jeté, il risque fort de couper en deux le timonier ou de faire enfoncer le bateau.

Nous ne pouvons faire du tort à quelqu'un sans en souffrir nous-mêmes. « Un homme, disait Burke, n'eut jamais une pointe d'orgueil qui ne lui fût injurieuse. » Celui qui est exclusif dans la vie mondaine ne voit pas qu'il se retranche tout plaisir en essayant de se l'approprier. Le fanatique en religion ne voit pas qu'il se ferme la porte du ciel en voulant la fermer aux autres. Traitez les hommes froidement comme les pièces d'un jeu d'échecs et vous souffrirez autant qu'eux. Si vous ne vous souciez pas de leur cœur, vous perdrez aussi le vôtre. Les sens transformeront en choses inanimées toutes les personnes, les femmes, les enfants et les pauvres. Le proverbe vulgaire qui dit : « J'obtiendrai ce que je désire de sa bourse ou je l'obtiendrai de sa peau, » est d'une solide philosophie.

Toute infraction à l'amour et à l'équité dans nos relations sociales est vite punie. Ces infractions sont punies par la crainte. Tant que mes relations avec les hommes restent simples, je n'éprouve point de peine à les rencontrer. Nous nous rencontrons comme l'eau rencontre l'eau, comme un courant d'air en rencontre un autre, avec une parfaite fusion et une réciproque pénétration de notre nature. Mais aussitôt que je m'écarte de la simplicité et que j'essaye de séparer et de diviser, que ce qui est mon bien n'est plus le sien, mon voisin sent que je pèche envers lui ; il s'éloigne de moi comme je me suis éloigné de lui ; son œil ne cherche pas plus longtemps le mien; il y a guerre entre nous; il y a haine en moi et crainte en lui.

Tous les vieux abus dans la société, les grands et universels abus comme les abus particuliers et d'une moindre importance, toutes les injustes accumulations de propriété et de puissance sont vengés de la même manière. La crainte est un augure d'une grande sagacité; elle est le héraut des révolutions. Elle nous enseigne toujours une chose : que là où elle apparaît, il y a corruption. La crainte est semblable à un corbeau ou à un oiseau carnassier : quoique vous ne sachiez pas bien pourquoi elle plane, vous pouvez être assurés que la mort est quelque part. Notre propriété est timide, nos lois sont timides, nos classes cultivées sont timides. La crainte depuis des siècles sème des présages et des oracles à l'endroit du gouvernement et de la propriété. Cet oiseau obscène n'est pas là pour rien. Il indique de grands torts qui devront être révisés.

L'attente du changement qui suit immédiatement la suspension de notre activité volontaire est de la même nature. La terreur d'un midi sans nuages, l'anneau de Polycrate, la frayeur que nous fait éprouver la prospérité, l'instinct qui pousse toute âme généreuse à s'imposer la tâche d'un noble ascétisme et d'une austère vertu, sont comme les tremblements de la balance de la justice cherchant à se mettre en équilibre dans le cœur et dans l'esprit de l'homme.

Les hommes expérimentés savent bien qu'il vaut toujours mieux payer son écot partout où l'on va, et qu'un homme peut souvent payer cher une petite économie. L'emprunteur passe, pour ainsi dire, dans sa propre dette. Un homme qui a reçu cent faveurs et qui n'en a rendu aucune, a-t-il gagné quelque chose en empruntant par indolence ou par habileté les outils de son voisin, ses chevaux, son argent? Aussitôt que l'emprunt est accompli, la connaissance instantanée du bienfait d'une part, de la dette de l'autre, c'est-à-dire de la supériorité et de l'infériorité, se fait sentir. La transaction reste dans son souvenir et dans celui de son voisin, et chaque nouvelle transaction altère selon sa nature leurs relations mutuelles; il s'aperçoit bientôt qu'il aurait mieux valu qu'il se cassât les os que de monter dans la voiture de son voisin, et que le plus haut prix dont il puisse payer une chose, c'est de demander à l'emprunter.

Un homme sage étend toujours les leçons de l'expérience à toutes les occasions de la vie, et sait que c'est le fait de la prudence de regarder en face chaque créancier, et de payer toute juste demande avec notre temps, nos talents ou notre cœur. Payez toujours, car tôt ou tard vous payerez la dette entière. Les personnes et les événements peuvent, pendant un temps, se tenir entre vous et la justice, mais ce n'est que pour un temps; vous devez à la fin payer votre dette. Si vous êtes sages vous craindrez une prospérité qui ne sert qu'à vous enfoncer davantage. Le bienfait est la fin de la nature. Mais un impôt est levé sur chaque bienfait que vous recevez. Celui-là est grand qui rend le plus de bienfaits; mais il est vil — et c'est même la seule chose vile qu'il y ait dans l'univers — de recevoir des faveurs et de n'en rendre aucune. Dans l'ordre de la nature, nous ne pouvons que rarement rendre les bienfaits à ceux de qui nous les recevons. Mais le bienfait doit être rendu à quelqu'un, ligne pour ligne, acte pour acte, centime pour centime. Craignez de garder trop de biens entre vos mains; ils se corrompront promptement et engendreront la corruption. Payez vite, d'une manière ou d'une autre.

Le travail est protégé par les mêmes lois sans pitié. Le travail le meilleur marché est le plus cher, disent les prudents. Ce que nous achetons dans un balai, une natte, un wagon, un couteau, c'est une certaine application du bon sens à un besoin commun. Vous payez pour cultiver votre jardin un habile jardinier, ce que vous payez c'est le bon sens appliqué à l'horticulture ; dans le marin c'est le bon sens appliqué à la navigation ; dans les domestiques, c'est le bon sens appliqué à la cuisine, aux travaux d'aiguille, au service de la maison ; dans votre homme d'affaires, c'est le bon sens appliqué à vos affaires et à vos comptes. C'est par tous ces agents que vous multipliez votre présence, et que vous vous répandez vous-même dans toute votre position sociale. Mais à cause de la double constitution de toutes choses, il n'y a nulle part d'escroquerie. Le voleur se vole lui-même, le filou s'escroque lui-même ; car le prix réel du travail, c'est la science et la vertu, dont la richesse et le crédit sont les signes. Ces signes, comme le papier-monnaie, peuvent être contrefaits et dérobés ; mais ce qu'ils représentent, c'est-à-dire la science et la vertu, ne peut être volé. Ces fins du travail ne peuvent être accomplies que par les exercices réels de l'esprit et par l'obéissance à des motifs purs. L'escroc, l'homme négligent, le joueur, ne peuvent extorquer ni les bienfaits, ni cette science de la nature matérielle et morale que ses honnêtes soucis et ses peines apprennent au travailleur. La loi de la nature est celle-ci : Accomplis cette action, et tu acquerras le pouvoir qui est en elle ; mais ceux qui n'accomplissent pas l'action ne conquièrent pas le pouvoir.

Le travail humain dans toutes ses formes, depuis l'action qui consiste à ficher un pieu en terre jusqu'à la construction d'une cité, jusqu'à la création d'un poëme épique, est une immense explication de la parfaite compensation de l'univers. Partout et toujours cette loi est sublime. L'absolue balance du *prenez* et du *donnez*, la doctrine que chaque chose a son prix, et que si le prix n'est pas payé, quelque autre chose, sinon celle-là, sera prise en payement ; qu'il est impossible d'acquérir aucune chose sans la payer ; cette doctrine, dis-je, ne se montre pas moins sublime dans les colonnes d'un teneur de livres que dans les budgets des États, que dans les lois de la lumière et des ténèbres, que dans toutes les actions et réactions de la nature. Je ne puis douter que les hautes lois que tout homme voit impliquées dans les affaires qui lui sont familières, que ces lois sévères de la morale qui se reflètent sur l'acier de son ciseau, qui sont mesurées par son fil à plomb et son mètre, que les comptes d'une boutique manifestent aussi bien que l'histoire de tout un État, ne lui rendent son état recommandable et n'élèvent ses affaires à la hauteur de son imagination.

Cette ligue entre la vertu et la nature oblige toutes les choses à montrer au vice un front hostile. Les belles lois et toutes les substances de ce monde persécutent et fouettent le traître. Le traître trouve que toutes les choses sont arrangées pour la vérité et le bienfait, et qu'il n'y a pas sur toute la terre un repaire pour cacher un coquin. Le secret n'existe pas ; commettez un crime et la terre devient de verre ; commettez un crime, et il semble qu'un manteau de neige ait été étendu sur la terre, pareil à ceux que nous montrent les traces de chaque perdrix, de chaque renard, de chaque écureuil et de chaque taupe. Vous ne pouvez retirer le mot prononcé, vous ne pouvez essuyer la trace du pied, vous ne pouvez retirer l'échelle afin de fermer toute issue et de protéger votre retraite ; toujours il transpire quelque circonstance qui vous condamne ; les lois et les substances de la nature, l'eau, la neige, le vent, la gravitation, deviennent des pénalités pour le voleur.

D'un autre côté, la loi de compensation appuie avec une égale sûreté toute droite action. Aimez et vous serez aimé. Tout amour est mathématiquement juste, aussi juste que les deux termes d'une équation algébrique. L'homme bon possède le bien absolu, qui, comme le feu, fait revenir toute chose à sa véritable nature ; de sorte que vous ne pouvez lui faire aucun tort, et que, semblables aux royales armées envoyées contre Napoléon, qui, à son approche, mettaient bas les drapeaux et d'ennemies devenaient amies, les désastres de tout genre, la maladie, les offenses, la pauvreté, deviennent pour lui des bienfaiteurs. « Les eaux et les vents roulent et soufflent au brave la force, la puissance, la divinité, et cependant en eux-mêmes les eaux et les vents ne sont rien. »

Les bons sont favorisés même par leur faiblesse et leurs défauts. De même qu'un homme n'eut jamais une pointe d'orgueil qui ne fût injurieuse pour lui-même, ainsi aucun homme non plus n'a jamais eu un défaut qui ne lui ait été parfois utile. Le cerf de la fable admirait ses cornes et critiquait ses pieds ; mais lorsque vint le chasseur ses pieds le sauvèrent, et plus tard ses cornes, s'étant embarrassées dans un buisson, le perdirent. Tout homme trouve, dans le cours de sa vie, l'occasion de rendre grâce à ses défauts. Aucun homme ne comprend pleinement une vérité qu'après l'avoir combattue, et n'a une complète connaissance des obstacles que les autres hommes peuvent lui opposer et de leurs talents, que lorsqu'il a souffert de ces obstacles, vu le triomphe de ces talents, et senti en lui-même leur absence. A-t-il un défaut de caractère qui l'empêche de vivre en société ; il est alors forcé de s'entretenir avec lui-même ; dans cette solitude, il acquiert l'habitude de se suffire à lui-même, et ainsi, comme l'huître blessée, il raccommode sa coquille avec des perles.

Notre force naît de notre faiblesse. Jusqu'à ce que nous soyons égratignés et piqués, jusqu'à ce que les puissances ennemies aient fait feu sur nous, l'indignation qui s'arme de forces secrètes ne s'éveille pas. Un grand homme veut toujours être petit. Tant qu'il reste couché sur les coussins d'une avantageuse commodité, il s'assoupit et se laisse entraîner vers le sommeil. Mais lorsqu'il a été harcelé, tourmenté, battu, ses misères l'ont instruit; il a été replacé par elles dans son assiette, dans sa virilité; il a acquis la connaissance des faits et la connaissance de sa propre ignorance; il est guéri des folies de l'illusion; il a acquis la modération et une réelle habileté. L'homme sage s'élance toujours sur ses assaillants. Trouver son point faible est encore plus son intérêt que celui de ses ennemis. Ses blessures se cicatrisent et tombent, pour ainsi dire, comme une peau desséchée; et lorsque ses ennemis s'apprêtent à triompher, ils s'aperçoivent qu'il est devenu invulnérable. Le blâme est plus sain que la louange. Je ne puis souffrir d'être défendu par un journal. Tant que tout ce qui se dit sur moi m'est hostile, j'ai le sentiment d'un certain succès; mais aussitôt que les mots emmiellés de la louange me sont adressés, je me sens comme sans protection en face de mes ennemis. En général, tout mal auquel nous ne succombons pas est pour nous un bienfaiteur. Nous gagnons la force de la tentation à laquelle nous résistons, comme l'habitant des îles Sandwich croit que la force et le courage de l'ennemi qu'il tue passent en lui.

Les mêmes gardes qui nous défendent contre le désastre, les inimitiés et nos propres imperfections, nous protégent aussi contre l'égoïsme et la fraude. Les prisons et les tribunaux ne sont pas les meilleures de nos institutions, et la subtilité dans les affaires n'est pas une marque de sagesse. Tout le long de leur vie les hommes souffrent, en proie à cette folle superstition qu'ils peuvent être trompés. Mais il est aussi impossible à un homme d'être trompé par personne autre que par lui-même, qu'à une chose d'être et de n'être pas en même temps. Il y a une tierce personne silencieuse présente à toutes nos affaires. La nature et l'âme des choses prennent sur elles-mêmes d'accomplir les obligations de chaque contrat, afin que tout honnête service reçoive sa juste rétribution. Si vous servez un maître ingrat, servez-le le plus longtemps possible. Intéressez Dieu à votre dette, et chaque action sera payée; plus le payement de cette dette sera retardé, mieux cela vaudra pour vous, car cette justice divine a l'usage de grossir la somme en accumulant intérêts composés sur intérêts composés et de la payer en entier.

L'histoire des persécutions est l'histoire des efforts tentés pour tromper la nature, pour faire couler l'eau du bas au haut de la colline, pour filer des cordes de sable. Il importe peu que les persécuteurs soient nombreux, qu'ils soient un seul tyran ou une multitude. Une foule est une société d'hommes qui, volontairement, sortent de la raison et passent sans s'arrêter au travers de ses œuvres. La multitude est comme un homme descendant volontairement jusqu'à la nature de la brute; pour elle l'heure d'agir est toujours proche; ses actions sont insensées comme sa constitution tout entière; elle persécute un principe, volontiers elle fouetterait un droit, elle voudrait supprimer la justice en faisant supporter le feu et les outrages aux demeures et aux personnes qui ont en elles ces divines choses. Leurs folies ressemblent à cette niaiserie des enfants qui courent avec des brandons pour éclipser l'éclat de la rouge aurore descendant des étoiles. Mais l'esprit sans tache et incapable d'être violé tourne contre les malfaiteurs leur propre méchanceté. Le martyr ne peut être déshonoré; chaque coup de verge qui lui est donné a comme une voix pour la renommée; chaque prison est un plus illustre séjour; chaque livre brûlé et chaque maison incendiée illumine le monde ; chaque mot supprimé et effacé retentit d'écho en écho sur toute la terre. A la fin, les esprits des hommes sont éveillés ; la raison se manifeste et se justifie ; et la malice s'aperçoit que toute son œuvre est vaine : c'est le fouetteur qui est fouetté, et le tyran qui est renversé[1].

Ainsi toutes les choses prêchent que les circonstances sont indifférentes. L'homme est tout. Chaque chose a deux côtés, un bon et un mauvais ; chaque avantage a son inconvénient, et j'apprends par là à savoir être content. Mais la doctrine de la compensation n'est pas la doctrine de l'indifférence. Les gens sans pensée s'écrient, en écoutant ces observations, à quoi me sert-il de bien agir ? il y a égalité entre le bien et le mal ; si je gagne quelque bien, je dois en payer le prix ; si je perds quelque bien, j'en gagne quelque autre ; toutes les actions sont indifférentes.

Il y a dans l'âme un fait plus profond que la compensation, c'est sa propre nature ; l'âme n'est pas une compensation, un équilibre, c'est une *vie* ; l'âme est. Au-dessous de cette mer flottante des circonstances, dont le flux et le reflux sont réglés par une balance parfaite, se cache l'abîme originel de l'*être* réel. L'existence, ou autrement dit Dieu, n'est pas une relation ni une partie ; elle est le tout. L'*être* est l'affirmation infinie qui repousse la négation, s'équilibre par elle-même, et engloutit en elle toutes les relations, tous les temps, toutes les contrées. La nature, la vérité, la vertu sont comme les flots qui découlent de l'être ; le vice est l'absence de l'être ou la séparation d'avec lui. Le néant, le mensonge

---

[1] Il est assez curieux que ces reproches s'adressent dans Emerson à la *vile multitude* (*mob*) ; chez nous, pays monarchique par tradition, républicain par occasion, de semblables reproches s'adressent aux réactionnaires et aux aristocrates ; en Amérique, ils s'adressent aux masses : *mutato nomine de te*, etc.

peuvent être regardés comme la grande nuit ou l'ombre sur laquelle, comme sur un fond de toile noircie, l'univers étale ses couleurs; mais le néant ne peut engendrer aucun bien, il ne peut produire, car il n'est pas; il ne peut produire aucun bien, il ne peut produire aucun mal.

Nous croyons à une fraude dans les rétributions dues aux actes mauvais, parce que le criminel acquiesce à son vice et à sa condamnation par contumace, que jamais le jugement ne s'exécute pour lui extérieurement, que jamais la crise ne se manifeste au sein de la nature visible. Il ne fait entendre devant les hommes et devant les anges aucune réfutation de ses folies. Mais plus il porte en lui de malignité et de mensonge, plus il étouffe en lui la nature. D'une façon ou de l'autre, la démonstration de ses torts se fera sentir aussi à l'intelligence; mais quand bien même nous ne la verrions pas, cette mortelle conséquence n'en rendrait pas moins exacts les comptes éternels de l'être.

D'autre part, on ne peut pas dire que nous achetions par quelque perte ce que nous gagnons en rectitude. Il n'y a pas de pénalité pour la vertu, il n'y a pas de pénalité pour la sagesse; la sagesse et la vertu ne sont simplement pour l'homme que des additions de l'être éternel à son être particulier. Je *suis*, à proprement parler, lorsque j'accomplis une action vertueuse; par cette action j'agrandis le monde; je plante ma tente dans les déserts conquis sur le chaos et le néant, et je vois les ténèbres qui reculent à l'horizon. Il ne peut pas y avoir d'excès dans l'amour, dans la science, dans la beauté, lorsque ces attributs et ces dons sont considérés dans leur sens le plus pur. L'âme se refuse à limiter tous ces attributs; elle affirme dans l'homme toujours un optimisme, jamais un pessimisme.

La vie de l'âme est un progrès et non une station; son

instinct est la confiance ; plus ou moins, dans tous ses rapports avec l'homme, notre instinct se sert toujours de la *présence de l'âme*, jamais de son *absence*. L'homme brave est plus grand que le lâche ; l'homme vrai, sage, bienveillant, est beaucoup plus un homme que le fou et le coquin. Il n'y a pas d'impôt qui pèse sur les biens de la vertu ; car ces biens sont le patrimoine de Dieu lui-même, de l'existence absolue qui ne souffre aucune comparaison. Au contraire tout bien extérieur a son impôt, et si ces biens me sont arrivés sans sueurs et sans que je les aie mérités, ils s'évanouiront au moindre souffle du vent. Mais tous les biens de la nature appartiennent à l'âme et peuvent être acquis au prix d'une bonne et légale monnaie, marquée au coin de la nature, c'est-à-dire par un travail que puissent avouer notre cœur et notre tête. Je ne désire acquérir aucun bien, et par exemple je ne souhaite pas découvrir un pot d'or enfoui, sachant bien que sa possession me chargera d'une nouvelle responsabilité. Je ne souhaite pas de biens extérieurs, je ne désire ni pensions, ni honneurs, ni puissance, ni amour des personnes. Le gain n'est qu'apparent, mais l'impôt est certain. Mais il n'y a pas d'impôt qui soit frappé sur la connaissance de ces faits que la loi de compensation existe, et qu'il n'est pas désirable de trouver un trésor. Possesseur de cette science, je vis dans la joie et dans une sereine et éternelle paix. Je rétrécis les bornes et les limites des malheurs qui peuvent m'advenir. J'apprends à comprendre les sages paroles de saint Bernard : « Rien ne peut me causer du tort que moi-même ; le mal que je défends, je le gagne et je l'emporte avec moi ; je ne souffre jamais réellement que par ma propre faute. »

La nature de l'âme cache et contient en elle les moyens de compenser l'inégalité des conditions. La tragédie radicale de la nature semble être la distinction établie entre le moins et le plus. Comment le *moins* n'apporterait-il pas la souffrance, comment ne pas ressentir indignation ou malveillance à l'égard du *plus?* Contemplez ceux qui ont moins de facultés que vous, et vous vous sentez triste, et vous ne savez trop comment vous conduire avec eux. Ils offensent presque votre œil et vous redoutez presque qu'ils n'insultent Dieu. Que pourraient-ils faire? Il semble qu'il y ait là une grande injustice. Mais affrontez les faits, expérimentez-les, voyez-les de près, et toutes les inégalités colossales s'évanouissent. L'amour les égalise toutes, comme le soleil fond les glaçons sur la mer. Le cœur et l'âme de tous les hommes étant un, cette amertume du mien et du tien disparaît. Ce que cet homme possède m'appartient. Mon frère est moi, je suis mon frère, et nous échangeons pour ainsi dire nos personnalités. Si je me sens dominé et surpassé par des voisins plus grands que moi, je puis encore les aimer et les accueillir, car celui qui aime rend siennes les qualités et la grandeur qu'il aime. Alors je découvre que mon frère est tout simplement mon gardien, qu'il agit pour moi avec le dessein le plus amical et que sa position et son caractère que j'ai tant admirés et enviés m'appartiennent. Il est dans l'éternelle nature de l'âme de s'approprier et de faire siennes toutes les choses. Jésus et Shakspeare sont pour ainsi dire des fragments de l'âme, et par l'amour, je puis les conquérir et les incorporer dans les domaines de ma propre conscience. Leur vertu n'est-elle pas la mienne? Leur intelligence, si elle ne peut devenir la mienne, n'est pas une intelligence.

Telle aussi est l'histoire naturelle des calamités. Les changements qui, à de courts intervalles, brisent la prospérité des hommes, sont les avertissements d'une nature dont la loi est la croissance. Toujours il est dans l'ordre régulier de la nature de se développer et de grandir, et chaque âme, poussée par cette nécessité intrinsèque, quitte l'ordre habituel de la vie, ses amis, sa maison, ses lois, sa foi, comme le poisson à coquilles abandonne sa belle mais pierreuse demeure, parce que cette demeure gênerait désormais sa croissance, et lentement se forme une nouvelle maison. La fréquence de ces révolutions est en rapport de la vigueur des individus ; elles sont incessantes dans quelques heureux esprits, et toutes les relations mondaines qui les entourent s'étendent alors et deviennent une sorte de membrane transparente et fluide qui laisse toujours voir la forme, au lieu d'être comme chez la plupart des humains un dur et hétérogène édifice construit à différentes époques, sans caractère précis et déterminé, dans lequel l'homme est emprisonné. Il peut y avoir ainsi élargissement et élasticité dans la nature humaine, et alors l'homme d'aujourd'hui reconnaît à peine l'homme d'hier. Telle devrait être la biographie de l'homme dans ses rapports avec le temps, un dépouillement, jour par jour, des circonstances mortes semblables à ses changements quotidiens de vêtements. Mais pour nous, dans l'état imprudent où nous vivons, pour nous qui demeurons et séjournons obstinément au lieu d'avancer, qui résistons au lieu d'entrer en coopération avec la divine expansion, c'est par secousses que s'opère cette croissance.

Nous ne pouvons nous séparer de nos amis ; nous ne voulons pas laisser partir nos anges, et nous ne voyons pas qu'ils ne disparaissent que pour céder la place aux archanges. Nous sommes idolâtres du vieux. Nous ne croyons pas aux richesses de l'âme, à son éternité, à son omniprésence. Nous ne croyons pas qu'il y ait dans le monde une force qui puisse rivaliser aujourd'hui avec ce qui était beau hier et le recréer. Nous ne pouvons nous décider à quitter ces vieilles tentes en ruine sous lesquelles nous trouvions abri, nourriture, plaisir et vie ;

nous ne pouvons croire que l'esprit puisse de nouveau nous abriter, nous nourrir, nous fortifier. Nous ne pouvons imaginer quelque chose d'aussi cher, d'aussi doux, d'aussi aimable. Mais c'est en vain que nous nous asseyons et que nous pleurons. La voix du Tout-Puissant nous dit : Debout et en avant ! Nous ne pouvons habiter parmi les ruines, et nous ne nous confions pas davantage au nouveau, de sorte que nous marchons toujours la tête retournée comme les monstres dont la tête regarde le dos.

Cependant, après de longs intervalles, l'intelligence arrive à comprendre, elle aussi, ces compensations du malheur. Une fièvre, une mutilation, une perte d'amis ou de richesses semblent au premier abord un mal sans remède possible et sans soulagement efficace. Mais les années nous révèlent infailliblement la force profonde du remède qui se cache sous tous les faits. La mort d'un cher ami, d'une femme, d'un frère, d'un amant, qui ne semblait d'abord que privation, prend, quelque temps après, l'aspect d'un guide et d'un bon génie ; car ces pertes opèrent ordinairement une révolution dans la vie, terminent une époque d'enfance ou de jeunesse qui attendait le moment favorable pour être close, brisent des occupations habituelles, certaines manières de vivre, certaines habitudes et permettent d'en former de nouvelles plus conformes au développement du caractère. Elles engagent ou forcent à former de nouvelles connaissances, à recevoir de nouvelles influences qui se trouvent être de la plus grande importance pour les années à venir ; et alors l'homme et la femme qui seraient restés semblables à un petit jardin couvert de fleurs et éclairé par le soleil, mais n'ayant pas assez d'espace pour étendre les racines de ses arbustes et ayant trop de soleil pour leur cime, grâce à la chute de ses murailles et à la négligence du jardinier, deviennent semblables au bananier de la forêt qui étend son ombre et penche ses fruits sur de vastes multitudes d'hommes[1].

[1] Nous ferons sur cet essai une observation d'une philosophie toute d'actualité. Nous aurions bien besoin de croire à cette compensation dans notre triste époque et d'espérer que la récompense de nos souffrances actuelles se manifestera un jour. Malheureusement, dans les temps de changement l'homme est moins philosophe que jamais, et les bienfaits que certains changements peuvent apporter aux générations lui semblent une médiocre compensation de ses souffrances actuelles.

IX

LOIS SPIRITUELLES.

Lorsque l'acte de la réflexion prend place dans l'esprit, lorsque nous nous observons à l'aide de la lumière de la pensée, nous découvrons que notre vie est enveloppée dans la beauté. Derrière nous, à mesure que nous marchons, toutes les choses prennent des formes charmantes, comme les nuages de l'horizon lointain. Non-seulement les choses familières et anciennes, mais encore les choses tragiques et terribles, sont les bienvenues et prennent place parmi les peintures de la mémoire. Le bord de la rivière, les joncs suspendus au flanc des eaux, la vieille maison, les folles personnes, quoique négligées autrefois, prennent grâce au passé une forme gracieuse. Le cadavre lui-même, qui a été revêtu du linceul dans cette chambre, a ajouté à la maison un solennel ornement. L'âme ne connaît ici ni la difformité, ni la peine. Si dans nos heures de claire raison nous pouvions exprimer la sévère vérité, à coup sûr nous dirions que nous n'avons jamais fait un sacrifice. Dans ces heures, l'esprit semble si grand, qu'il semble que rien d'important ne puisse nous être enlevé. Toute perte, toute souffrance est particulière ; l'univers reste intact pour notre cœur. Que jamais la détresse et autres semblables bagatelles n'abattent votre confiance. Jamais aucun homme n'a exposé ses chagrins aussi gaiement et aussi légèrement qu'il l'aurait pu. Avouez qu'il y a de l'exagération, même chez les plus patients et les plus tristement éprouvés par la destinée. Car ce n'est après tout que le fini qui a travaillé et souffert en nous; l'infini est resté couché et enveloppé dans son souriant repos.

La vie intellectuelle doit être conservée saine et brillante de propreté, si l'homme veut vivre la vie de la nature et ne pas embarrasser son esprit de difficultés qui ne lui appartiennent pas. Aucun homme ne doit être troublé par ses spéculations. Qu'il fasse et dise ce qu'il lui appartient strictement de dire et de faire, et, quoique très ignorante des livres, sa nature ne lui apportera aucuns doutes et aucuns obstacles. Nos jeunes gens sont tourmentés par les problèmes théologiques du péché originel, de l'origine du mal, de la prédestination et autres problèmes semblables; mais ces problèmes n'ont jamais présenté une difficulté pratique, n'ont jamais obscurci la route de ceux qui ne sortent pas de leur voie pour les trouver. Ces problèmes sont les humeurs, les rougeoles et les rhumes de l'âme, et ceux qui n'ont pas eu ces maladies ne peuvent affirmer qu'ils sont en bonne santé et prescrire les remèdes convenables. Un simple ne connaît pas ces maladies. C'est une tout autre chose, d'être capable de rendre compte de sa foi et d'exposer à un autre homme la théorie de sa liberté et de son union avec lui-même; pour cela il faut de rares dons. Néanmoins il peut y avoir, lorsque cette connaissance personnelle fait défaut, une certaine force rustique et une intégrité de nature originale qui suffisent et remplacent la science. Quelques instincts vigoureux et quelques règles simples nous suffisent.

Ce n'est pas ma volonté qui a distribué aux images que je trouve dans mon esprit le rang qu'elles y occupent maintenant. Le cours régulier des études, les années d'éducation académique et professionnelle ne m'ont pas enseigné de meilleurs faits que ceux que m'ont appris quelques livres oiseux cachés sous les bancs à l'école latine. Ce que nous n'appelons pas éducation est plus précieux que ce que nous nommons ainsi. Au moment où nous recevons une pensée nous ne nous amusons pas à faire des conjectures sur sa valeur relative. Souvent l'éducation épuise tous ses efforts à essayer d'empêcher et de tromper ce magnétisme naturel qui choisit ce qui lui est propre avec une infaillible sûreté.

Notre nature morale est pareillement viciée par chaque intervention de notre volonté. Les hommes représentent la vertu comme un combat, et prennent de grands airs en racontant les résultats de leurs luttes, et partout cette question est agitée : l'homme le meilleur n'est-il pas celui qui lutte avec la tentation? Mais il n'y a, dans cette affaire, aucun mérite. Ou bien Dieu est présent ou il ne l'est pas. Nous aimons les caractères en proportion de leur spontanéité et de leurs impulsions. Moins un homme pense à ses vertus, moins il les connaît, plus nous l'aimons. Les victoires de Timoléon qui, au dire de Plutarque, coulaient et couraient comme des vers d'Homère, sont les meilleures. Lorsque nous voyons une âme dont toutes les actions sont royales, gracieuses et charmantes comme les roses, nous devons remercier Dieu puisqu'il a permis que de telles choses existent et puissent exister, au lieu de nous tourner brusquement du côté de l'ange et de dire : « Crump est un homme meilleur que celui-là, lui qui lutte en grognant avec tous les diables qui l'assiégent[1]. »

Cette prépondérance de la nature sur la volonté n'est pas moins manifeste dans toute notre vie pratique. Il y a moins d'intentions dans l'histoire que nous n'en supposons. Nous attribuons des desseins profondément ca-

---

[1] Nous avons laissé subsister en français le mot anglais *crump* qui signifie bossu, mal bâti, et dont Emerson fait un nom propre avec intention, pour opposer cette résistance sans harmonie à la grâce du héros spontané.

chés, des plans prémédités et suivis à César et à Napoléon ; mais le meilleur de leur puissance était, non pas en eux, mais dans la nature. Les hommes d'une prospérité extraordinaire et d'un grand génie ont toujours, dans leurs moments honnêtes, répété le refrain : « Ce n'est pas par nous, ce n'est pas en nous. » Selon la foi de leur époque ils ont toujours élevé des autels à la Fortune, à la Destinée ou à saint Julien. Leur succès consistait dans le parallélisme de leur conduite et de leurs pensées, qui ne trouvait en eux aucun obstacle, et les merveilles dont ils n'étaient que les conducteurs et les guides semblaient leurs propres actions. Est-ce que ce sont les fils métalliques servant de conducteurs qui engendrent le galvanisme ? Il est même vrai de dire qu'ils avaient en eux moins de sujets de réflexion que tout autre homme ; c'est ainsi que la vertu d'une flûte est d'être douce et creuse. Ce qui semblait en eux volonté et obstination immuable n'était qu'absence de volonté et annihilation de soi. Shakspeare aurait-il pu jamais pu nous donner une théorie de Shakspeare ? Un homme d'un prodigieux génie mathématique pourrait-il communiquer aux autres hommes l'intuition de ses propres méthodes ? S'il communiquait son secret, immédiatement il perdrait toute sa valeur exagérée, et étant exposé au grand jour, il ne serait plus que l'instrument de l'énergie vitale, du pouvoir d'agir ou ne pas agir.

La leçon que toutes ces observations nous enseignent invinciblement, c'est que notre vie pourrait être plus simple et plus aisée que nous ne la faisons, que le monde pourrait être un lieu plus heureux qu'il ne l'est, qu'il ne serait pas besoin de tant de combats, de convulsions, de désespoirs, de grincements de dents, et de mains tordues de rage, et que nous créons nous-mêmes nos propres maux. Nous mettons évidemment obstacle à l'optimisme de la nature en intervenant hors de propos ; car, toutes les fois que nous touchons à ces terres bénies du passé, ou que, dans le présent, nous approchons d'un sage esprit, nous sommes capables d'observer que nous sommes entourés par des lois spirituelles qui s'exécutent d'elles-mêmes.

La physionomie de la nature extérieure nous enseigne la même leçon avec une calme supériorité. La nature ne souffre pas d'agitation ni de fumée. Elle n'aime pas notre bienveillance ou notre science, plus que nos fraudes et nos guerres. Lorsque nous sortons de la Banque, ou de la convention abolitioniste, ou du *meeting* de tempérance, ou du club *transcendental* pour aller dans les champs et dans les bois, elle semble nous dire : que d'ardeur et d'agitation, mon petit monsieur !

Nous sommes pleins d'actions mécaniques. Par nécessité nous nous mêlons aux affaires du monde jusqu'à ce que les sacrifices et les vertus de la société nous deviennent odieux. L'amour ferait notre joie, mais notre bienveillance est malheureuse. Les écoles du dimanche, les églises et les sociétés des pauvres finissent par être pour nous de véritables fardeaux. Nous nous ennuyons et nous souffrons pour ne plaire à personne. Il y a des moyens naturels d'arriver aux fins auxquelles tendent ces institutions, mais nous ne les suivons pas. Pourquoi toutes les vertus travailleraient-elles d'une manière uniforme et marcheraient-elles dans le même sentier ? Pourquoi, toutes, donneraient-elles de l'argent ? Pour nous, gens de la campagne, cela est très incommode, et nous ne pensons pas qu'aucun bien puisse sortir de cette gêne. Nous n'avons pas de dollars ; ce sont les marchands qui en ont ; qu'ils en donnent. Les fermiers donneront le blé ; les poètes chanteront ; les femmes fileront ; les laboureurs prêteront leurs bras ; les enfants apporteront des fleurs. Et pourquoi donc traîner ce mortel ennui d'une école du dimanche à travers toute la chrétienté ? Il est naturel et il est beau que l'enfance cherche à savoir, et que l'âge mûr enseigne ; mais il est toujours assez temps de répondre aux questions lorsqu'elles sont posées. Ne fermez pas les jeunes enfants contre leur volonté dans un banc d'église ; ne les forcez pas à vous interroger dans un moment où ils n'en ont pas la volonté.

Si nous élargissons l'horizon de nos vues, nous apercevons que toutes les choses sont égales ; les lois, les belles lettres, les croyances, les manières de vivre, semblent un travestissement de la vérité. Notre société est encombrée par de pesantes machines qui ressemblent aux aqueducs sans fin que les Romains bâtissaient au-dessus des collines et des vallées et qui ont été mises de côté après la découverte de cette loi, que l'eau s'élève au niveau de sa source. Notre société est un mur chinois que tout léger Tartare peut franchir. C'est une armée permanente qui ne vaut pas la paix. C'est un empire gradué, titré, richement doté, qui devient tout à fait superflu lorsqu'il est une fois reconnu que les *meetings* de nos villes valent tout autant.

Tirons une leçon des enseignements de la nature qui procède toujours par de courts moyens. Lorsque le fruit est mûr, il tombe. Lorsque le fruit est cueilli, la feuille tombe. Le circuit des eaux est une simple chute. La marche des hommes et de tous les animaux est une chute en avant. Tous nos travaux manuels, toutes les œuvres de notre énergie, les actions de fouiller, de fendre, de creuser, de ramer et ainsi de suite, sont accomplies par la force d'une chute perpétuelle, et la terre, les globes, la lune, les comètes, le soleil, les étoiles n'existent qu'en vertu d'une chute éternelle.

La simplicité de l'univers est très différente de la simplicité d'une machine. Le pédant est celui qui cherche en dehors de lui, et ici ou là, comment le caractère est formé et la science acquise. La simplicité de la nature n'est pas telle parce qu'elle peut être aisément comprise, mais parce qu'elle est inépuisable. La dernière analyse de cette simplicité ne peut jamais être achevée. Nous jugeons de la sagesse d'un homme par ses espérances, car nous savons bien que la perception des trésors inépuisables de la nature constitue une immortelle jeunesse. Nous sentons la force de fertilité de la nature lorsque nous comparons nos noms et nos réputations précises avec notre flottante et fluide conscience. Nous passons dans le monde pour appartenir à des sectes et à des écoles, pour pieux et pour érudits, et nous ne sommes toute notre vie que de jeunes enfants. On voit bien comment le pyrrhonisme a pu se développer. Chaque homme aperçoit qu'il est placé sur le point intermédiaire d'où chaque chose peut être affirmée et niée en même temps avec autant de raison. Il se voit vieux et jeune, sage et ignorant à la fois. Il entend et comprend à la fois ce que vous dites des séraphins et ce que vous dites du chaudronnier. Il n'existe pas d'homme perpétuellement sage; cette sagesse permanente n'existe que dans les fictions des stoïciens. Lorsque nous lisons ou que nous peignons, nous nous rangeons du côté des héros contre le lâche et le voleur; mais nous avons été nous-mêmes ce lâche et ce voleur, et nous le serons encore, non par de triviales circonstances, mais par la comparaison de notre vie avec les grandeurs possibles de l'âme.

La courte inspection des circonstances qui, chaque jour, prennent place dans notre vie, nous montrera que c'est une loi plus haute que celle de notre volonté qui règle les événements; que nos pénibles travaux sont stériles et sans nécessité; que nous ne sommes forts que par nos actions aisées, simples et spontanées, et que c'est en nous contentant d'obéir que nous devenons saints. La croyance et l'amour, ou plutôt l'amour croyant nous soulage du poids immense des soucis. O mes frères, Dieu existe. Il y a une âme au centre de la nature qui domine si bien la volonté des hommes, qu'aucun de nous ne peut porter atteinte à l'ordre de l'univers. Elle a rempli si bien la nature de ses enchantements infinis, que nous prospérons lorsque nous écoutons ses avis, et que, lorsque nous essayons de blesser ses créatures, nos mains s'attachent à nos côtés ou frappent nos propres poitrines. Le cours entier des choses nous enseigne la foi. Nous n'avons besoin que d'obéir. Il y a un guide pour chacun de nous, et en écoutant attentivement nous entendrons les paroles qui nous concernent spécialement. Pourquoi choisissez-vous si péniblement votre place, votre occupation, vos associés, vos modes d'action ou de passe-temps? Certainement, il y a pour vous un droit possible qui peut vous dispenser de l'hésitante délibération et du choix volontaire. Pour vous, il existe quelque part une réalité, une place convenable, et des devoirs en rapport avec votre nature. Placez-vous au milieu du courant de puissance et de sagesse qui coule en vous et qui est votre vie ; placez-vous au plein centre de ce flot, et sans efforts vous serez portés vers la vérité, vers le droit, vers la parfaite félicité. Si nous ne gâtions pas toute chose par nos misérables interventions, le travail, la société, les lettres, les arts, la science, la religion des hommes s'organiseraient mieux que maintenant ; et le paradis prédit depuis le commencement du monde, le paradis dont le désir est toujours présent au fond du cœur, se dévoilerait de lui-même et s'organiserait comme le font aujourd'hui la rose, l'air et le soleil [1].

Je dis *ne choisis pas*; mais ceci est une figure de rhétorique dont je me sers pour distinguer ce que les hom-

---

[1] Voilà le point critique de la philosophie d'Emerson ; voilà par où elle se rattache à nos modernes systèmes d'abandon de soi et d'attraction extérieure, elle qui leur échappe sur tant d'autres points. Du reste, le paragraphe suivant corrige et explique celui-là.

mes appellent communément *choix* et qui n'est qu'un acte partiel, qui n'est que le choix des mains, des yeux, des appétits, au lieu d'être un acte complet de l'homme entier. Mais ce que j'appelle le droit ou le bien, c'est le choix de ma *constitution*; ce que j'appelle paradis, c'est l'état de circonstances désirables et favorables à ma constitution; l'action que, toute ma vie, j'ai désiré faire est le travail propre à mes facultés. Un homme est responsable envers la raison du choix de son métier ou de sa profession. Ce n'est pas excuser ses actions que de se rabattre sur l'habitude de son métier. Qu'a-t-il à faire d'un mauvais métier? N'a-t-il pas une *vocation* dans son caractère [1]?

Chaque homme a sa vocation; un talent particulier qui le sollicite et lui commande. Il y a une direction dans laquelle tout l'espace lui est ouvert. Il a des facultés qui l'invitent silencieusement à un exercice sans fin. Il est comme un bateau qui sur une rivière rencontre des obstacles de toutes parts, excepté d'un seul côté; l'obstacle n'existant pas de ce côté unique, le bateau flotte sereinement sur les eaux profondes. Et l'homme aussi en suivant sa voie navigue sur une mer infinie. Ce talent et cette vocation dépendent de son organisation, ou du mode selon lequel l'âme générale s'incarne en lui. L'homme incline à faire une chose qui lui soit aisée, qui soit bonne une fois achevée, mais qu'aucun autre homme ne peut faire. Il n'a pas de rival; car plus il consulte sa propre puissance avec vérité, plus son œuvre se montre dissemblable de l'œuvre des autres. Lorsqu'il est vrai et fidèle, son ambition est exactement proportionnée à sa puissance. L'élévation du sommet est déterminée exac-

---

[1] Le mot *calling*, à proprement parler, signifie appel; c'est la traduction anglaise du mot biblique qui sert à désigner l'appel que Dieu fit à Abraham; nous avons conservé le mot vocation, bien qu'un peu détourné aujourd'hui de son sens primitif et direct.

tement par la largeur de la base. Chaque homme a cette puissance de faire quelque chose d'*unique* et d'original, et aucun homme n'a d'autre vocation que celle-là. La prétention qu'il a une autre mission que celle-là, qu'il a été appelé par son nom, choisi personnellement, et marqué de signes visibles pour faire quelque chose d'extraordinaire qui le sépare du lot commun des hommes, s'appelle fanatisme, et trahit l'imbécillité qui l'empêche d'apercevoir qu'il y a un même esprit pour tous les individus, et que cet esprit n'a aucun respect des personnes.

En remplissant sa tâche, il fait sentir aux hommes le besoin qu'il est capable de satisfaire. Il crée en eux le goût qui l'enchante. Il provoque en eux les nécessités dont il peut être le ministre. En faisant son œuvre, il se réalise lui-même. Le vice de nos discours publics, c'est qu'ils n'ont pas d'abandon. Quelquefois, non-seulement l'orateur, mais tout homme quel qu'il soit pourrait lâcher les rênes entières, pourrait trouver ou créer l'expression franche et cordiale de la force et de la pensée qui sont en lui. L'expérience commune montre que l'homme s'accommode comme il peut des détails inhérents au métier ou au travail dans lesquels il a été jeté, et qu'il remplit son devoir comme un chien qui tourne une broche. Alors il devient lui-même une partie de la machine qu'il remue et l'homme est perdu. Jusqu'à ce qu'il puisse se communiquer pleinement aux autres, se présenter à eux dans toute sa stature et dans toutes ses proportions comme un homme sage et bon, il n'a pas encore trouvé sa vocation. Il doit trouver une issue par laquelle il puisse laisser échapper son caractère, afin de justifier son œuvre à leurs yeux. Si le travail est trivial, que, par sa pensée et son caractère, il le rende libéral. Qu'il communique aux hommes ce qu'il sait et ce qu'il pense, ce qu'il suppose digne d'être accompli; sans cela les hommes ne le connaîtront pas et ne l'honoreront pas droitement. Fou, qui vous en tenez à la vulgarité et à la formalité de l'action que vous accomplissez au lieu de la transformer par votre caractère et vos élans.

Nous n'aimons que les actions qui, depuis longtemps, ont obtenu les louanges des hommes, et nous ne nous apercevons pas que quelque chose que l'homme puisse faire, elle peut être divinement faite. Nous pensons que la grandeur est fixée et organisée dans quelques places ou par quelques devoirs, dans certains offices et dans certaines occasions, et nous ne voyons pas que Paganini peut tirer d'infinis ravissements d'une simple corde de violon, Eulenstein d'une guimbarde, un enfant adroit de découpures en papier, Landseer d'un cochon, et le héros de la pitoyable habitation et de la compagnie au milieu de laquelle il est caché. Ce que nous appelons obscure condition et société vulgaire, ne sont que la condition et la société dont la poésie n'a pas encore été écrite, et que vous pouvez rendre aussi enviables et aussi renommées que les autres. Acceptez votre génie, et dites ce que vous pensez. Prenez des leçons des rois, d'après la mesure de votre état. Les devoirs de l'hospitalité, les unions de familles, l'hypothèse de la mort et mille autres choses sont l'objet des pensées et des préoccupations de la royauté ; que tout royal esprit s'en préoccupe aussi. Faire de ces choses une appréciation toujours nouvelle, voilà l'élévation.

Un homme agit d'après ce qu'il a en lui. Qu'a-t-il à faire de l'espérance et de la crainte ? En lui est sa puissance. Qu'il ne regarde comme solide aucun autre bien que celui qui est dans sa nature, et qui peut grandir en lui pendant toute son existence. Les biens de la fortune peu-

---

[1] Landseer, peintre anglais contemporain et encore vivant, très renommé pour les peintures d'animaux.

vent pousser et tomber comme les feuilles de l'été; qu'il joue avec eux, et qu'il les jette à tous les vents comme les signes momentanés de son infinie puissance de production.

Un homme doit être lui-même. Le génie d'un homme, la qualité qui le sépare de chaque autre, sa susceptibilité impressionable à l'endroit d'une certaine classe d'influences, le choix de ce qui lui est convenable, le rejet de ce qui lui est contraire, déterminent pour lui le caractère de l'univers. Un homme existe d'après ses pensées, d'après ses déterminations, et ces pensées et ces déterminations façonnent la nature sur leur moule. Un homme est une méthode, un arrangement progressif, un principe de division et de choix recueillant ce qui lui est sympathique et semblable, partout où il va. Il glane ce qui lui est propre au milieu de la multiplicité qui fait bruit et tumulte autour de lui. Il est semblable à ces longues barres de bois qui sont lancées du rivage dans les eaux des rivières pour atteindre et saisir le bois flottant, ou encore comme la pierre d'aimant parmi des fragments d'acier.

Ces mots, ces faits, ces personnes qui habitent sa mémoire sans qu'il lui soit possible de dire pourquoi, n'en ont pas moins une existence aussi réelle que s'il pouvait rendre compte des causes de leur présence dans son souvenir. Ils sont les symboles de sa valeur personnelle, et lui interprètent certaines pages de sa conscience dont il chercherait vainement l'explication dans les images conventionnelles des livres et dans d'autres esprits. Ce qui attire mon attention l'obtiendra; je vais droit à l'homme qui frappe à ma porte, tandis que mille personnes, aussi honorables peut-être que celui-là, passent à côté sans que je leur accorde aucune attention. Il suffit que ces particularités me parlent. Quelques anecdotes, quelques traits de caractère, de mœurs, de physionomie, ont, dans notre souvenir, une valeur exagérée, hors de toute proportion avec leur signification apparente, si vous les mesurez avec les mètres habituels. Ils se rapportent à nos dons propres. Qu'ils pèsent leur poids tout entier ; n'essayez pas de les rejeter et de les mépriser pour accorder toute votre faveur à d'autres *illustrations* et à d'autres faits plus usuels en littérature. Respectez-les, car ils ont leur origine dans le plus profond de votre nature. Ce que votre cœur croit grand est grand. L'enthousiasme de l'âme ne se trompe jamais.

L'homme a les droits les plus élevés sur tout ce qui est agréable à sa nature et à son génie. Partout il peut s'approprier ce qui appartient à son état spirituel ; il ne peut s'approprier davantage, quoique toutes les portes de la nature soient grandes ouvertes, et toute la force des hommes ne peut l'empêcher de prendre moins. C'est en vain qu'on essayerait de cacher un secret à celui qui a un droit à le connaître ; ce secret se dira de lui-même. L'humeur dans laquelle un ami peut nous jeter révèle justement l'espèce de domination qu'il a sur nous. Il a droit aux pensées de cet état de l'esprit. Il peut contraindre à se montrer toutes les pensées qui se rapportent à cette situation de notre esprit. C'est une loi que les hommes d'État mettent en pratique. Toutes les terreurs de la république française, qui tenaient l'Autriche en respect, furent incapables de commander à sa diplomatie ; mais Napoléon envoya à Vienne M. de Narbonne, homme de vieille noblesse, porteur d'un nom aristocratique, et doué des manières et des mœurs du parti de la noblesse, disant qu'il était indispensable d'envoyer comme ambassadeur à la vieille aristocratie de l'Europe des hommes sortis de son sein, parce qu'elle constitue en fait une sorte de franc-maçonnerie. En moins d'une quinzaine, M. de Narbonne pénétra tous les secrets du cabinet impérial.

Un entendement mutuel est toujours la plus ferme des chaînes. Rien ne semble si aisé que de parler et d'être compris. Cependant un homme arrivera tôt ou tard à voir que le plus fort des liens et le plus vigoureux moyen de défense c'est d'avoir été compris, et en revanche celui qui a accepté une opinion qui lui a été communiquée, ne tardera pas à s'apercevoir que c'est le plus insupportable des liens.

Si un maître a quelque opinion qu'il désire cacher, ses élèves ne tarderont pas à en être aussi pleinement instruits que de celles qu'il enseigne. Si vous versez de l'eau dans un vase d'une forme à angles multiples, c'est en vain que vous direz : Je veux verser l'eau dans cet angle ou dans cet autre ; l'eau prendra son niveau également dans tous les angles. Les hommes pressentent les conséquences de vos doctrines et les transforment en actes, sans qu'il leur soit possible d'expliquer pourquoi. Montrez-nous un arc d'une courbe, et un bon mathématicien va reconstruire la figure entière. Nous raisonnons toujours en allant du visible à l'invisible ; de là la parfaite intelligence qui existe entre tous les hommes sages et les plus séparés par les temps. Un homme ne peut ensevelir ses pensées si profondément dans son livre, que le temps et les hommes d'un génie égal au sien ne puissent bien les découvrir. Platon avait-il une doctrine secrète? Quel secret a-t-il pu dérober aux yeux de Bacon, de Montaigne, de Kant? C'est pour la même raison qu'Aristote disait de ses œuvres : Elles sont et ne sont pas publiées.

Aucun homme ne peut apprendre ce qu'il n'est pas préparé à apprendre, quelque proche que l'objet soit de ses yeux. Un chimiste peut sans crainte dire ses plus précieux secrets à un charpentier, ses secrets que pour un empire il ne livrerait pas à un autre chimiste ; le charpentier n'en sera pas plus sage. Dieu nous met à l'abri des idées prématurées. Nos yeux sont ainsi faits qu'ils ne peuvent apercevoir les objets qui sont vis-à-vis de nous jusqu'à ce que notre esprit soit préparé; alors nous les contemplons, et le temps pendant lequel nous ne les avions pas vus nous semble un rêve.

Ce n'est pas dans la nature, c'est en lui-même qu'existent toutes les beautés et tous les biens que voit l'homme. Le monde est peu de chose, en vérité, et doit tous ses ornements à l'âme qui fait son orgueil. Le sein de la terre est plein de splendeurs, mais ces splendeurs ne lui appartiennent pas. La vallée de Tempé, Tivoli et Rome, ne sont que de la terre et de l'eau, que rochers et ciel. Il y a d'aussi bonne terre et d'aussi bonne eau dans mille autres lieux; cependant, combien celles-là nous touchent moins!

Le soleil et la lune, l'horizon et les arbres, ne rendent point les hommes meilleurs. On n'a pas observé que les gardiens des galeries romaines ou les domestiques des prêtres eussent plus d'élévation de pensée, et que les libraires fussent des hommes plus sages que les autres. Il y a des grâces dans la conduite d'une personne noble et polie qui sont perdues pour les yeux des rustres. Toutes ces choses sont comparables aux étoiles dont la lumière n'a pas encore atteint notre globe.

L'homme peut voir ce qu'il fait. Nos rêves sont le cortége d'une science vacillante. Les visions de la nuit sont toujours en proportion des visions du jour; les rêves hideux ne sont que les exagérations des péchés de la veille. Nous voyons nos mauvaises affections personnelles incarnées dans de vilaines physionomies. Sur les Alpes, le voyageur voit quelquefois son ombre s'étendre jusqu'aux dimensions d'une stature de géant, si bien que chaque geste de sa main est terrible. « Mes enfants, disait un vieillard à ses fils effrayés par une figure à l'entrée d'une obscure habitation, mes enfants, vous ne verrez jamais pire que vous-mêmes. » Dans les événements les moins flottants, les moins fugitifs du monde, aussi bien que dans les rêves, l'homme se voit comme un colosse, sans savoir que c'est lui-même qu'il voit. Le bien qu'il voit comparé au mal qu'il voit est dans les mêmes proportions que son propre bien à son propre mal. Chaque qualité de son esprit est magnifiquement rehaussée dans quelqu'une de ses connaissances, chaque émotion de son cœur dans quelque autre. Il est comme un quinconce d'arbres qui compte cinq côtés, est, ouest, nord et sud, ou comme un acrostiche qui se répète au commencement, au milieu et à la fin. Et pourquoi non? Il s'attache à une personne et en évite une autre, selon leur ressemblance ou leur différence d'avec lui ; il se cherche lui-même dans ses associés, et puis par degrés dans son commerce, dans ses habitudes, dans ses gestes, dans ses mets, dans ses boissons ; et à la fin il en vient à être fidèlement représenté par n'importe laquelle des circonstances qui lui sont familières.

L'homme peut lire ce qu'il écrit. Que pouvons-nous voir ou acquérir sinon ce que nous avons? Vous avez vu un homme habile lisant Virgile. Bien ; mais ce livre unique entre les mains de mille personnes différentes devient mille livres différents. Prenez le livre à votre tour, lisez-le avec vos propres yeux et vous n'y trouverez pas ce que j'y trouve. Si quelque lecteur ingénieux voulait s'attribuer le monopole de la sagesse et du plaisir que ce livre procure, il serait aussi sûr de le rendre anglais et de défigurer sa signification que s'il était emprisonné dans la langue des sauvages. Il en est des bons livres comme de la bonne compagnie. Introduisez une personne commune parmi des *gentlemen*, elle n'est point de leur compagnie. Toute société se protége et se sauvegarde parfaitement ; l'homme mal-appris n'appartient pas à la société des *gentlemen*, bien qu'il soit dans le même salon qu'eux.

A quoi sert de combattre avec les lois éternelles de l'esprit qui assortissent les relations de toutes les personnes par la mesure mathématique de leur *avoir* et de leur *être?* Gertrude est éprise de Guy ; combien ses manières et son maintien sont élevés, aristocratiques, romains! Vivre avec lui, ce serait vivre en vérité ; on ne saurait acheter trop cher un pareil bonheur, et le ciel et la terre sont remués à cette fin. Bien, Gertrude possède Guy ; mais à quoi lui servent le maintien et les manières élevés, aristocratiques et romains de son époux dont la pensée et le cœur sont au sénat, au théâtre, dans la salle de billard, si elle n'a pas d'élans, ni de conversations capables d'enchanter son gracieux maître?

L'homme doit faire de lui-même sa propre société. Nous ne pouvons aimer que la nature. Les plus merveilleux talents, les actions les plus méritoires ne nous intéressent que très peu ; mais la proximité et la ressemblance de la nature avec nous-mêmes, combien aisées et belles sont les victoires qu'elles remportent sur nous! Des personnes fameuses par leur beauté, par leur perfection, dignes de toute sorte d'admiration par leurs charmes et leurs dons, nous approchent et déploient toute leur beauté et tout leur talent pour la société où elles se trouvent et pour les courtes heures qu'elles ont à passer avec cette société, mais sans résultat et sans succès complet. Assurément ce serait de l'ingratitude de notre part de ne pas les louer à haute voix. Puis lorsque tout ce bruit est fini, une personne d'un esprit en rapport avec le nôtre, un frère ou une sœur de notre nature propre, vient à nous si doucement et si aisément, s'approche si près de nous et si intimement, qu'il semble que son sang soit le même qui coule dans nos veines; nous nous identifions si bien, qu'il semble qu'au lieu d'avoir conquis un compagnon il y ait l'un de nous de parti; nous sommes soulagés et rafraîchis, et cette relation est une sorte de joyeuse solitude. Dans nos jours de péché, nous pensons follement que nous devons être affables envers nos amis à cause des coutumes de la société, à cause de leur toilette, de leur naissance, de leur éducation, de leur valeur personnelle.

Plus tard, si nous sommes assez heureux pour cela, nous apprenons que l'âme qui seule peut être mon amie, c'est l'âme que j'ai rencontrée sur la route où je marchais, l'âme à laquelle je ne me refuse pas, qui ne se refuse pas à moi, et qui, née sous la même latitude céleste que moi, répète en elle-même toutes mes expériences personnelles. Le *scholar* et le prophète s'oublient eux-mêmes et imitent les coutumes et les costumes de l'homme du monde pour mériter les sourires de la beauté. Ils deviennent fous et suivent quelque fantasque jeune fille, au lieu de chercher avec une religieuse et noble passion une femme à l'âme sereine, belle et prophétique. Qu'ils soient grands et l'amour ne leur fera pas défaut. Rien n'est aussi fortement puni que la négligence des affinités par lesquelles la société peut seulement être formée, et la légèreté insensée dans le choix de nos associés.

L'homme peut déterminer sa propre valeur. C'est une maxime universelle digne d'être pleinement acceptée, qu'un homme peut acquérir la valeur qu'il s'attribue. Prenez la place et mettez-vous dans la position où vous voyez que votre droit ne peut être mis en question, et tous les hommes acquiesceront à vos prétentions. Le monde est obligé d'être juste. Toujours il laisse avec une profonde indifférence chaque homme établir lui-même sa propre valeur : que cet homme soit un héros ou un niais, le monde ne se mêle pas de ses affaires. Il acceptera certainement la mesure que vous établirez vous-même pour vos actes et pour votre être; soit que lâchement vous rampiez et que vous niiez votre propre nom, soit que vous lui montriez votre œuvre unie dans la concave sphère des cieux avec la révolution des étoiles.

La même réalité pénètre tous les enseignements. L'homme peut enseigner par acte et pas autrement. S'il peut se communiquer aux autres, il peut enseigner, mais que ce ne soit pas par des mots. Celui qui enseigne donne ; celui qui apprend reçoit. L'enseignement est nul jusqu'au moment où le disciple est arrivé au même état que vous et a reconnu les mêmes principes ; alors il s'opère une mutation de plus ; il est vous, vous êtes lui ; voilà l'enseignement, et il n'y a pas de hasard malheureux ou de mauvaise compagnie qui puisse jamais faire perdre entièrement à votre disciple les bienfaits intellectuels qu'il a reçus de vous. Mais vos leçons sortent par une oreille lorsque vous vous contentez de les faire entrer par l'autre. Nous recevons l'avis que M. Grand prononcera un discours le 4 juillet, et que M. Hand en prononcera un autre devant l'auditoire de l'association mécanique, et nous ne nous dérangeons pas pour aller les entendre, parce que nous savons bien d'avance que ces *gentlemen* ne communiqueront pas à l'auditoire leur caractère et leur être. Si nous pensions recevoir quelque communication de ce genre, nous irions malgré toutes nos affaires et toutes les importunités qui nous assiégent. Les malades eux-mêmes s'y feraient transporter en litière. Mais un discours public est une méprise, un mensonge, un manque de confiance, une apologie, un bâillon ; ce n'est pas une communication, un discours, un homme.

Une semblable Némésis préside à tous nos travaux intellectuels. Nous devons apprendre que la chose qui est exprimée en paroles n'est pas pour cela affirmée. Elle doit s'affirmer d'elle-même et par sa valeur intrinsèque, car il n'y a pas de formes de grammaire, de plausibilité, ni de méthode d'argumentation qui puissent lui imprimer les caractères de l'évidence. La sentence doit contenir en elle son apologie, qui l'excuse pour ainsi dire d'avoir été exprimée, et qui manifeste le droit qu'elle avait d'être exprimée.

L'effet de tout écrit sur l'esprit public peut être mesuré mathématiquement par la profondeur de pensée renfermée dans cet écrit. Quelle quantité d'eau contient le vase? Si cet écrit éveille en vous la pensée, si par la grande voix de l'éloquence il vous fait tressaillir et vous fait lever et sortir de votre repos, son effet sur l'esprit des hommes sera large, lent, permanent; si ces pages, au contraire, ne vous instruisent pas, elles mourront comme les mouches au bout d'une heure. La manière de parler et d'écrire qui ne passe pas de mode, c'est parler et écrire sincèrement. L'argument qui n'a pas la puissance d'atteindre à ma vie et à ma manière d'être atteindra difficilement, je le crains, à celles des autres. Prenez pour devise le mot de Sidney : Descends dans ton cœur et écris. Celui qui écrit pour lui-même écrit pour un public éternel. Cela seul est digne du public qui a été fait en vue de satisfaire votre propre curiosité. L'écrivain qui prend son sujet dans tout ce qui bourdonne à ses oreilles, au lieu de le prendre dans son cœur, devrait savoir qu'il a perdu autant qu'il semble avoir gagné, car lorsque le livre a recueilli toutes ses louanges et que la moitié du public a crié suffisamment : quelle poésie! quel génie! il se trouve que ce livre n'a pas encore assez de flamme pour propager une abondante chaleur. Il n'y a que ce qui est profitable qui profite. Il n'y a que la vie qui puisse engendrer la vie, et, malgré tous nos éclats, nous ne serons jamais mesurés que d'après la mesure que nous aurons fournie de nous-mêmes. Il n'y a pas de hasard dans la réputation littéraire. Ce ne sont pas les bruyants et individuels lecteurs du livre nouvellement paru qui rendent sur ce livre un verdict définitif. C'est un public, comparable à un tribunal céleste, qu'il est impossible de corrompre, de séduire, d'intimider, qui décide des titres de chaque homme à la renommée. Il n'y a que les livres qui méritent de rester qui restent. Toutes les éditions sur vélin, reliées en maroquin, dorées sur tranche, le grand nombre d'exemplaires répandus dans toutes les bibliothèques ne feront pas vivre un livre au-delà de la date intrinsèquement contenue en lui-même. Ce livre s'en ira à sa destinée avec tous les annuaires royaux et toutes les éditions splendides des livres passés. Blackmore, Kotzebue, Pollock peuvent bien subsister une nuit; mais Moïse et Homère subsistent pour l'éternité. Il n'y a pas à la fois dans le monde plus d'une douzaine de personnes qui lisent Platon et qui le comprennent; il n'y en a jamais assez pour pouvoir publier une édition de ses œuvres; et cependant, grâce à ces quelques personnes, les œuvres de Platon se présentent à chaque nouvelle génération comme si elles étaient apportées par les mains de Dieu lui-même. Aucun livre, disait Bentley, n'a jamais été conservé ou effacé que par lui-même. La permanence et la durée de tous les livres ne sont pas établies par des efforts hostiles ou amis, mais par leur propre gravité, par l'importance intrinsèque des choses qu'ils adressent à ce qu'il y a de constant et d'éternel dans l'esprit de l'homme. « Ne vous inquiétez pas trop de la lumière sous laquelle vous devez placer votre statue, disait Michel-Ange à un jeune sculpteur; la lumière de la place publique saura bien faire valoir son véritable mérite. »

De même, l'effet de chaque action peut être mesuré par la profondeur du sentiment dont elle découle. Le grand homme ignorait qu'il fût grand; il a fallu un siècle ou deux pour que sa grandeur apparaisse. Il a fait ce qu'il a fait parce qu'il était de son devoir de le faire; il n'avait pas le choix. Ses actions étaient pour lui la chose la plus naturelle du monde et naissaient des circonstances de l'heure présente. Mais aujourd'hui toutes ses actions, même un geste de sa main, même sa manière habituelle de prendre ses repas, semblent larges, ont d'infinis rapports avec l'universalité des choses et sont devenues des institutions.

Voici quelques démonstrations du génie de la nature, données par quelques simples détails; ils nous montrent la direction du courant. Mais ce courant est de sang, chacune de ses gouttes est vivante. La vérité ne remporte pas de victoires individuelles; toutes les choses sont ses organes, non-seulement la poussière et les pierres, mais même les erreurs et les mensonges. Les lois de la maladie, nous disent les médecins, sont aussi belles que les lois de la santé. Notre philosophie est affirmative et n'en accepte pas moins avec empressement le témoignage des faits négatifs; c'est ainsi que toute ombre indique le soleil. Par une nécessité divine, chaque fait dans la nature est forcé de venir apporter son témoignage.

Le caractère humain doit en outre se manifester de lui-même aux yeux des autres hommes. Il ne peut pas se cacher, il déteste les ténèbres, il court après la lumière. L'acte et le mot les plus fugitifs, la simple apparence d'agir aussi bien que le plus intime dessein expriment le caractère; si vous agissez, vous manifestez votre caractère; vous le manifestez par votre repos; vous le manifestez par votre sommeil. Vous croyez que parce que vous n'avez rien dit pendant que les autres parlaient, et parce que vous n'avez pas exprimé votre opinion sur les temps actuels, sur l'Église, sur l'esclavage, sur les colléges, sur les partis et les individus, votre verdict est encore attendu avec curiosité comme la voix d'une sagesse attardée. C'est tout le contraire, votre silence parle haut. Vous n'avez pas d'oracles à exprimer, et vos compagnons ont appris que vous ne pouviez leur être d'aucun secours, car les oracles parlent. La sagesse ne crie-t-elle pas, l'intelligence ne fait-elle pas entendre sa voix?

De terribles limites sont posées dans la nature au pouvoir de la dissimulation. La vérité tyrannise les membres rebelles du corps. La physionomie ne ment jamais, dit-on. Il n'est aucun homme qui puisse être trompé, s'il étudie les changements de l'expression. Lorsqu'un homme exprime la vérité, avec l'esprit et l'accent de la vérité, son œil brille de la clarté des cieux. Lorsqu'il a un but vil et qu'il parle faussement, son œil est trouble et même louche quelquefois.

J'ai entendu dire à un magistrat plein d'expérience qu'il ne craignait jamais l'effet que pouvait produire sur un jury un avocat qui, dans son cœur, n'était pas convaincu que son client méritait un verdict de non culpabilité. S'il ne le croit pas, son incrédulité apparaîtra, en dépit de toutes ses protestations, aux yeux des jurés, et deviendra leur propre incrédulité. C'est une loi universellement reconnue, qu'une œuvre d'art, de quelque genre qu'elle soit, doit nous placer dans l'état d'esprit où était l'artiste lorsqu'il la fit. Nous ne pouvons exprimer d'une manière adéquate et exacte ce que nous ne croyons pas, quand bien même nous répéterions mille et mille fois les mots qui servent à l'exprimer. C'est cette pensée que Swedenborg a voulu rendre, lorsqu'il nous décrit un groupe de personnes appartenant au monde spirituel, s'efforçant en vain d'articuler une proposition à laquelle elles ne croient pas; mais elles ne peuvent l'exprimer, bien qu'elles plissent et mordent leurs lèvres et leur fassent grimacer même l'indignation.

Un homme passe pour ce dont il est digne. Toute curiosité touchant l'estime que les autres hommes font de nous est oiseuse, aussi bien que toute crainte de rester inconnu. Si un homme sait qu'il peut faire quelque chose, que cette certaine chose il peut la faire mieux que personne, il a l'assurance que ce fait est connu de tout le monde. Le monde est rempli de jours du jugement, et dans toute assemblée où un homme entre, par chaque action dans laquelle il s'essaye, il est pour ainsi dire sondé et timbré. Dans cette troupe d'enfants qui galope dans l'allée et sur la place, un nouvel arrivant est aussi vite et aussi bien pesé au bout de quelques jours, son numéro d'ordre parmi ses compagnons lui est assigné avec autant d'infaillibilité que s'il avait essayé de donner d'une manière complète et formelle les preuves de sa force, de sa vitesse. Un enfant étranger vient d'une école éloignée avec un plus bel habillement que n'en ont ceux d'ici, avec des joujoux plein ses poches, avec de grands airs et des prétentions; un des *anciens* le flaire et se dit en lui-même : « Tout cela ne signifie rien, nous verrons bien demain matin. » Qu'a-t-il fait ? telle est la divine question qui interroge les hommes et qui met en pièces toute fausse réputation. Un faquin s'assied sur quelqu'un des trônes du monde ; pour le moment, on peut bien ne pas le distinguer d'Homère et de Washington ; mais lorsque nous cherchons la vérité, nous n'éprouvons aucune difficulté à établir l'habileté respective des êtres humains. Les prétentions doivent rester calmes et se condamner à ne pas agir. Les prétentions n'ont jamais fait un acte de grandeur réelle. La prétention n'a jamais écrit l'*Iliade*, ni chassé Xercès, ni soumis le monde à la religion chrétienne, ni aboli l'esclavage.

Il apparaît toujours dans un homme autant de vertu qu'il en a, et le respect que commande le bien est toujours en rapport avec le degré de bonté qui est manifesté. Tous les diables respectent la vertu. Les sectes élevées, généreuses, dévouées instruiront et commanderont toujours le genre humain. Jamais un mot sincère n'a été entièrement perdu. Jamais une magnanimité n'est tombée à terre. Le cœur de l'homme rencontre les mots et les actes sincères et magnanimes et les accepte, d'une manière inattendue. Un homme passe pour ce dont il est digne. Il grave lui-même son *être* en caractères lumineux que tous les hommes peuvent lire, excepté lui-même, sur sa physionomie, sur sa forme, sur ses aventures. Le secret ne lui sert de rien, non plus que la vanterie. Il y a des confessions dans les regards de nos yeux, dans nos sourires, dans nos saluts, dans nos serrements de main. Les péchés souillent l'homme que voilà, et corrompent toutes ses bonnes impressions. Les hommes ignorent pourquoi ils ne se fient pas à lui, mais enfin ils se défient de lui. Son vice rend son œil vitreux, couperose sa joue, amincit son nez, imprime les marques de la bestialité sur le derrière de sa tête et écrit ô fou, ô fou jusque sur le front d'un roi.

Si vous ne voulez pas qu'on connaisse vos actions, n'agissez jamais. Un homme joue le fou au milieu des déserts ; il se croit seul, mais chaque grain de sable le verra. Il veut vivre en solitaire épicurien, mais il ne peut continuer longtemps son fou monologue. Une complexion brisée, un regard troublé, des actes sans générosité, l'absence de science nécessaire, toutes ces choses parlent. Un cuisinier et un Jachimo peuvent-ils être pris pour un Zénon et pour un saint Paul? Confucius s'écriait : « Comment un homme peut-il être caché ! comment un homme peut-il être caché ! »

D'un autre côté, le héros ne craint pas qu'en retenant l'aveu d'un acte brave et juste, cet acte reste sans témoins sympathiques. Un homme au moins le connaît et se tient pour assuré que cet acte, grâce à la douceur du silence et à la noblesse du dessein qui l'a inspiré, ira à meilleure fin que s'il était raconté ; cet homme est l'auteur de l'acte lui-même. La vertu consiste à adhérer par l'action à la nature des choses et la nature des choses en revanche lui donne la suprême domination. La vertu consiste dans la substitution de *l'être*, cette sublime propriété que Dieu décrivait en disant : *je suis*, au *paraître*.

La leçon que nous enseignent toutes ces observations est : sois et ne *parais pas*; obéissons, et écartons du sentier des divines régions notre néant gonflé d'orgueil. Oublions notre sagesse mondaine. Courbons-nous sous la puissance de Dieu et apprenons de lui ces vérités qui donnent seules la richesse et la grandeur.

Lorsque vous visitez votre ami, qu'avez-vous besoin de vous excuser pour ne l'avoir pas déjà visité? Pourquoi lui faire perdre son temps et défigurer vos actes? Visitez-le maintenant. Laissez-lui sentir que le plus haut amour, représenté par vous son plus humble organe, est venu pour le voir. Pourquoi tourmenter à la fois et vous et votre ami en vous reprochant secrètement de ne pas l'avoir assisté par des dons, ou complimenté et accablé de louanges antérieurement? Soyez vous-mêmes ces dons et ces bénédictions. Brillez d'une lumière réelle et non de la lumière empruntée des dons et des louanges. Les hommes vulgaires sont des apologies vivantes pour les autres hommes; ils inclinent la tête, ils s'excusent avec des raisons prolixes, ils accumulent les apparences, parce que la substance n'est pas en eux.

Nous sommes pleins des superstitions des sens; nous avons le culte des grandes dimensions. Dieu ne connaît pas de mesures; la baleine et le ver ont à ses yeux les mêmes dimensions. Nous appelons le poëte inactif, parce qu'il n'est pas président, marchand ou porteur d'eau; nous adorons une institution et nous ne voyons pas qu'elle est fondée sur une pensée qui est en nous. Mais l'action réelle existe dans les moments silencieux

Les époques de notre vie ne consistent pas dans les faits visibles du choix de notre vocation, de notre mariage, de notre acquisition d'une charge et autres choses semblables, mais dans une pensée silencieuse née dans une promenade, sur le bord d'un chemin, dans une pensée qui révise et modifie toute notre manière de vivre et nous dit : « Tu as agi ainsi, mais il aurait mieux valu agir de cette autre façon. » Toutes nos années postérieures, comme des serviteurs, escortent cette pensée, lui obéissent et exécutent sa volonté dans la mesure de leur pouvoir. Cette révision ou mieux cette correction est une force constante qui, semblable à une impulsion donnée à un corps, traverse notre vie et va jusqu'à ses dernières limites. Le devoir de l'homme, et aussi la fin de ces instants suprêmes sont de faire briller autour de sa personne la lumière du jour, de laisser la loi traverser sans obstacles tout son être, afin que, sur n'importe quel point de ses actions que votre œil tombe, ces actions rendent un compte fidèle de son caractère, qu'elles concernent son hygiène, sa maison, sa religion, sa société, sa gaieté, ses votes, son opposition. Tout à l'heure, il n'est pas *homogène*, mais *hétérogène*; aussi le rayon ne le traverse pas, la lumière ne l'illumine pas, et l'œil de l'observateur se fatigue en découvrant en lui mille tendances diverses et une vie qui n'a pas encore trouvé son unité.

Pourquoi nous piquerions-nous d'une fausse modestie, pourquoi mépriserions-nous l'homme que nous sommes et le mode d'être qui nous a été assigné? Un homme bon est toujours content de son lot. J'aime et j'honore Épaminondas, mais je ne désire pas être Épaminondas, et je tiens pour plus juste et plus utile d'aimer le monde de notre temps que le monde de son temps. Et si je suis vrai et fidèle à moi-même, c'est en vain que vous essayerez de m'embarrasser en disant : « Il a agi, et toi tu demeures dans l'inaction. » Je vois que l'action est bonne lorsqu'il est besoin d'agir et que l'inaction peut être bonne aussi. Si Épaminondas était en réalité l'homme que j'ai toujours supposé qu'il était, certainement il serait resté inactif si son lot eût été le même que le mien. Le ciel est vaste et contient assez d'espace pour tous les genres d'amour et de courage. Pourquoi serions-nous des êtres affairés, actifs et serviables à l'excès? L'action et l'inaction sont égales devant la vérité. Un morceau de l'arbre est coupé pour faire une girouette, un autre pour construire la loge du gardien d'un pont ; la vertu du bois est apparente dans l'un et dans l'autre emploi.

Je ne désire pas manquer envers l'âme. Ce simple fait que je suis présent ici à cette place indique que l'âme a besoin d'un organe pour s'exprimer en ce même lieu. Lui refuserai-je cet office? Est-ce que je vais me défendre, chicaner, m'esquiver, faire servir mes apologies hors de saison et ma vaine modestie de moyens d'excuse, et m'imaginer qu'un tel honneur n'appartient pas à mon être? que cet honneur lui apppartient moins qu'à l'être d'Épaminondas et d'Homère? Est-ce que je vais penser que l'âme ne sait pas ce qui lui convient? Mais si je ne raisonne pas sur ce sujet, je n'éprouverai aucun mécontentement. L'âme excellente me nourrit toujours et chaque jour renferme en moi de nouveaux trésors de puissance et de joie. Je ne refuserai pas mesquinement l'immensité de ces biens sous le prétexte qu'ils se sont accordés à d'autres sous une forme différente.

En outre, pourquoi serions-nous intimidés par le mot d'action? C'est une tromperie des sens, rien de plus. Nous savons qu'une pensée est la mère de chaque action. L'esprit qui est pauvre et dénué s'imagine qu'il n'est rien s'il ne possède pas quelques signes extérieurs : un habit de quaker, une réunion religieuse calviniste, une société philanthropique, une grande donation, un emploi élevé, ou quelque autre chose semblable, en un mot quelque action différente de lui qui témoigne qu'il est quelque chose. Mais l'esprit riche habite le soleil, sommeille et possède la nature. Penser c'est agir.

Si nous avons vu de grandes actions, efforçons-nous de rendre les nôtres telles. Toute action est d'une élasticité infinie et la moindre de toutes est susceptible d'être pénétrée par la lumière céleste de manière à éclipser le soleil et la lune. Cherchons quelquefois la paix, par fidélité envers nous-mêmes. Faisons notre devoir. Qu'ai-je besoin d'aller fureter dans les actions et la philosophie de l'histoire grecque et italienne, avant de m'être lavé la figure, pour ainsi dire, et de m'être justifié envers mes propres bienfaiteurs? Comment oserai-je lire les campagnes de Washington si je n'ai pas répondu aux lettres de mes correspondants? Est-ce que cela n'est pas une juste objection à de trop nombreuses lectures? C'est une pusillanime désertion de nos affaires que de trop regarder chez nos voisins. C'est une véritable duperie. Byron dit de Jack Bunting : « Il ne savait trop quoi dire, et alors il jura. » Je puis bien dire de l'usage insensé que nous faisons des livres : « Il ne savait quoi faire, et alors il se mit à lire. « Je ne sais à quoi remplir mon temps, et alors je prends immédiatement un livre, par exemple la vie de Brant. Mais c'est un compliment extravagant que nous faisons à la mémoire de Brant, ou du général Scheyler, ou du général Washington. Mon temps est aussi bon que leur temps; le monde auquel j'appartiens, mes actions, toutes mes relations sont aussi bonnes que les leurs, qu'aucune des leurs. Laissez-moi plutôt remplir si bien mes devoirs que d'autres paresseux lecteurs, en comparant ma vie avec la vie de ces hommes, la trouvent identique à la meilleure partie de la leur.

Cette estimation exagérée des dons de Périclès et de

Paul, cette dépréciation des dons qui nous sont personnels vient d'une négligence à observer les faits qui nous découvrent l'identité de la nature. Bonaparte ne connaissait qu'un seul mérite et récompensait également le bon soldat, le bon astronome, le bon poëte, le bon comédien. Il témoignait ainsi qu'il avait le sentiment instinctif d'un grand fait naturel. Le poëte se sert des noms de César, de Tamerlan, de Bonduca, de Bélisaire ; le peintre se sert de l'histoire traditionnelle de la vierge Marie, de saint Pierre et de saint Paul. Il ne doit pas toutefois avoir un respect trop exagéré pour la nature de ces hommes accidentels, de ces héros qui servent de modèles communs. Si le poëte écrit un véritable drame, il est César et non pas l'homme qui met César en scène; alors le même courant de pensée, des émotions aussi pures, un esprit aussi subtil, des mouvements aussi vifs, aussi hardis, aussi extravagants, un cœur aussi grand, aussi confiant en lui-même, aussi intrépide, capable, par son amour et son espérance, de conquérir tout ce qui est solide et précieux dans le monde, les palais, les jardins, l'argent, les navires, les royaumes, et manifestant sa dignité par le dédain qu'il fait de toutes les joies des hommes, toutes ces qualités de César sont dans le poëte, et, par leur puissance, il enthousiasme les nations. Mais les grands noms ne lui servent de rien, s'il n'a pas la vie en lui-même. Que l'homme croie en Dieu et non pas aux noms, aux lieux et aux personnes. La grande âme incarnée dans la forme de quelque femme triste, pauvre et solitaire, de quelque Dolly ou de quelque Jeanne qui vient prendre du service, qui balaye les chambres et nettoie les parquets, ne peut cacher ou éteindre l'éclat de ses rayons ; le balayage et le lavage apparaissent immédiatement de belles et suprêmes actions, paraissent pour un moment le sommet et l'éclat de la vie humaine; si bien que cette pauvre femme fait la gloire et l'envie de tout le monde ; mais subitement la grande âme, s'étant incarnée dans une autre forme, a accompli une autre action, qui maintenant a pris la place de la première et semble à son tour la fleur la plus accomplie de toute la nature vivante.

Nous sommes les photomètres, l'irritable feuille d'or qui mesure les accumulations de l'électrique et subtil élément. Nous savons reconnaître tous les effets authentiques de la vraie flamme au travers de chacun de ses mille déguisements.

X

CERCLES.

L'œil est le premier cercle, l'horizon qu'il forme est le second, et cette figure primaire est répétée sans fin à travers toute la nature. Le cercle est le plus haut emblème de la sphère du monde. Saint Augustin décrivait Dieu comme un cercle dont la sphère est partout et la circonférence nulle part. Pendant toute notre vie nous épelons le sens abondant de cette première de toutes les formes. Nous avons déjà précédemment déduit toute une philosophie morale en considérant le caractère circulaire ou autrement dit le caractère de compensation de chaque humaine action. Nous expliquerons aujourd'hui une autre analogie en montrant comment chacune de nos actions peut être surpassée. Notre vie n'est qu'un apprentissage de la vérité; autour de chaque cercle on peut en décrire un autre; il n'y a pas de fin dans la nature, chaque fin est un commencement. A chaque jour succède invariablement une nouvelle aurore et sous chaque profondeur s'ouvre une profondeur plus grande.

Ce fait, tout autant au moins qu'il symbolise le fait moral de la perfection fugitive et impossible à atteindre, que les mains de l'homme ne peuvent jamais rencontrer, tout autant qu'il est à la fois l'inspirateur et le critique frondeur de chaque succès, peut très bien nous servir à rassembler différents traits caractéristiques de la puissance humaine dans chacune des provinces où elle s'exerce.

Il n'y a pas de fixité dans la nature. L'univers est fluide et volatil. La permanence est un mot dont le sens n'est que relatif. Notre globe vu par Dieu est une loi transparente et non pas une masse opaque de faits. La loi dissout le fait et le rend fluide. Notre culture individuelle est la domination d'une idée qui entraîne après elle toute l'escorte des cités et des institutions. Élevons-nous vers une autre idée, et cités et institutions vont disparaître. La sculpture grecque est tout entière fondue, absolument comme si ses statues eussent été de glace ; ici et là restent seulement quelque figure solitaire ou quelque débris isolé semblables aux monceaux et aux traces de neige que nous rencontrons encore aux mois de juin et de juillet dans les fraîches vallées et dans le creux des montagnes ; car le génie qui créa cette sculpture crée maintenant d'autres choses dans d'autres lieux. Les lettres grecques ont résisté davantage à l'action du temps, mais subissent déjà la même sentence fatale et tombent dans le gouffre inévitable que la création de nouvelles pensées ouvre pour tout ce qui est ancien. Les nouveaux continents sont bâtis avec les ruines d'une vieille planète ; les nouvelles races se nourrissent avec les débris des races précédentes. Les nouveaux arts détruisent les anciens ; les machines hydrauliques ont rendu inutiles les aqueducs ; la poudre à canon, les fortifications ; les chemins de fer, les routes et les canaux ; les bateaux à vapeur, les vaisseaux à voiles ; l'électricité, les bateaux à vapeur.

Vous admirez cette tour de granit, qui a essuyé et surmonté les coups que lui ont portés tant de siècles. Cependant, une faible petite main a bâti ses larges murailles, et l'ouvrier est meilleur que l'édifice. La main qui l'a construit peut plus vite encore le renverser. Préférable à la main et plus agile qu'elle fut l'invisible pensée qui le construisit et le façonna, et ainsi derrière l'imparfait et rugueux effet se cache une belle cause qui, considérée d'une manière restreinte, n'est elle-même que l'effet d'une cause plus belle. Chaque chose reste permanente jusqu'à ce que son secret soit connu. Une riche condition semble aux femmes et aux enfants un fait solide et permanent ; mais pour le marchand elle n'est qu'un composé de quelques matériaux, composé facile à dissoudre. Un jardin, un bon labourage, de bonnes terres semblent à l'habitant des villes des choses fixes comme une mine d'or ou une rivière ; mais un bon fermier sait qu'il ne faut pas plus se fier à ces choses qu'aux promesses de la moisson. La nature nous semble séculaire et stable et a l'air de nous railler avec ces qualités de durée; mais ce fait a une cause comme tous les autres faits, et une fois que j'aurai compris cette cause, l'étendue de ces champs ne me paraîtra plus aussi immuable, ces arbres ornés de feuilles ne m'apparaîtront plus avec autant de solennité. La permanence n'est qu'un mot relatif et qui implique des degrés infinis. Toute chose n'est qu'un intermédiaire. Les globes célestes ne sont pas des limites plus fortes pour la force spirituelle que les yeux d'une chauve-souris.

La clef qui ouvre à l'homme toutes les portes du monde est la pensée. Quoique brusque et défiant, il a un gouvernail auquel il se fie, c'est l'idée qui lui sert à classifier tous les faits. Il ne peut se réformer que par la rencontre d'une nouvelle idée qui commande à l'ancienne. La vie de l'homme est un cercle dans lequel il tourne, qui, partant d'un rayon imperceptible, s'étend de tous côtés en cercles nouveaux et plus larges, et cela indéfiniment. L'espace qu'embrassera cette génération de cercles naissant les uns des autres dépend de la force ou de la véracité de l'âme individuelle. Car chaque pensée qui est née d'une certaine vague de circonstances, par exemple d'un empire, des règles d'un art, d'un usage local, d'un rite religieux, fait un effort inerte pour rester au sommet où elle s'est placée, pour s'y solidifier et y prendre racine. Au contraire, si l'âme est vive et forte, elle brise ses limites de tous côtés, trace un autre orbite dans le profond infini et se précipite dans un plus grand flot de circonstances, qui, à leur tour, s'efforcent de s'arrêter et de s'enchaîner. Mais le cœur refuse de s'emprisonner dans ses premières et dans ses plus faibles impulsions; il tend déjà avec une grande force à aller plus avant, il tend à des expansions immenses et innombrables.

Chaque fait extrême n'est que le commencement d'une nouvelle série de faits. Chaque loi générale n'est qu'un fait particulier d'une loi plus générale qui va bientôt se découvrir. Il n'y a pour nous ni portes fermées, ni murailles, ni circonférences. Cet homme a fini son histoire; voyez comme elle est belle, achevée! comme elle imprime à toutes choses une physionomie nouvelle. Cet homme remplit le ciel entier. Mais voilà que d'un autre côté se lève aussi un homme qui trace à son tour un cercle autour de celui que nous venons de déclarer le dessin exact de la sphère. L'homme qui a parlé le premier n'est déjà plus l'homme parfait; il est simplement celui qui a parlé le premier. Le seul moyen qu'il ait de se réhabiliter, c'est de tracer immédiatement un cercle encore plus large que celui de son antagoniste. Ainsi agissent les hommes, les uns avec les autres. Le résultat de la science d'aujourd'hui, qui hante notre esprit, qui nous tourmente et auquel nous ne pouvons échapper, sera renfermé simplement comme exemple dans une généralisation plus hardie. Dans la pensée de demain, il y a une force qui enlèvera et pèsera toutes tes croyances, les croyances et les littératures de toutes les nations, et qui t'arrangera et t'ouvrira un ciel qu'aucun rêve épique n'a encore décrit. Chaque homme n'est pas tant un travailleur dans le monde, qu'une suggestion et un pressentiment de ce qu'il pourrait être. Les hommes marchent comme de vivantes prophéties d'un âge prochain.

Degré après degré, nous montons l'échelle mystérieuse; les degrés sont nos actions; l'horizon qu'elles nous découvrent est une nouvelle force. Chaque résultat séparé est jugé et refoulé par celui qui suit. Chacun de nous semble être contredit par les faits nouveaux; il n'est en réalité que limité par eux. Le nouveau est toujours haï par l'ancien, et semble à ceux qui vivent dans le vieil état de choses un abîme de scepticisme. Mais l'œil s'habitue bien vite à un nouvel état de choses, car l'œil et le nouveau phénomène qu'il contemple sont les effets d'une même cause ; alors apparaissent l'innocence et la bienfaisance de ce nouvel ordre, qui lui-même, lorsqu'il aura dépensé toute son énergie, pâlira et s'évanouira devant les révélations d'une nouvelle heure.

Ne craignez pas les nouvelles généralisations. Ce fait que voilà semble épais et matériel, et menace de dégrader tes théories sur l'esprit. Ne lui résiste pas, car il ira en se raffinant, et élèvera tes théories sur la matière au niveau de tes théories sur l'esprit.

Si nous observons le domaine de la conscience humaine, nous voyons que là non plus il n'y a pas de fixité. Aucun homme ne suppose qu'il peut être entièrement compris et qu'il peut se comprendre entièrement lui-même. Si je découvre en lui quelque vérité, si je le vois reposer enfin au sein de l'âme divine, je ne conçois pas comment il aurait pu en être autrement. Il sent que la dernière chambre, le dernier cabinet de son âme ne furent jamais ouverts; qu'il y a toujours en lui un résidu inconnu, impossible à analyser. Tout homme croit qu'il y a en lui des *possibilités* plus grandes que les actes précédents et actuels de son existence.

Nos humeurs ne s'accordent pas entre elles. Aujourd'hui, je suis plein de pensées, et je puis écrire ce qui fait la joie de mon intelligence. Je ne vois aucune raison pour ne pas avoir demain la même pensée, la même puissance d'expression. Ce que j'écris, pendant que je l'écris, me semble la chose du monde la plus naturelle; mais hier pourtant je voyais un vide effrayant là où je vois aujourd'hui tant de choses, et je suis sûr que dans un mois d'ici je me demanderai quel est celui qui écrivait tant de pages d'un seul jet. Hélas! quelle foi infirme! quelle volonté timide! quelles vastes oscillations d'un flot immense! je suis un dieu dans la nature, je suis une herbe au pied d'un mur.

L'effort continuel pour s'élever au-dessus de soi-même, pour atteindre un sommet supérieur à celui que nous avons atteint en dernier lieu, se traduit de lui-même dans les relations de l'homme. Nous avons soif d'approbation; cependant nous ne pouvons pardonner à celui qui nous approuve. L'amour est ce qu'il y a de plus doux dans la nature; cependant si je possède un ami, je suis tourmenté par le sentiment de mes imperfections. Cet amour de *moi* accuse mon compagnon; car s'il était assez élevé pour pouvoir me dédaigner, alors je l'aimerais, et je ferais servir mon affection à m'élever vers des hauteurs nouvelles. On peut suivre les progrès d'un homme dans les *chœurs* successifs de ses amis. Pour chaque ami qu'il abandonne en vue de la vérité, il en gagne un meilleur. Comme je me promenais dans les bois en rêvant à mes amis, je me demandais pourquoi je jouerais avec eux à ces jeux idolâtres. Lorsque je ne m'aveugle pas volontairement, je connais et je sais très bien quelles sont les limites où s'arrêtent les mérites des personnes hautes et dignes. Elles sont riches, nobles et grandes, grâce à la libéralité de nos discours; mais la vérité est triste. O esprit béni que j'abandonne pour les personnes qui n'approchent pas de toi! Chaque fois que nous cédons à une considération personnelle, nous perdons un état divin : nous vendons les trônes des anges pour un court et turbulent plaisir.

Combien de fois ne devons-nous pas apprendre la même leçon! Les hommes cessent de nous intéresser aussitôt que nous trouvons leurs limites. Le péché n'est que limitation. Aussitôt que vous avez rencontré les limites d'un homme, vous en avez fini avec lui. Peu importent ses talents, ses entreprises, sa science. Hier encore, il vous attirait et vous séduisait singulièrement; il était pour vous une grande espérance, une mer dans laquelle vous pouviez nager; mais aujourd'hui, vous avez trouvé les rivages de cette mer, vous avez reconnu qu'elle n'est au plus qu'un petit étang, et vous ne vous en inquiétez pas davantage que si vous ne l'aviez jamais vue.

Chaque pas que nous faisons dans la pensée réconcilie vingt faits contraires en apparence, et nous les montre comme des expressions différentes d'une loi unique. Aristote et Platon sont considérés comme les chefs de deux écoles respectives. Un homme sage verra qu'Aristote platonise. En entrant d'un pas plus avant dans la pensée, les opinions discordantes se réconcilient et ne nous apparaissent plus que comme les deux points extrêmes d'un même principe, et nous ne pouvons pénétrer jamais assez avant dans les sphères de l'âme pour toucher le point extrême où de plus hautes visions ne se présenteront plus à nous.

Tremblez lorsque Dieu envoie un penseur sur notre planète. Toutes choses sont en péril alors. C'est comme lorsqu'une conflagration a éclaté dans une grande cité : personne ne sait quelles choses sont en sûreté, et comment finira l'incendie. Il n'y a aucune partie de la science qui ne doive être retournée de tous côtés; il n'y a pas une réputation littéraire, un de ces noms que nous appelons les noms éternels de la renommée qui ne soient en péril d'être réexaminés et condamnés. Les espérances les plus enracinées de l'homme, les pensées de son cœur, les religions des nations, les manières et les mœurs du genre humain sont toutes à la merci d'une nouvelle généralisation. La généralisation est toujours une nouvelle vague de la Divinité pénétrant dans l'esprit de l'homme. De là les frissonnements avec lesquels les hommes la voient arriver.

La valeur consiste dans la puissance que l'homme a de se relever, de ne pas se laisser abattre, de ne pas se laisser dominer par cette nouvelle généralisation, de se tenir droit dans quelque lieu et au milieu de quelques circonstances qu'il soit placé. L'homme ne peut arriver à cette valeur qu'en préférant la vérité à ses opinions d'autrefois sur la vérité, que par une prompte acceptation de la vérité de quelque côté qu'elle lui arrive, que par l'intrépide conviction que ses lois, ses relations avec la société, la chrétienté et le monde auxquels il appartient seront un jour dépassées et mourront.

Il y a des degrés dans l'idéalisme. Nous jouons d'abord académiquement avec l'idéalisme, de même qu'on s'est servi d'abord de l'aimant comme d'un jouet. Puis, dans la chaleur de la jeunesse et de la poésie, nous sentons qu'il peut être vrai, que déjà nous surprenons sa vérité par fragments et par rayons; puis il prend un maintien sévère et imposant, et nous soupçonnons alors qu'il doit être vrai; enfin il se montre sous une forme morale et pratique, et nous apprenons que Dieu existe, qu'il est en nous, que toutes les choses ne sont que des ombres de lui-même. L'idéalisme de Berkeley n'est que l'expression crue de l'idéalisme de Jésus, et ce dernier n'est à son tour que l'expression de ce fait, à savoir, que la nature tout entière est la rapide émanation du bien agissant et s'organisant de lui-même. Mais l'histoire et l'état du monde, à un moment donné, dépendent bien plus directement encore de la classification intellectuelle qui existe dans les esprits des hommes. Les choses qui sont chères aux hommes à une certaine heure le sont à cause des idées qui se sont levées autrefois à l'horizon de leur esprit et qui ont produit le présent ordre de choses comme un arbre porte ses fruits. Un nouveau degré de culture révolutionnerait aussitôt le système entier des désirs et des poursuites de l'homme.

La conversation est un jeu circulaire. Dans la conversation nous brisons les limites qui nous enferment dans un cercle silencieux. Les personnes ne doivent pas être jugées par l'esprit auquel elles participent et même qu'elles expriment sous l'influence de cette pentecôte de la conversation ; le lendemain nous les trouverons bien éloignées des improvisations de la veille, nous les trouverons chevauchant encore à pas lents sur leurs vieux bâts. Et pourtant, sachons jouir de cette flamme pendant qu'elle se suspend en brillant au-dessus de nous. Lorsque chaque nouveau causeur jetant sur nous de nouvelles lumières, nous émancipant de la tyrannie du dernier causeur, pour nous opprimer à son tour par la grandeur et la tyrannie exclusive de sa propre pensée, nous abandonne à un nouveau rédempteur, nous semblons recouvrer nos droits, devenir des hommes. O quelles vérités profondes et seulement exécutables dans les siècles futurs sont contenues dans la simple prédiction de chaque vérité ! Dans les communes heures, la société reste froide et impassible comme une statue. Nous sommes là attendant avec frivolité quelque chose qui puisse nous remplir et n'ayant d'autre science que celle du peut-être, et ces puissants symboles qui nous entourent ne sont pas pour nous des symboles, mais des bagatelles prosaïques et triviales. Mais voici venir le dieu qui convertit les statues en hommes, qui par la flamme de ses regards va brûler le voile qui enveloppe toutes choses et rendre manifeste à tous les yeux le sens intime de chaque objet de l'ameublement, de la coupe, du vase, du fauteuil, de l'horloge, des draperies. Les faits qui, vus à travers les brouillards d'*hier*, nous semblaient si gigantesques, la propriété, le climat, l'éducation, la beauté personnelle et autres choses semblables ont singulièrement changé de proportions. Toutes ces choses que nous tenions pour bien assises craquent et remuent; les littératures, les cités, les climats, les religions tremblent sur leurs fondements et dansent devant nos yeux. Et cependant voyez comme promptement tous ces élans se circonscrivent. Le discours est bon, mais le silence est meilleur et le couvre de confusion. La longueur du discours indique la distance de pensée qui existe entre celui qui parle et celui qui écoute. S'ils étaient en parfait accord d'intelligence sur quelque point, les mots leur seraient inutiles. S'ils étaient parfaitement d'accord sur tous les points, les mots leur seraient insupportables.

La littérature est un point extérieur du cercle de notre vie moderne, autour duquel un autre cercle peut être décrit. Le service que nous rend la littérature, c'est de nous fournir une plate-forme, grâce à laquelle nous pouvons observer de plus haut notre vie présente. Nous nous nourrissons de science ancienne, nous nous installons du mieux que nous pouvons dans les maisons grecques, puniques, romaines, afin de voir plus sagement et de mieux comprendre les demeures et les manières de vivre françaises, anglaises et américaines. De la même façon, nous voyons mieux la littérature du milieu de la nature sauvage, du milieu du tourbillon des affaires, du haut d'une grande religion. Le champ ne peut pas être bien vu si pour le voir on entre dans le champ même. L'astronome doit se servir du diamètre de l'orbite de la terre comme de base, pour trouver la parallaxe de chaque étoile.

C'est pourquoi nous estimons le poëte. Tous les arguments et toute la sagesse ne sont pas dans les encyclopédies, dans les traités métaphysiques, dans les sources théologiques, mais sont aussi dans le sonnet ou la comédie. Dans mon travail journalier, je suis enclin à répéter mes anciens pas, je ne crois pas qu'il y ait de remède à cela, qu'il y ait aucune puissance capable de me changer et de me réformer. Mais quelque Pétrarque ou quelque Arioste, ivre du nouveau vin de son imagination, m'écrit une ode ou un vif roman pleins de pensées et d'actions audacieuses. Ses notes aiguës m'enthousiasment et m'enflamment, brisent la chaîne entière de mes habitudes et m'ouvrent les yeux sur ma propre puissance, et sur toutes les possibilités latentes qu'elle cache. Il attache des ailes à tous les vieux et solides objets qui nous étaient familiers, et une fois de plus je suis capable de choisir un droit chemin dans la théorie et dans la pratique.

La même nécessité nous impose le devoir de choisir un point d'où nous puissions observer la religion. Nous ne pouvons pas toujours voir le christianisme d'après le catéchisme ; mais peut-être pouvons-nous l'observer du milieu des pâturages, d'un bateau voguant sur le lac, et écouter sa voix au milieu des chants des oiseaux des bois. Purifiés par la lumière élémentaire et le vent, baignés dans la mer de belles formes que nous offrent les champs, peut-être nous pourrons jeter sur la vie un regard juste et droit. Le christianisme est cher à juste titre aux meilleurs des individus qui composent le genre humain ; cependant il n'y a pas un jeune philosophe élevé dans une école chrétienne qui n'ait spécialement admiré ce courageux passage de saint Paul : « Et alors le Fils aussi sera soumis à celui qui tient toutes choses sous sa domination, afin que Dieu puisse être tout entier dans tous. » Les vertus et les mérites des personnes ont beau être grands et reconnus; l'instinct de l'homme n'en tend pas moins passionnément à l'impersonnel et à l'illimitable, et s'arme joyeusement de cette parole contre le dogmatisme des bigots.

Le monde naturel peut être conçu comme un système de cercles concentriques; par moments nous découvrons dans la nature de légères dislocations qui nous apprennent que cette surface sur laquelle nous marchons n'est pas ferme, mais glissante. Ces qualités tenaces et multiples, cette végétation et ces affinités chimiques, ces métaux et ces animaux qui semblent exister pour eux-mêmes, ne sont que des moyens et des méthodes, que des mots employés par Dieu, et aussi fugitifs que les autres mots. A-t-il appris son métier le naturaliste ou le chimiste qui a étudié la gravitation des atomes et leurs affinités électives, mais qui n'a pas encore découvert la loi plus profonde dont les affinités ne sont qu'une application partielle et extérieure, cette loi qui enseigne que le même attire le même, que les biens qui vous appartiennent gravitent autour de vous, et n'ont besoin pour être atteints ni de dépenses, ni de peines? Cependant cette loi, elle aussi, n'est qu'une application plus directe et plus voisine de la fin, mais n'est pas la fin elle-même. L'omniprésence est un fait encore plus haut. Ce n'est pas à travers des routes subtiles et souterraines que l'ami est amené à son ami, que les faits vont trouver les faits qui leur servent de contrepartie; en bien considérant, on voit que toutes ces choses sortent de l'éternelle génération de l'âme. La cause et l'effet ne sont que les deux côtés d'un même fait.

La même loi d'éternelle progression assigne leur place à tout ce que nous appelons vertus, et les éteint dans la lumière du mieux. Le grand homme ne sera pas prudent dans le sens populaire, mais c'est de sa grandeur elle-même qu'il déduira toute sa prudence. Mais il est nécessaire lorsqu'on sacrifie sa prudence de savoir à quel dieu on la voue; si on la sacrifie à l'aisance ou au plaisir, il serait meilleur de continuer à être prudent; si c'est à un grand élan de confiance et de foi, on peut l'abandonner sans peine; car il peut bien mettre de côté sa mule et ses paniers, celui qui, pour les remplacer, possède un char ailé. Geoffroy met ses bottes pour aller dans les bois, afin de préserver ses pieds de la morsure des serpents; Aaron ne pense pas un instant à un semblable péril. Pendant bien des années, ni l'un ni l'autre n'ont à souffrir de pareils accidents. Cependant il me semble qu'à chaque précaution que vous prenez contre le mal, vous vous placez sous la puissance du mal. Je pense que la plus haute prudence est aussi la plus basse. N'est-ce pas un retour trop soudain et trop précipité du centre à l'extrémité de notre orbite? Pensez combien de fois vous êtes tombés dans des calculs mesquins avant de trouver votre repos dans les grands sentiments et de pouvoir faire du point d'aujourd'hui un nouveau centre. En outre, vos sentiments les plus courageux sont familiers aux hommes les plus humbles. Les pauvres et les humbles ont leur manière d'exprimer aussi bien que vous les faits les plus récents de la philosophie. « Bienheureux ceux qui ne sont rien, » et « pires sont les choses mieux elles valent, » sont des proverbes qui expriment le transcendentalisme de la vie ordinaire.

La justice d'un homme est l'injustice d'un autre; la beauté d'un homme, la laideur d'un autre; la sagesse d'un homme, la folie d'un autre, selon que nous contemplons les mêmes objets d'un plus haut point de vue. Un homme pense que la justice consiste à payer ses dettes, et il ne met pas de mesure dans son horreur de celui qui remplit nonchalamment ce devoir et fait attendre ses créanciers jusqu'à les ennuyer. Mais peut-être que ce dernier a sa manière de considérer ce devoir et se demande : quelle dette dois-je payer d'abord, mes dettes envers les riches ou mes dettes envers les pauvres? mes dettes d'argent, ou mes dettes de pensée envers le genre humain et de génie envers la nature? Pour vous, ô courtiers! il n'y a pas d'autres principes que l'arithmétique. Pour moi, le commerce est d'une importance triviale; l'amour, la foi, la vérité du caractère, l'aspiration de l'homme, voilà les choses qui me sont sacrées; je ne puis, comme vous, détacher un devoir de tous mes autres devoirs et concentrer mécaniquement mes forces sur la pensée du payement de l'argent. Laissez-moi continuer de vivre, et vous verrez que, bien que plus lentement, par le progrès de mon caractère, je liquiderai toutes ces dettes, sans pour cela avoir besoin de faire tort à de plus hauts devoirs. Si un homme se dévouait entièrement au payement de ses notes, est-ce qu'il ne commettrait pas d'injustice? ne doit-il rien que de l'argent? et toutes les réclamations qui peuvent lui être adressées lui sont-elles faites par le propriétaire ou le banquier?

Ainsi, il n'y a pas de vertu qui soit finale; toutes ne sont qu'initiales. Les vertus de la société ne sont que les vices du saint. La terreur des réformes, c'est la découverte que nous devons rejeter nos vertus ou ce que nous avons estimé tel dans le même gouffre qui a déjà englouti nos vices les plus grossiers.

La plus haute puissance des divins moments, c'est qu'ils peuvent abolir nos contritions. Je m'accuse journellement de paresse et d'insouciance; mais lorsque les vagues de la Divinité coulent en moi, je ne regrette ni ne m'inquiète pas plus longtemps du temps perdu. Je ne calcule pas davantage mesquinement mes progrès possibles, par ce qu'il me reste encore du mois ou de l'année à parcourir, car ces divins moments nous confèrent une sorte d'omniprésence et d'omnipotence qui ne demande rien à la durée, mais voit que l'énergie de l'esprit est en rapport exact avec l'œuvre à accomplir, sans le secours du temps.

Mais j'entends d'ici quelque lecteur s'écrier : Et ainsi donc, ô philosophe des cercles, vous voilà arrivé à un beau phyrrhonisme, à une équivalence et à une indifférence de toutes les actions, et vous nous apprendriez volontiers que si *nous sommes vrais*, nos crimes eux-mêmes peuvent être les pierres vivantes qui serviront à construire les temples du vrai Dieu.

Je ne me soucie pas de me justifier. J'avoue que je suis réjoui en voyant la prédominance du principe du sucre à travers toute la nature végétale, et que je ne le suis pas moins en voyant cette inondation invincible du principe du bien dans chaque coin et dans chaque fente que l'égoïsme a laissé ouvert, et bien plus, dans l'égoïsme et dans le péché eux-mêmes ; si bien qu'aucun mal n'est pur du bien et que l'enfer lui-même n'est pas sans ses satisfactions. Mais puisque j'ai encore ma tête sur mes épaules et que j'obéis à mes élans, je ne laisserai personne rappeler à ma place au lecteur que je ne suis qu'un expérimentateur. N'accordez pas la moindre valeur à ce que je fais, ne jetez pas le moindre discrédit sur ce que je ne fais pas, comme vous pourriez le faire si je prétendais établir la vérité ou la fausseté de quelque chose. Je déplace toutes choses ; aucuns faits ne sont sacrés pour moi, aucuns ne sont profanes ; comme un chercheur sans fin, j'expérimente simplement sans me rattacher aucunement au passé.

Cependant cet incessant mouvement, cette progression que partagent toutes les choses ne peuvent devenir sensibles pour nous que par le contraste de quelque principe de stabilité et de fixité dans l'âme. Tandis que se poursuit l'éternelle génération des cercles, l'éternel générateur reste immobile. Cette vie centrale est supérieure à la science et à la pensée et contient en elle tous ses cercles. Ce générateur central s'efforce de créer une vie et une pensée aussi larges et aussi excellentes que lui-même, mais en vain, car ce qui est créé nous enseigne à créer mieux.

Le sommeil, le repos, la conservation n'existent pas ; toutes les choses se renouvellent, germent et fleurissent. Pourquoi dans un temps nouveau porter des reliques et des haillons ? La nature abhorre l'ancien ; la vieillesse semble la seule maladie qui existe, toutes les autres maladies se fondent dans celle-là. Nous appelons celle-là de noms bien divers, fièvre, intempérance, folie, stupidité, crime ; toutes les maladies sont des formes de la vieillesse, sont le repos, la conservation, l'appropriation, l'inertie, et non pas la nouveauté, l'élan qui nous pousse en avant. Nous grisonnons chaque jour ; je n'en vois pas la nécessité. Tandis que nous conversons avec ce qui est au-dessus de nous, nous devenons jeunes au lieu de devenir vieux. L'enfance et la jeunesse pleines d'aspirations et ouvertes à toutes les impressions, l'œil élevé religieusement vers le ciel, se comptent pour rien et s'abandonnent à l'instruction qui leur arrive de tous côtés. Mais l'homme et la femme qui ont passé la soixantaine s'arrogent le droit de tout connaître, ils foulent aux pieds leurs espérances, ils renoncent à leurs aspirations, ils acceptent l'actuel comme nécessaire et inévitable et parlent aux jeunes gens d'un ton cassant et impérieux. Qu'ils se fassent les organes de l'Esprit saint, qu'ils soient encore des amants, qu'ils contemplent la vérité, et leurs regards s'élèveront, leurs rides seront effacées et ils seront parfumés encore d'espérance, ils seront encore puissants et forts. La vieillesse ne doit pas être pour l'esprit humain un temps de torpeur. Dans la nature, chaque moment est nouveau; le passé est toujours englouti et oublié; l'avenir seul est sacré. Rien n'est sûr que la vie de transition, les énergies de l'esprit passant indéfiniment d'un point à un autre. Aucun serment, aucun contrat ne peuvent assez fortement enchaîner notre âme de manière à nous préserver d'un nouvel amour. Il n'y a aucune vérité, aussi sublime qu'elle soit, que la lumière de nouvelles pensées ne puisse demain faire paraître triviale. Les hommes souhaitent de trouver leur point d'appui; cependant il n'y a pour eux d'espérance qu'autant qu'ils ne l'ont pas trouvé.

La vie est une série de surprises. Tandis qu'aujourd'hui nous sommes pour ainsi dire occupés à construire notre être, nous ne devinons pas l'humeur, le plaisir, la puissance de demain. Nous pouvons balbutier quelques mots sur les conditions plus basses de notre âme, sur des actes de routine et de sensation; mais les chefs-d'œuvre de Dieu, la complète unité, les universels mouvements de l'âme sont cachés et incalculables. Je puis bien savoir que la vérité est divine et secourable, mais comment elle me secourra, je ne puis le deviner. L'homme qui avance et progresse conserve dans sa nouvelle position toutes les puissances de l'ancienne. Seulement elles se présentent avec un aspect nouveau. Il porte dans son cœur toutes les énergies du passé et pourtant elles sont en lui fraîches comme le souffle du matin. A l'entrée de cette nouvelle période qui s'ouvre pour moi, je rejette comme vaine et creuse toute ma science pesante d'autrefois. Maintenant pour la première fois, il me semble comprendre droitement toute chose. Nous ne savons pas ce que signifient les mots les plus simples, excepté lorsque nous aimons et que nous sommes pleins d'aspirations.

La différence entre les talents et le caractère est la même qui existe entre l'adresse à réparer la vieille route battue et la puissance et le courage de creuser une nouvelle route en vue de fins nouvelles et meilleures. Le caractère donne au présent une suprême puissance, embellit, remplit de joie et précise l'heure actuelle, fortifie toute la société en lui faisant voir qu'il y a beaucoup de choses possibles et excellentes auxquelles elle n'avait pas pensé. Le caractère amoindrit l'impression des événements particuliers. Lorsque nous voyons le conquérant, nous ne pensons pas beaucoup à la bataille et au succès. Nous comprenons que nous avons exagéré les difficultés; ses actions lui furent aisées. Le grand homme n'est pas convulsif, ni facile à émouvoir. Il est si éminent, que les événements passent sur lui sans lui faire beaucoup d'impression. Les hommes disent quelquefois : « Voyez comme j'ai vaincu; voyez combien je suis joyeux; voyez combien j'ai triomphé complétement de tous les noirs événements. » Mais si leurs personnes me font souvenir d'un événement néfaste quelconque, ils n'ont encore rien conquis. Est-ce une conquête que d'être un sépulcre gai ou orné, ou une femme à demi-folle riant d'une façon hystérique? La vraie conquête consiste à forcer les événements néfastes à se fondre et à disparaître comme un nuage du matin, comme un fait d'un résultat insignifiant dans l'histoire si large et si infinie déjà et qui avance toujours.

La seule chose que nous cherchons avec un insatiable désir, c'est de nous oublier nous-mêmes, d'être étonnés de notre propriété, de perdre notre embarrassante mémoire, de faire quelque chose sans savoir comment ou pourquoi, en un mot de tracer un nouveau cercle. Rien de grand ne fut achevé sans enthousiasme. Les voies de la vie sont merveilleuses; la vie procède par abandon. Les grands moments de l'histoire sont ceux où s'accomplissent facilement, grâce à la force irrésistible des idées, les actions comme les œuvres d'art et la religion. Un homme, disait Olivier Cromwell, ne s'élève jamais si haut que lorsqu'il ne sait pas où il va. Les rêves et l'ivresse, l'usage de l'opium et de l'alcool sont les ressemblances et les contrefaçons de ce génie prophétique; de là leur dangereuse attraction pour les hommes. C'est, par la même raison, que les hommes demandent le secours de sauvages passions, telles que le jeu ou la guerre, pour imiter de quelque manière les flammes et les générosités du cœur.

XI

INTELLIGENCE.

Chaque substance est électrique négativement pour la substance placée au-dessus d'elle dans les tables chimiques, positivement pour celle qui est au-dessous. L'eau dissout le bois, la pierre et le sel; l'air dissout l'eau; le feu électrique dissout l'air, mais l'intelligence dissout le feu, la pesanteur, les lois, la méthode et les relations les plus subtiles et les plus inconnues de la nature, dans son foyer sans repos. L'intelligence se cache derrière le génie qui est l'intelligence constructive. L'intelligence est le simple pouvoir antérieur à toute action ou à toute construction. Joyeusement voudrais-je exposer, et dans une calme mesure, une histoire naturelle de l'intelligence; mais quel homme a jamais été capable de marquer les traces et les limites de cette transparente essence? Les premières questions sont toujours posées et le plus sage docteur est embarrassé par la curiosité d'un enfant. Comment parlerons-nous de l'action de l'esprit, sous quelqu'une de ses divisions que ce soit, de sa science, de sa morale, de ses œuvres, puisque cette action fond la volonté dans la perception, la connaissance dans l'acte? Chacune de ses qualités se transforme en une autre; seul il est par lui-même dans son unité. Sa vision n'est point semblable à la vision de l'œil, mais est l'union avec les choses vues.

Intelligence et intellection signifient ordinairement considération de la vérité abstraite. La considération du temps et du lieu, de vous et de moi, du profit et de la perte, tyrannise les esprits de tous les hommes. L'intelligence sépare le fait considéré, *de vous*, de tout rapport local et personnel, et le distingue comme s'il existait par lui-même. Héraclite considérait les affections comme des brouillards denses et colorés. Il est difficile à l'homme de suivre une droite ligne dans ce brouillard des affections bonnes et mauvaises. L'intelligence est vide d'affections et voit un objet froidement et sans amour, tel qu'il apparaît sous la lumière de la science. L'intelligence va au-delà de l'individuel, flotte au-dessus de sa propre personnalité et regarde l'individuel comme un fait qui n'est pas *moi*, qui n'est pas *mien*. Celui qui est plongé dans les considérations de lieux et de personnes ne peut voir le problème de l'existence. C'est ce problème que pèse sans cesse l'intelligence. La nature nous montre toutes les choses formées et unies. L'intelligence perce la forme, saute par-dessus l'obstacle, découvre les ressemblances intrinsèques entre les objets éloignés et réduit toutes les choses en quelques principes.

L'intelligence s'éveille quand nous faisons d'un fait le sujet de la pensée. Toute cette multitude de phénomènes spirituels et moraux qui ne font pas l'objet de la pensée volontaire tombe sous la puissance du hasard ; ces phénomènes constituent les circonstances de la vie journalière ; ils sont sujets au changement, à la crainte, à l'espérance. Chaque homme contemple sa condition humaine avec un certain degré de mélancolie. Comme un vaisseau échoué battu des vagues, l'homme est soumis à la merci des événements. Mais une vérité séparée par l'intelligence n'est pas plus longtemps soumise à la destinée. Nous la voyons pareille à un dieu élevé au-dessus du souci et de la crainte. Et ainsi chaque fait dans notre vie, chaque souvenir de nos imaginations ou de nos réflexions, débarrassé de l'écheveau embrouillé de notre pensée involontaire, devient un objet impersonnel et immortel. C'est le passé, mais restauré et embaumé. Un art préférable à celui de la vieille Égypte l'a préservé de la corruption. Il est dépouillé de tout ce qu'il avait de matériel[1]. Il est propre à servir d'objet de méditation à la science. Lorsqu'il s'offre à nous pour que nous le contemplions, il ne nous effraye pas, mais fait de nous des êtres intellectuels.

La croissance de l'intelligence est toute spontanée. L'esprit qui se développe ne peut prédire d'avance le temps, les moyens, le mode de cette spontanéité. Dieu entre dans chaque individu par une porte différente. L'action de penser est de beaucoup antérieure à l'action de réfléchir. Elle échappe aux ténèbres et arrive insensiblement à la merveilleuse lumière du jour présent. Au-dessus de cette pensée règne une inflexible loi. Dans la période de l'enfance, la pensée acceptait toutes les impressions du monde environnant et s'en servait à sa manière. Toutes les actions et toutes les paroles de l'esprit dépendent d'une loi. Il n'y a pas d'acte de hasard, ni de mot d'occasion. Cette loi native règle l'esprit jusqu'à ce qu'il se soit élevé à la réflexion ou autrement dit à la pensée dont il a conscience. Dans la vie la plus tourmentée, la plus pédantesque, la plus analysée, le malheureux qui se fatigue à s'observer lui-même voit que la plus grande partie de cette vie échappe à ses calculs, à ses prévisions, à ses imaginations, et que cela doit continuer qu'à ce qu'il se tâte lui-même et se demande : Qui suis-je? Quelle part ma volonté a-t-elle prise dans la formation de l'être que je suis maintenant? Aucune. J'ai flotté sur une mer de pensées, d'heures, d'événements, poussé par une puissance et un esprit sublime, et la naïveté,

---

[1] Le texte porte *eviscerated*, mot à mot, *éviscéré*. Emerson continue la comparaison avec l'art d'embaumer les morts.

la volonté ne m'ont pas aidé et secouru du plus petit degré.

Nos actions spontanées sont toujours les meilleures. Vous ne répondrez jamais aussi bien à mes questions par toute votre attention et toute votre délibération que par votre intuition spontanée qui vous a saisi ce matin à votre lever, qui ce matin est venue vous trouver dans votre promenade appelée par votre méditation d'avant le sommeil. Notre pensée est toujours une pieuse réception. C'est pourquoi la vérité de nos pensées est viciée tout autant par une trop violente direction donnée à notre volonté que par une trop grande négligence. Nous ne déterminons pas ce que nous pensons. Tout ce que nous pouvons faire, c'est d'ouvrir nos sens, de les débarrasser, pour ainsi dire, de tous les obstacles qui empêchent leur communication avec le fait, et de mettre l'intelligence à même de voir. Nous n'exerçons sur nos pensées qu'un léger contrôle. Nous sommes les prisonniers des idées. Elles nous emportent par moments dans leur ciel et s'emparent si pleinement de nous que nous restons ébahis et regardons comme des enfants, sans avoir aucun moyen de les conquérir et de les faire nôtres. Mais ce ravissement cesse peu à peu ; alors nous nous interrogeons, nous nous demandons où nous avons été, ce que nous avons vu, et nous faisons avec autant de vérité que nous pouvons le récit du spectacle que nous avons contemplé. Mieux nous pouvons nous rappeler ces extases, plus l'ineffaçable mémoire met en lumière leur résultat que confirment tous les hommes et tous les âges. Ce résultat se nomme vérité. Mais la vérité cesse du moment que nous cessons de nous rappeler et que nous essayons de corriger notre récit et d'inventer.

Si nous considérons les personnes qui nous ont stimulés et qui nous ont instruits, nous apercevrons la supériorité du principe spontané et intuitif sur les principes arithmétiques ou logiques. Le principe spontané contient toujours le principe logique, mais seulement en virtualité et en puissance. Nous demandons à tout homme une forte logique; nous ne pouvons lui pardonner l'absence de cette qualité, mais elle ne doit point trop parler et trop se manifester. La logique est le revêtement progressif et proportionné de l'intuition; mais sa vertu est de rester une méthode silencieuse; dès l'instant où elle apparaît avec ses propositions, et où elle cherche à avoir une valeur séparée et particulière, elle n'en a pas plus aucune.

Quelques images, quelques mots, quelques faits que d'autres oublient restent dans l'esprit de chaque individu sans qu'il fasse effort pour les y imprimer et lui servent ensuite à expliquer des lois importantes. Tous nos progrès sont un enveloppement semblable au bourgeon végétal. Vous avez d'abord un instinct, puis une opinion, puis une connaissance, comme la plante a sa racine, ses bourgeons, ses fruits. Confiez-vous à l'instinct jusqu'à la fin, bien que vous ne puissiez donner la raison de cette confiance. Il est inutile de trop se presser; en vous confiant à l'instinct jusqu'à la fin, il mûrira en lui-même la vérité, et vous saurez alors pourquoi vous croyez; la connaissance sortira de la croyance.

Chaque esprit a sa méthode qui lui est propre. Un homme vrai ne se conduit jamais par les règles du collége. Ce que vous avez réuni d'une manière naturelle nous surprend et nous réjouit lorsqu'il nous est montré; car nous ne pouvons pénétrer nos secrets mutuels. De là il résulte que les différences entre les dons naturels des hommes sont insignifiantes, en comparaison de leur richesse commune. Pensez-vous que le porteur d'eau et le cuisinier n'aient pas d'anecdotes, d'expériences étonnantes pour vous? Chacun de nous en sait autant que le savant. Les murailles des esprits grossiers sont couvertes de faits et de pensées. Un jour ils prendront la lanterne et liront les inscriptions. Chaque homme, selon son degré d'esprit et de culture, sent sa curiosité s'enflammer en songeant à la manière de vivre et de penser des autres hommes, et surtout de ces classes dont les esprits n'ont pas été domptés par la férule de l'éducation de l'école.

Cette action instinctive ne cesse jamais dans un esprit sain, mais devient au contraire plus riche et plus fréquemment informée de tous les divers états de culture. Enfin, vient l'ère de la réflexion, époque où non-seulement nous n'observons pas, mais encore où nous prenons de la peine pour observer, où de propos délibéré nous nous asseyons et considérons une vérité abstraite, où nous tenons ouvert l'œil de l'esprit dans toutes les occupations ou tous les modes d'existence que nous traversons, en conversant, en lisant, en agissant; désireux que nous sommes d'apprendre la loi secrète de chaque classe de faits.

Quelle est la tâche la plus dure qu'il y ait au monde? Penser. Je voudrais me placer dans l'attitude préférable pour considérer une vérité abstraite, et je ne puis. Je m'écarte, je me penche de ce côté ou de celui-là. Il me semble comprendre la pensée de celui qui disait qu'aucun ne pourrait voir Dieu face à face et vivre ensuite. Par exemple : un homme examine les bases du gouvernement civil. Qu'il tende sans répit, sans repos, son esprit dans une direction unique; toute son attention ne lui profitera pas longtemps. Ses pensées flottent devant lui. Nous ne faisons qu'apercevoir, que prévoir obscurément la vérité. Nous disons : je marcherai, et la vérité prendra pour moi forme et clarté. Nous marchons, et nous ne la trouvons pas. Il nous semble alors qu'il est nécessaire de la tranquillité et de l'attitude composée du cabinet pour saisir la pensée. Mais nous entrons, et nous sommes aussi loin d'elle qu'auparavant. Enfin, à un certain moment et sans s'annoncer, la vérité se montre. Une certaine lumière errante apparaît, c'est le principe que nous cherchions. Mais si l'oracle arrive, c'est qu'auparavant nous avions mis pour ainsi dire le siège devant le sanctuaire. Il semble que la loi de l'intelligence ressemble à cette loi de la nature selon laquelle nous aspirons d'abord pour respirer ensuite, selon laquelle le cœur, tantôt attire, tantôt repousse le sang : la loi des ondulations. Ainsi, tantôt vous devez faire travailler votre cerveau, et tantôt vous devez suspendre toute activité et regarder simplement ce que vous montre la grande âme.

Nos intellections sont simplement perspectives. L'immortalité de l'homme est aussi légitimement prêchée par nos intellections que par nos volitions morales. Chaque intellection est simplement perspective, sa valeur présente est la moindre. C'est une petite semence. Examinez ce qui vous réjouit dans Plutarque, dans Shakspeare, dans Cervantes. Chaque vérité qu'un écrivain acquiert est une lanterne qu'il tourne aussitôt sur les faits et les pensées qui se trouvaient déjà dans son esprit. Et voyez, tous les vieux meubles, tout le rebut qui encombraient son grenier deviennent précieux. Chaque fait trivial de sa biographie particulière devient une explication de ce nouveau principe, revient au jour, et réjouit tous les hommes par son piquant et son charme nouveau. Les hommes disent, où a-t-il trouvé cela, et pensent qu'il y quelque chose de divin dans sa vie. Mais non, ils ont en eux des myriades de faits qui seraient tout aussi beaux s'ils avaient une lampe pour fouiller les recoins de leur esprit.

Nous sommes tous sages ; la différence entre les personnes ne consiste pas dans la sagesse, mais dans l'art. Je connaissais dans un club académique une personne qui avait toujours pour moi beaucoup de déférence, qui, me voyant du goût pour écrire, s'imaginait que mon expérience était supérieure à la sienne, tandis que moi je voyais que son expérience valait tout autant que la mienne. Donnez-moi son expérience et j'en ferai le même usage que de la mienne. Il s'attachait à l'ancien, et puis au nouveau, tandis que moi j'avais l'habitude de réunir l'ancien et le nouveau, qu'il n'avait pas appris à marier ensemble. Ce fait peut se vérifier par de grands exemples; peut-être si nous rencontrions Shakspeare, n'aurions-nous conscience d'aucune grande infériorité de notre part, mais au contraire d'une grande égalité; seulement il possédait une étrange habileté à classer les faits et à s'en servir, habileté dont nous manquons. Car, nonobstant nos incapacités absolues à produire des œuvres comme *Hamlet* et *Othello*, voyez comme cet esprit, cette immense connaissance de la vie et cette limpide éloquence trouvent facilement entrée dans notre âme.

Si vous cueillez des pommes au milieu des rayons du soleil, si vous faites le foin ou si vous sarclez la moisson, et que vous vous retiriez ensuite dans votre chambre, que vous fermiez les yeux en les pressant avec la main, vous verrez encore des pommes dorées par la brillante lumière, pendant aux branches des arbres avec leurs bourgeons et leurs feuilles, ou bien le gazon, ou les glaïeuls, et cela cinq ou six heures après que ces objets auront disparu de vos yeux. Dans le cerveau, sans que vous le sachiez, se trouvent les impressions de l'œil. De même votre mémoire conserve la série complète des images naturelles que votre vie vous a présentées, bien que vous ne le sachiez pas davantage; qu'un frissonnement de passion jette la lumière dans leur chambre noire, et l'active puissance de cette passion va directement et immédiatement chercher l'image qui lui convient, comme étant l'expression de sa pensée momentanée.

Nous restons longtemps avant de découvrir combien

nous sommes riches. Notre histoire, nous l'affirmerions presque, est entièrement dépourvue d'intérêt. Nous n'avons rien à écrire, nulle conclusion à donner Mais nos années plus sages nous rappellent aux souvenirs méprisés de notre jeunesse ; nous pêchons toujours dans ce lac quelque merveilleux objet, jusqu'à ce que nous arrivions à nous convaincre de plus en plus que la biographie de cette folle personne que nous connaissons n'est, en réalité, que la paraphrase en petit des cent volumes de l'histoire universelle.

Dans l'intelligence constructive que nous nommons génie, ordinairement nous observons la même balance de deux éléments que dans l'intelligence réceptive. L'intelligence constructive produit des pensées, des sentences, des poëmes, des plans, des projets, des systèmes. C'est la génération de l'esprit, le mariage de la pensée avec la nature. Dans le génie doivent toujours se trouver deux dons, la pensée et l'expression. La première est toujours une révélation, un miracle, avec lesquels aucune habitude, aucune occasion, aucune étude incessante ne peuvent nous familiariser, qui frappent toujours d'étonnement le chercheur et le laissent stupide. C'est l'avénement de la vérité dans le monde, une forme de la pensée qui à ce moment même se produit pour la première fois dans l'univers, un enfant de la vieille âme éternelle, un lambeau de la grandeur incréée et infinie. Cette révélation semble pendant un instant hériter de tout ce qui a jamais existé et dicter des lois à ceux qui ne sont pas encore nés. Elle remue chaque pensée de l'homme, et s'apprête à remanier chaque institution. Mais, pour qu'elle puisse être utile, il lui faut un instrument ou un art qui la rende propre aux hommes. Être communicable, c'est devenir un objet sensible et extérieur. Nous devons apprendre le langage des faits. Les plus merveilleuses inspirations meurent avec leur sujet s'il n'y a pas de main capable de les peindre aux sens. Le rayon de lumière passe invisible à travers l'espace, et n'est vu que lorsqu'il tombe sur un objet. Lorsque l'énergie spirituelle est dirigée sur un objet extérieur, alors naît la pensée. La relation qui existe entre vous et cet objet fait apparaître à mes yeux votre véritable valeur. Le riche et inventif génie du peintre peut être étouffé et perdu par l'absence de science du dessin, et, dans nos heures heureuses, nous serions d'inépuisables poëtes si nous pouvions rompre le silence pour nous exprimer en rhythmes adéquats à nos sentiments intérieurs. Tous les hommes approchent dans une certaine mesure de la vérité première ; ainsi ils ont tous dans leur tête quelque art ou quelque puissance de communication. Mais ce n'est que chez l'artiste que cette puissance descend jusqu'à la main. Il existe une inégalité dont nous ne connaissons pas encore les lois, entre deux hommes et deux moments du même homme à l'égard de cette faculté. Dans nos heures ordinaires, nous avons sous les yeux les mêmes faits que dans nos heures extraordinaires ou inspirées ; mais alors ils ne posent pas devant nous comme des modèles ; ils ne sont pas détachés, mais enveloppés et entortillés comme dans un filet. La pensée du génie est spontanée ; mais la puissance de peinture ou d'expression dans la nature la plus riche et la plus abondante nécessite un emploi de la volonté, un certain contrôle exercé sur les élans spontanés, sans lequel aucune production n'est possible. C'est une traduction de toute la nature dans la rhétorique de la pensée, sous l'œil du jugement, faite avec un choix hardi. Et cependant le vocabulaire imaginatif semble être aussi spontané ; il ne découle pas principalement et simplement de l'expérience, mais d'une source plus riche. Ce n'est pas par une consciencieuse imitation de formes particulières que le peintre exécute les grandes œuvres, mais c'est en remon-

tant à la source de toutes les formes dans son esprit.
Quel est le premier maître de dessin? Nous connaissons
très bien sans instruction l'idéal de la forme humaine.
Un enfant comprend très bien si une jambe, un bras
sont disloqués dans un tableau, si l'attitude est naturelle, grande ou vile, bien qu'il n'ait reçu aucune leçon
de dessin, qu'il n'ait entendu aucune conversation sur
ce sujet, et qu'il ne puisse de lui-même dessiner correc-
tement un simple trait. Une exacte forme frappe plai-
samment tous les yeux longtemps avant qu'ils aient
acquis aucune science sur ce sujet, et une belle figure
fait palpiter vingt cœurs avant qu'aucune considération
sur les proportions mécaniques des traits et de la tête
ait pu avoir lieu. Peut-être devons-nous aux rêves quelques lueurs de cette habileté, car aussitôt que nous
donnons congé à notre volonté, et que nous rentrons
dans notre état spontané, quels habiles dessinateurs
nous sommes ! Nous concevons de nous-mêmes de merveilleuses formes d'hommes, de femmes, d'animaux, des
jardins, des bois et des monstres ; le pinceau avec lequel
nous dessinons n'a ni maladresse, ni inexpérience, ni
maigreur, ni pauvreté ; il peut bien dessiner et bien
grouper ; ses compositions sont pleines d'art, ses couleurs bien jetées, et toute la toile qu'il peint est semblable à la vie et capable de nous émouvoir de tendresse,
de terreur, de désir et de chagrin. Les copies que l'artiste
tire de l'expérience ne sont pas non plus de simples copies, mais sont toujours illuminées et adoucies par quelques teintes de cette idéale contrée.

Les conditions essentielles à un esprit constructif ne paraissent pas si souvent et si bien combinées qu'elles puissent conserver à un vers ou à un bon sentiment la durée ou
la fraîcheur. Cependant lorsque nous écrivons avec aisance
et que nous entrons dans l'air libre de la pensée, nous semblons certains que rien n'est plus aisé que de continuer

à volonté ces communications. Le royaume de la pensée n'a pas de murs d'enceinte et de limites, et la muse nous fait citoyens libres de sa cité. C'est bien; le monde a un million d'écrivains. On pourrait croire d'après cela que les bonnes pensées nous sont aussi familières que l'air et l'eau, et que les dons de chaque nouvelle heure vont exhausser les anciens. Cependant nous pouvons compter nos bons livres; bien plus, je me rappelle exactement tous les beaux vers qui ont été faits depuis vingt ans. Il est vrai que l'intelligence qui discerne est toujours de beaucoup en avance sur l'intelligence qui crée; qu'il y a plus de juges compétents des bons livres que de bons écrivains. Mais les conditions de la construction intellectuelle ne se rencontrent partiellement que dans de rares occurrences. L'intelligence est un tout et demande l'intégrité dans chacune de ses œuvres. La piété exagérée d'un homme envers une seule pensée et son ambition à en combiner un trop grand nombre sont contraires également à cette intégrité intellectuelle.

La vérité est notre élément vital; cependant si un homme attache son attention à un aspect particulier de la vérité et se consacre à cet aspect seul pendant longtemps, la vérité n'est plus elle-même, elle se disloque et prend un air mensonger; elle ressemble à l'air, qui est notre élément naturel, qui est le souffle que nous respirons, mais qui cause la fièvre, le froid et même la mort, si nous restons trop longtemps exposés à un même courant. Combien sont ennuyeux le grammairien, le phrénologiste, le fanatique politique et religieux, ou même tout mortel possédé d'une idée fixe et à qui l'exagération d'un même sujet a enlevé l'équilibre de l'esprit! C'est là le commencement de la folie. Chaque pensée est aussi une prison. Je ne puis plus voir ce que vous voyez, parce que je suis poussé si fortement dans une même direction par un vent violent que je suis en dehors du cercle de votre horizon.

Vaut-il mieux qu'un écolier, pour éviter ce malheur et se *libéraliser* lui-même en quelque sorte, s'efforce de faire un tout mécanique de l'histoire, de la science, de la philosophie par une addition numérique de tous les faits qui tombent sous sa vue? Le monde répugne à être analysé par addition et par soustraction. Lorsque nous sommes jeunes, nous dépensons beaucoup de temps et de peine à remplir nos livres de notes de toutes les définitions de la religion, de l'amour, de la poésie, de la politique, de l'art, dans l'espoir que dans le cours de quelques années nous aurons condensé dans notre encyclopédie la valeur nette de toutes les théories auxquelles le monde est arrivé. Mais les années et les années se passent, nos tables ne se complètent pas et à la fin nous découvrons que notre courbe est une parabole dont les arcs ne se rencontreront jamais.

L'intégrité de l'intelligence n'est transmise à ses œuvres ni par la séparation, ni par l'agrégation, mais par une vigilance qui amène l'intelligence à sa grandeur culminante et au meilleur état de créer à chaque moment donné. Ses œuvres doivent avoir la même plénitude que la nature. Quoiqu'il n'y ait pas d'activité qui puisse reconstruire le monde sur un nouveau patron par la meilleure accumulation ou la meilleure disposition des détails, cependant le monde reparait en miniature dans chaque événement, si bien que toutes les lois de la nature peuvent être lues dans le plus petit fait. L'intelligence doit avoir dans sa conception la même perfection que dans ses œuvres. C'est par cette raison que la marque du progrès intellectuel est la perception de l'identité. Nous causons souvent avec des personnes si accomplies qu'elles semblent étrangères à la nature. Le nuage, l'arbre, le gazon, l'oiseau ne leur disent rien, n'ont rien qui réponde à leur nature; le monde n'est que leur logement et leur table. Mais le poëte, dont les vers doivent être complets comme la forme de la sphère, est un homme que la nature ne peut tromper, quelque masque étrange qu'elle prenne. Il sent qu'il a avec elle une stricte parenté, il découvre dans tous ses changements plus de ressemblance que de variété. Nous nous sentons portés par le désir vers une nouvelle pensée; mais lorsque nous la recevons, nous voyons qu'elle n'est qu'une ancienne pensée avec une forme nouvelle, et bien que nous en fassions notre propriété, nous sentons immédiatement revenir notre soif intellectuelle; nous ne nous sommes pas enrichis en réalité, car la vérité était en nous avant qu'elle nous fût renvoyée par les objets naturels, et ainsi le génie profond mettra dans chacune des productions de son esprit l'identité de toutes les créatures.

Mais si le pouvoir constructif est rare (et il n'est donné qu'à quelques hommes d'être poètes), cependant chaque homme étant un sanctuaire où descend cet Esprit saint peut très bien étudier les lois d'après lesquelles s'effectuent les visites suprêmes. La règle du devoir intellectuel est exactement parallèle à la loi du devoir moral. Une annihilation de soi-même non moins austère que celle des saints est demandée au *scholar*. Il doit adorer la vérité, abandonner pour elle toutes choses, choisir la peine et la défaite afin d'augmenter par là le trésor de sa pensée.

Dieu offre à chaque esprit le choix entre la vérité et le repos. Prenez celle de ces deux choses qui vous convient, car vous ne pouvez avoir les deux. Entre elles, l'homme oscille comme un pendule. L'homme dans lequel prédomine l'amour du repos acceptera la première croyance, la première philosophie, le premier parti politique qu'il rencontrera; le plus ordinairement il suivra la philosophie, la croyance, le parti de son père. Il acquiert ainsi le repos, la commodité, la réputation, mais il ferme la porte à la vérité. L'homme au contraire chez qui prédomine l'amour de la vérité se préserve de l'amarrage et navigue. Il s'abstient du dogmatisme et reconnait toutes les négations opposées, murailles entre lesquelles son être est rejeté en double sens. Il se soumet à l'inconvénient du doute et de l'opinion imparfaite, mais il est candidat à la vérité, tandis que le premier ne l'est pas, et il respecte les lois les plus hautes de son être.

Il doit mesurer le cercle de la terre avec ses souliers, afin de trouver l'homme qui peut lui enseigner la vérité. Il apprendra qu'il est plus précieux et plus grand d'écouter que de parler. Heureux est l'homme qui écoute! malheureux l'homme qui parle! Pendant tout le temps que j'écoute la vérité, je me sens baigné comme dans un bel élément et je n'ai pas conscience des limites de ma nature. Les suggestions que m'apportent ce que j'entends et ce que je vois sont innombrables. Les eaux du gouffre infini entrent et sortent dans mon âme. Mais si je parle, je définis, je limite et je m'amoindris moi-même. Lorsque Socrate parle, Lysis et Ménexène sont accablés de honte parce qu'ils ne peuvent parler ainsi. Mais eux aussi sont bons. Socrate a des déférences pour eux, il les aime puisqu'il leur parle. Un homme vrai et naturel contient en lui et *est* la même vérité qu'exprime un homme éloquent; mais l'homme éloquent semble avoir quelque chose en moins précisément parce qu'il exprime la vérité, et alors il se tourne avec plus d'inclination et de respect vers ces belles personnes silencieuses. L'ancienne sentence disait : soyons silencieux, car ainsi sont les dieux. Le silence est un dissolvant qui détruit la personnalité et nous ouvre l'accès du grand et de l'universel. Le progrès de chaque homme s'opère par une succession de maîtres; chacun d'eux à un certain moment a semblé avoir une suprême influence, mais il a été obligé à la fin de céder la place à un nouveau. Qu'il les accepte tous franchement. Jésus dit : Abandonne ton père, ta mère, ta maison et tes terres et suis-moi. Celui qui abandonne tout reçoit davantage. Ceci est vrai intellectuellement aussi bien que moralement. Chaque nouvel esprit que nous approchons semble exiger l'abdication de toutes nos possessions passées et présentes. Une nouvelle doctrine semble au premier abord une subversion complète de toutes nos opinions, de nos goûts, de notre manière de vivre. Telles ont semblé les doctrines de Swedenborg, de Kant, de Coleridge, de Cousin à plus d'un jeune homme de cette contrée. Prenez cordialement tout ce qu'ils vous donnent et remerciez-les. Épuisez-les, luttez avec eux, ne les laissez pas échapper jusqu'à ce que leurs heureux dons soient vaincus, et en peu de temps la terreur se sera évanouie, l'excès d'influence aura disparu ; ils ne seront pas plus longtemps un alarmant météore, mais une claire étoile brillant avec sérénité dans votre ciel et versant sa lumière sur chacun de vos jours.

Mais tandis que l'homme se donne sans réserve à tout ce qui l'attire, parce que cela est sien, il se refuse à ce qui ne l'attire pas quelles qu'en soient la réputation et l'autorité, parce que cela n'est pas sien. L'entière confiance en soi appartient à l'intelligence. Une âme est un contrepoids pour toutes les âmes, comme une colonne d'eau capillaire est une balance de la mer. Elle doit traiter les choses, les livres et le génie souverain, comme elle doit se traiter elle-même en souveraine. Si Eschyle est en réalité l'homme que nous pensons, il n'a pas rempli encore complétement son office parce qu'il a instruit les lettrés de l'Europe pendant mille années. Maintenant il doit montrer sa valeur en devenant pour moi aussi un maître de plaisirs. S'il ne le peut pas, toute sa réputation ne lui servira de rien avec moi.

Je serais un fou de ne pas sacrifier mille Eschyles à mon intégrité. Placez-vous surtout sur ce même terrain pour considérer la vérité abstraite, la science de l'esprit. Bacon, Spinosa, Hume, Schelling, Kant et quiconque vous propose une philosophie de l'esprit ne sont plus ou moins que de maladroits traducteurs de choses qui sont dans votre conscience, que vous avez craint d'observer, peut-être même de nommer. Au lieu de trop chercher à pénétrer leur texte obscur, dites-vous qu'ils n'ont pas été heureux à vous ramener vers votre conscience. Si l'un d'eux ne l'a pu, pourquoi essayer d'un autre? Si Platon ne l'a pu, peut-être Spinosa le pourra, disons-nous; s'il ne le peut davantage, peut-être ce sera Kant. Mais lorsque tout ce travail est terminé, alors vous découvrez qu'ils n'ont pas de secret, et qu'ils ne font que ramener votre esprit dans un état simple, naturel, ordinaire, au lieu de le conduire vers des lieux inconnus.

Mais finissons-en avec ces matières didactiques. Quoique le sujet soit provoquant, je ne parlerai pas du débat ouvert entre la vérité et l'amour. Je n'aurai pas assez de présomption pour me mêler de la vieille politique des cieux; « Les chérubins savent davantage; les séraphins aiment plus » : les dieux décideront leurs propres querelles. Mais je ne puis exposer même froidement les lois de l'intelligence, sans donner un souvenir à cette classe élevée et solitaire d'hommes qui ont été ses prophètes et ses oracles, les grands prêtres de la raison pure, les *trismégistes*, les promulgateurs des principes de la pensée de siècle en siècle. Lorsqu'à de longs intervalles nous jetons les yeux sur leurs pages abstruses, merveilleux semblent le calme et le grand air de ces rares et grands souverains spirituels qui se sont promenés dans le monde, —ceux de la vieille religion,—adorateurs d'une sagesse qui rend les saintetés du christianisme comme parvenues et populaires : « Car si la persuasion est dans l'âme, la nécessité est dans l'intelligence. » Cette suite de grands hommes, Hermès, Héraclite, Empédocle, Platon, Plotin, Olympiodore, Proclus, Synésius et les autres, ont quelque chose de si vaste dans leur logique, de si primordial dans leur pensée, qu'elles semblent être antérieures à toutes les distinctions ordinaires de la rhétorique et de la littérature, et être à la fois poésie, musique, danse, astronomie et mathématiques. Avec eux, j'assiste à la naissance du monde. Avec la géométrie de quelques rayons de soleil, l'âme jette les fondements de la nature. La vérité et la grandeur de leur pensée sont prouvées par son horizon et par sa facilité d'application ; car elle ordonne à la variété infinie des choses et à leur totalité de comparaître pour lui servir d'interprètes, pour la commenter et l'expliquer. Mais ce qui marque son élévation, et ce qui même a pour nous quelque chose de comique, c'est l'innocente sérénité avec laquelle ces Jupiters, semblables à des enfants, babillent entre eux et se parlent de siècle en siècle, sans parler à leurs contemporains. Bien convaincus que leur discours est intelligible et la chose la plus naturelle du monde, ils entassent thèse sur thèse, sans s'inquiéter un seul instant de l'étonnement universel de la race humaine, qui, placée au-dessous d'eux, ne comprend pas leur plus simple argument ; ils ne ralentissent pas leur travail d'une minute pour inscrire quelque sentence populaire ou qui puisse servir de commentaire à leur pensée ; ils ne témoignent pas le moindre déplaisir et la moindre pétulance à la vue de la stupidité de leur auditoire ébahi. Les anges sont tellement amoureux du langage parlé dans le ciel, qu'ils ne veulent pas faire grimacer leurs lèvres en employant les dialectes sifflants et inharmoniques des hommes, mais qu'ils se servent du leur sans s'inquiéter de savoir s'ils seront compris ou non,

XII

L'AME SUPRÊME.

> Il aime comme lui-même les âmes qui participent à sa vie excellente; celles-là lui sont chères comme ses yeux; il ne les abandonnera point, car, lorsqu'elles mourront, Dieu lui-même mourra ; elles vivent, elles vivent dans la bienheureuse éternité.
>
> HENRI MORE.

Il y a entre chacune des heures de notre vie une différence d'autorité et d'effet subséquent. Notre foi ne vient que par intervalles, notre vice est habituel. Cependant il y a dans ces courts moments une telle profondeur, que nous sommes obligés de leur attribuer plus de réalité qu'à toutes nos autres expériences. C'est pourquoi l'argument ordinaire qui prétend réduire au silence ceux qui conçoivent pour l'homme d'extraordinaires espérances, c'est-à-dire l'appel à l'expérience, est invalide et vain. Un espoir plus puissant détruit le désespoir. Nous jetons le passé comme une proie à dévorer à celui qui nous fait des objections, et nous continuons à espérer. Nous devons expliquer cette espérance infatigable. Nous accordons que la vie humaine est vulgaire; mais comment savons-nous qu'elle est vulgaire? quelle est la base de ce malaise qui nous est propre, de ce vieux mécontentement? qu'est-ce que ce sentiment universel du besoin et de l'ignorance, si ce n'est le moyen employé par la grande âme pour faire entendre ses réclamations infinies? pourquoi sentons-nous que l'histoire naturelle de l'homme n'a jamais été écrite, que l'homme jette toujours derrière lui ce que vous avez exprimé sur sa nature, que cette histoire vieillit vite et que les livres de métaphysique perdent vite leur valeur? La philosophie depuis six mille ans n'a pas encore fouillé les chambres et les magasins de l'âme. Il reste toujours dans ses expériences un résidu qu'en dernière analyse elle ne peut pas expliquer. L'homme est un courant dont la source est cachée. Notre être descend toujours, nous ne savons pas d'où. Le calculateur le plus exact n'a pas la prescience que quelque chose d'incalculable peut dans la minute qui va suivre renverser et réduire à néant tous ses calculs. Je suis donc obligé à chaque instant de reconnaître aux événements une plus haute origine que ce quelque chose que j'appelle moi.

Il en est des pensées comme des événements. Lorsque j'observe cette rivière flottante qui, sortie de régions que je ne connais pas, roule en moi ses ondes pour un moment, je vois clairement que je ne suis pas la cause, mais bien le spectateur surpris de ces célestes vagues; que je désire, que je contemple, que je me place dans l'attitude passive nécessaire pour recevoir cette vision, mais qu'elle vient de quelque énergie étrangère à moi.

Le suprême critique des erreurs du passé et du présent, le seul prophète de ce qui doit être, c'est la grande nature dans laquelle nous reposons, comme la terre repose dans les doux embrassements de l'atmosphère; c'est cette unité, cette âme suprême qui contient en elle l'être particulier de chaque homme et qui forme l'un au moyen de l'autre; c'est ce sens commun dont le culte est toute conversation sincère, et envers lequel toute droite action est obéissance; c'est cette réalité toute-puissante qui réfute nos talents et nos ruses, oblige chacun de nous à passer pour ce qu'il est, à parler d'après son caractère et non pas seulement avec sa langue, qui tend toujours et s'efforce de passer dans notre pensée et dans nos actions, et de devenir sagesse, vertu, puissance et beauté. Nous vivons successivement, par division, parties, atomes. Toutefois dans l'homme est l'âme du *tout*; le sage silence, l'universelle beauté, l'éternel *un* avec lequel chaque partie et chaque atome a d'égales relations. Et ce profond pouvoir par lequel nous existons, dont la béatitude nous est entièrement accessible, est non-seulement parfait et se suffisant à lui-même à chaque instant, mais encore l'acte de voir et la chose vue, le sujet et l'objet, le spectateur et le spectacle, ne font qu'un. Nous voyons le monde pièce à pièce, le soleil, la lune, l'animal, l'arbre; mais le *tout* dont ces objets sont les parties brillantes, c'est l'âme. Ce n'est que par la contemplation de cette sagesse que l'horoscope des âges peut être lu ; ce n'est qu'en obéissant à nos meilleures pensées, en nous confiant à l'esprit de prophétie qui est inné dans chaque homme, que nous pouvons savoir ce que l'âme dit. Les mots de tout homme qui parle d'après les impulsions et les expériences de la vie terrestre doivent sembler vains à ceux qui, de leur côté, n'habitent pas dans le même domaine de pensées. Je n'ose pas parler à cause de cela. Mes mots n'entraînent pas avec eux leur sens auguste, mais retombent froids. Mais que l'âme vienne à nous inspirer, et nos discours vont devenir lyriques, doux et infinis comme le son du vent qui s'élève. Cependant je désirerais m'exprimer par des mots profanes, si je ne puis pas me servir de mots sacrés, pour indiquer le ciel d'où descend en nous cette divinité, et pour exposer les aperçus que j'ai rassemblés sur la transcendante simplicité et sur l'énergie de la plus haute de toutes les lois.

Si nous considérons ce qui arrive dans la conversation, dans les rêveries, dans le remords, dans les moments de passion, de surprise, dans les instructions des rêves où souvent nous nous voyons en mascarades (car ces grotesques déguisements ne font qu'exhausser et entourer de splendeurs un élément réel et le désigner distinctement à notre attention), nous surprendrons plus d'une lueur qui élargira et illuminera notre science des secrets de la nature. Tout concourt à nous montrer que l'âme dans l'homme n'est pas un organe, mais la vie qui anime les organes; qu'elle n'est pas une fonction comme la puissance de la mémoire, du calcul, mais qu'elle se sert de ces fonctions comme de mains et de pieds; qu'elle n'est pas une faculté, mais une lumière; qu'elle n'est pas l'intelligence ou la volonté, mais la maîtresse de l'intelligence et de la volonté; qu'elle est la vaste base de notre être, sur laquelle reposent l'intelligence et la volonté; qu'elle est, en un mot, une immensité qui n'a pas de possesseur et qui ne peut en avoir. Sortie de l'intérieur de notre être, ou même venue de par delà notre être, une lumière nous traverse et brille sur toutes les choses, et nous enseigne que nous ne sommes rien et que la lumière est tout. Un homme est la façade d'un temple où toute vertu et tout bien habitent. Ce que nous appelons communément l'homme, l'homme qui mange, boit, plante, compte, ne se représente pas comme nous le supposons, et se représente mal. Ce n'est pas lui que nous respectons, mais l'âme dont il est l'organe, l'âme qui nous ferait courber les genoux si elle apparaissait à travers ses actions. Lorsqu'elle souffle à travers son intelligence, elle se nomme génie; à travers sa volonté, vertu; et lorsqu'elle coule à travers ses affections, elle se nomme amour. L'aveuglement de l'intelligence commence au moment où elle veut être quelque chose par elle-même. La faiblesse de la volonté commence au moment où elle veut se suffire à elle-même. Toute réforme dans quelque occasion que ce soit a toujours pour but de laisser la grande âme creuser sa route en nous; en d'autres termes, de nous engager à obéir.

Tout homme est à certains moments sensible à cette pure nature. Le langage ne peut la dépeindre au moyen de ses couleurs, elle est trop subtile. Elle est incommensurable, indéfinissable, mais nous savons qu'elle nous envahit et nous contient. Nous savons que tout l'être spirituel est dans l'homme. Un sage et vieux proverbe dit : « Dieu vient nous visiter sans cloches. » C'est-à-dire qu'il n'y a aucune séparation, aucun voile entre nos têtes et les cieux infinis ; de même, il n'y a pas dans l'âme de muraille où l'homme effet cesse et où Dieu cause commence. Les murs sont enlevés. De tous côtés nous sommes ouverts aux profondeurs de la nature spirituelle, aux attributs de Dieu. Nous voyons et nous connaissons la justice, l'amour, la liberté, la puissance. Aucun homme n'a jamais conquis ces forces ici-bas, mais elles se suspendent au-dessus de nous, et surtout dans les moments où nos intérêts nous poussent à leur résister.

La souveraineté de cette nature dont nous parlons est facile à reconnaître par son indépendance à l'égard de toutes ces limites qui nous circonscrivent de tous côtés. L'âme circonscrit toutes choses. Ainsi que je l'ai dit, elle contredit toute expérience. De la même manière, elle abolit le temps et l'espace. L'influence des sens a, chez la plupart des hommes, dominé l'esprit à ce degré que les murs du temps et de l'espace sont arrivés à paraître solides, réels et insurmontables, et que parler avec légèreté de ces limites passe dans le monde pour un signe de folie. Cependant le temps et l'espace ne sont que les mesures inverses de la force de l'âme. L'homme est capable de les abolir. L'esprit joue avec le temps, « peut peupler l'éternité dans une heure ou donner à une heure la durée de l'éternité. »

Nous arrivons souvent à sentir qu'il y a une autre

jeunesse et une autre vieillesse que celles qui sont mesurées par nos années naturelles. Certaines pensées nous trouvent toujours jeunes et nous maintiennent toujours dans cet état. Ces pensées sont l'amour de la beauté universelle et éternelle. Chaque homme sort de cette contemplation avec le sentiment qu'elle appartient aux siècles plutôt qu'à la vie mortelle. La moindre activité de la puissance intellectuelle nous rachète jusqu'à un certain degré des influences du temps. Dans la maladie, dans la langueur, donnez-nous un flot de poésie ou une sentence profonde et nous nous sentons rafraîchis; ou bien encore offrez-nous un volume de Platon et de Shakspeare, ou citez-nous seulement leurs noms, et aussitôt un sentiment de longévité se fait sentir à notre cœur. Voyez comme la profonde et divine pensée démolit les siècles et les périodes de mille années, et sait se rendre présente à travers tous les âges. L'enseignement du Christ est-il moins effectif aujourd'hui que le jour où, pour la première fois, il ouvrit la bouche? L'enthousiasme que les faits et les personnes impriment à mon âme n'a rien à faire avec le temps. Toujours donc l'échelle de l'âme est différente de l'échelle des sens et de l'entendement. Le temps, l'espace et la nature reculent devant les révélations de l'âme. Dans nos discours ordinaires nous rapportons au temps toutes les choses, de même que nous rattachons les étoiles immensément séparées les unes des autres à une même sphère concave. C'est pourquoi nous disons que le jour du jugement est proche ou éloigné; que le millenium arrive, que le jour de certaines réformes politiques, morales, sociales est tout près et ainsi de suite; tandis que nous comprenons parfaitement que, dans la nature des choses, un de ces faits que nous contemplons est extérieur et fugitif, et que l'autre est permanent et uni à l'âme. Les choses qu'aujourd'hui nous estimons unies se détacheront une à une comme un fruit mûr sous les coups de notre expérience et tomberont. Le vent les emportera on ne sait pas où. Le paysage, les figures, Boston, Londres sont des faits aussi fugitifs qu'aucune institution passée, que le brouillard et la fumée, et tels sont aussi la société et le monde. L'âme regarde droit devant elle, va toujours créant un monde devant elle et laissant les mondes derrière. Elle ne connaît ni les dates, ni les rites, ni les personnes, ni les spécialités, ni les hommes. L'âme ne connaît que l'âme. Toutes les autres choses ne sont pour elle que des plantes stériles.

C'est d'après ses propres lois et non d'après l'arithmétique que ses progrès doivent être calculés. Les progrès de l'âme ne s'accomplissent pas par une gradation qu'on pourrait figurer par le mouvement d'une ligne droite, mais bien plutôt par une série ascensionnelle d'états qu'on pourrait figurer par la métamorphose de l'œuf et du ver, du ver et de la mouche, par exemple. Les progrès du génie ont un certain caractère intégral qui ne place pas d'abord ses élus au-dessus de Jean, et puis d'Adam, et puis de Richard, et ne donne pas à chacun d'eux la douleur de reconnaître son infériorité ; mais, au contraire, par chacun de ces progrès l'homme se répand là ou il travaille et dépasse à chaque impulsion toutes les classes et toutes les populations d'hommes. A chaque nouvelle impulsion l'esprit déchire les minces écorces du visible et du fini, entre dans l'éternité, aspire et respire son air. Il converse avec les vérités qui ont toujours été exprimées dans le monde, et acquiert la certitude qu'il y a une sympathie plus étroite entre lui et Zénon, et Arrien, qu'entre lui et les personnes de sa maison.

Telle est la loi du gain moral et mental. Les simples s'élèvent comme par légèreté spécifique, non vers une vertu particulière déterminée, mais vers la région de toutes les vertus. Ils habitent avec l'esprit qui les contient tous. L'âme est supérieure à tous les mérites particuliers. L'âme requiert la pureté, mais la pureté n'est pas elle; elle requiert la justice et la bienfaisance, mais elle est supérieure à la justice et à la bienfaisance; si bien que nous sentons en nous comme une sorte d'abaissement et de transaction honteuse lorsque nous cessons de parler de la nature morale elle-même pour observer quelqu'une des vertus qu'elle nous enjoint de pratiquer. Car toutes les vertus sont naturelles à l'âme dans sa pure action, et non pas péniblement acquises. Parlez à son cœur, et l'homme devient soudainement vertueux.

Dans le même sentiment se trouve le germe du progrès intellectuel qui obéit aux mêmes lois. Les hommes qui sont capables d'humilité, de justice, d'amour et d'aspiration, sont déjà placés sur une plate-forme qui domine les sciences et les arts, l'éloquence et la poésie, l'action et la grâce. Car quiconque habite dans cette béatitude morale anticipe sur les pouvoirs spéciaux que les hommes estiment à un si haut prix, absolument de la même manière dont l'amour s'y prend pour rendre justice aux dons de l'objet aimé. L'amant n'a pas de talent, pas d'habileté qui n'ait une grande importance aux yeux de son amoureuse fiancée, aussi peu qu'elle possède ces mêmes dons. Le cœur qui s'abandonne naïvement et de lui-même à l'esprit suprême se trouve en relation avec toutes les œuvres de cet esprit et parcourra une route divine, bien que parti de connaissances et de facultés particulières. Car en nous élevant à ce sentiment primaire et originel, nous sommes transportés instantanément, de la station éloignée où nous étions placés sur la circonférence, au centre même du monde, et là, comme dans le cabinet de Dieu, nous voyons les causes et nous sommes placés au-dessus de l'univers qui n'est qu'un faible et lent effet.

Un des modes de l'enseignement divin est l'incarnation de l'esprit dans la forme, dans des formes semblables à la mienne. Je vis en société, avec des personnes qui répondent aux pensées qui sont dans mon esprit ou qui m'expriment extérieurement une certaine obéissance envers les grands instincts par lesquels je vis. Je découvre en eux la présence de cette obéissance. Je suis assuré qu'ils ont la même origine que moi, et ainsi ces autres âmes, ces *moi* extérieurs m'attirent, comme ne le pourrait faire aucune autre chose. Ils réveillent en moi de nouvelles émotions que nous appelons passions; les émotions de l'amour, de la haine, de la crainte, de l'admiration, de la pitié; de ces émotions naissent la conversation, la concurrence, la persuasion, les cités et la guerre. Les personnes sont les exégèses supplémentaires de ce primordial enseignement de l'âme. Dans la jeunesse nous sommes de folles personnes. L'enfance et la jeunesse voient le monde entier en elles. Mais l'expérience plus large de l'homme découvre l'identité de la nature qui apparaît à travers tous les individus. Les personnes elles-mêmes apprennent à connaître l'impersonnel. Dans toute conversation entre deux personnes, il semble qu'un rapport tacite s'établit avec un tiers invisible qui est la commune nature. Cette tierce personne, cette commune nature n'est pas sociale, elle est impersonnelle, c'est Dieu : dans les groupes où les débats sont ardents, et spécialement lorsqu'ils roulent sur les grandes questions de la pensée, la compagnie tout entière s'étonne de l'unité qui la relie, s'étonne de voir que la pensée s'élève à une égale hauteur dans tous les cœurs, et que tous les individus qui la composent aient sur le sujet débattu les mêmes droits de propriété spirituelle que le discoureur. Ils deviennent tous plus sages qu'ils n'étaient. Elle les entoure comme d'un temple, cette unité de la pensée, grâce à laquelle chaque cœur bat mû par un sentiment plus noble de sa puissance et de son devoir, pense et agit avec une solennité inaccoutumée. Tous ont conscience qu'ils atteindront à une plus haute possession d'eux-mêmes, car cette unité existe pour eux tous. Il y a une certaine sagesse humaine qui est commune aux plus grands hommes et aux plus humbles, et que notre éducation ordinaire empêche souvent et réduit au silence. L'esprit est un, et les meilleurs esprits qui aiment la vérité pour elle-même pensent peu au droit de propriété qu'ils ont sur elle. Ils l'acceptent et la reçoivent en tout lieu avec remerciements, ne l'étiquettent pas et ne la marquent pas avec le nom d'un homme, car elle est à eux depuis longtemps. Elle est leur depuis l'éternité. Les savants et ceux qui étudient les lois de la pensée n'ont pas le monopole de la sagesse. La violence de la direction qui leur est propre les empêche jusqu'à un certain point de parler véridiquement. Nous devons bien des observations importantes aux hommes qui ne sont ni pénétrants, ni profonds, qui disent sans efforts les choses qui nous manquaient et que nous avions longtemps poursuivies en vain. L'action de l'âme se rencontre plus souvent dans ce qui est senti et laissé sans être exprimé, que dans ce qui est exprimé par les conversations. Cette action plane sur chaque société, et les hommes la cherchent aveuglément les uns dans les autres. Nous comprenons mieux que nous n'agissons. Nous savons, au même instant que nous agissons, que nous valons mieux que nos actions. Combien de fois, dans mes triviales conversations avec mes voisins, je sens cette vérité; je sens que quelque chose de plus haut domine dans chacun de nous ce jeu vulgaire de la conversation, et que, par derrière, nos expressions et nos actions mutuelles, Jupiter salue Jupiter!

Les hommes s'abaissent en se fréquentant. Par les services habituels et mesquins qu'ils rendent au monde, services pour lesquels ils oublient leur noblesse native, ils ressemblent à ces cheiks arabes qui habitent dans des maisons de chétive apparence et affectent une pauvreté extérieure, afin d'échapper à la rapacité du pacha, tandis qu'ils gardent tout leur luxe pour leurs appartements intérieurs et secrets.

De même que l'âme est présente au-dessus de toutes les personnes, ainsi elle accompagne chaque période de la vie. Elle fait pressentir déjà l'adulte dans l'enfant. Lorsque je joue avec mon enfant, mon grec et mon latin, mes dons et ma richesse ne me servent de rien. Toutes ces choses sont lettres mortes pour lui ; mais si j'ai de l'âme, je puis m'en servir avec lui ; si je ne suis que capricieux, il oppose sa volonté à la mienne et me laisse, si cela me fait plaisir, la dégradante puissance que j'ai de le battre, grâce à la supériorité de ma force. Mais si je renonce à ma volonté, si j'agis d'après les injonctions de l'âme ; et si je la prends pour arbitre entre nous deux, la même âme regarde par ses yeux, il la respecte et il l'aime avec moi.

L'âme perçoit et révèle la vérité. Que le sceptique et le railleur disent ce qu'ils voudront, mais il est certain que nous connaissons la vérité aussitôt que nous la voyons. Les folles gens vous demandent, lorsque vous leur avez exprimé ce qu'ils ne souhaitaient pas entendre : « Comment savez-vous que c'est la vérité et si ce n'est pas une erreur qui vous est propre. » Nous connaissons la vérité lorsque nous la voyons, absolument comme nous savons que nous sommes éveillés lorsque nous sommes éveillés. Il y a une sentence d'Emmanuel Swedenborg qui suffirait seule à indiquer la grandeur des perceptions de cet homme : « Ce n'est pas une preuve de l'intelligence d'un homme qu'il soit capable d'affirmer ce qu'il lui plaît d'affirmer, mais bien d'être capable de discerner que ce qui est vrai est vrai et que ce qui est faux est faux ; voilà la marque et le caractère de l'intelligence. » Dans le livre que je lis, une bonne pensée me rapporte, comme le fera chaque vérité, et me remet sous les yeux l'image de l'âme entière. La même âme devient une épée qui discerne, sépare les mauvaises pensées que je trouve dans ce même livre et les émonde. Nous sommes plus sages que nous ne le pensons. Si nous n'intervenions pas dans notre pensée, si nous agissions simplement, si nous savions voir comment les choses existent toutes en Dieu, alors nous n'aurions pas de peine à comprendre les choses particulières, aucun objet, aucun homme. Car le Créateur des choses et des personnes se tient debout derrière nous et jette sa terrible omniscience au-dessus de nous et au-dessus de tous les objets.

Mais outre cette reconnaissance subite d'elle-même dans les différents passages de l'expérience individuelle, l'âme révèle aussi la vérité. Ici nous chercherons à nous fortifier par sa présence et à parler de cet événement d'un ton plus digne et plus haut. Car la révélation de la vérité par l'âme est le plus haut événement de la nature, parce qu'alors elle ne nous donne plus seulement quelques parties d'elle-même, mais se donne elle-même tout entière, passe dans l'homme qu'elle illumine et devient cet homme lui-même, car elle l'attire à elle en proportion de la vérité qu'il reçoit.

Nous désignons les mouvements qui annoncent l'âme, les manifestations de sa nature sous le nom de *révélations*. Ces révélations sont toujours accompagnées de l'émanation du sublime. Car cette communication est une inondation de l'esprit divin dans notre esprit. Notre esprit n'est que le cours d'un petit ruisseau particulier, avant d'être grossi par les vagues de la mer de la vie. Chaque appréhension distincte de ce commandement qui part du centre du monde agite les hommes, de plaisir et de respect. A la réception d'une nouvelle vérité ou à l'accomplissement d'une grande action, un frissonnement passe à travers tous les hommes. Dans ces communications, la puissance de voir n'est pas séparée de la volonté d'agir, mais l'intuition provient de l'obéissance et l'obéissance d'une joyeuse intuition. Chacun des instants où l'individu se sent envahi par ces intuitions est mémorable. Un certain enthousiasme accompagne toujours, grâce à la nécessité de notre constitution la connaissance individuelle de cette divine présence. Le caractère et la durée de cet enthousiasme varient avec l'état de l'individu, depuis l'extase, le transport et l'inspiration prophétique qui sont ses apparitions les plus rares, jusqu'au plus faible rayonnement de l'émotion vertueuse sous laquelle forme il échauffe, semblable à nos feux domestiques, toutes les familles et toutes les associations d'hommes et rend la société possible. Une certaine tendance à la folie a toujours accompagné les premiers moments où le sens religieux s'ouvre en l'homme, comme si l'excès de lumière devait l'éblouir. Les transports de Socrate, l'union de Plotin, la vision de Porphyre, la conversion de Paul, l'*Aurore* de Boëhme, les convulsions de Georges Fox et de ses quakers, l'illumination de Swedenborg sont de cet ordre. Ce qui, dans le cas particulier à ces remarquables personnes fut un ravissement, s'est souvent manifesté d'une manière moins frappante dans d'innombrables exemples de la vie commune. Partout l'histoire de la religion trahit une tendance à l'enthousiasme. Le ravissement des moraves et des quiétistes, la pénétration du sens intérieur du Verbe dans le langage de l'Église de la nouvelle Jérusalem, les *revirals* des églises calvinistes, les *expériences* des méthodistes ne sont que les formes variées de ce frissonnement de respect et de plaisir qu'éprouve toujours l'âme individuelle, lorsqu'elle est sur le point de se confondre avec l'âme universelle.

La nature de ces révélations est toujours la même ;

elles sont toujours les perceptions de la loi absolue. Elles sont les solutions des questions particulières à l'âme. Elles ne répondent pas aux questions que pose l'entendement. L'âme ne répond jamais par des mots, mais répond en montrant la chose même dont on s'informe.

La révélation est la subite découverte de l'âme. La notion populaire de la révélation, c'est la bonne aventure. Dans les oracles passés de l'âme, l'entendement cherche à trouver des réponses à ses questions sensuelles, et entreprend de forcer Dieu à nous dire combien de temps les hommes existeront, ce qu'ils feront, quelle sera leur société, quels seront même leurs noms, leur pays et la date de leur naissance. Mais nous devons réprimer cette basse curiosité, et ne pas essayer de voir par le trou des serrures. Une réponse en paroles est trompeuse, il n'y a réellement pas de réponse pour les questions que vous posez. Ne demandez pas qu'on vous fasse une description des contrées vers lesquelles vous vous dirigez. La description ne vous les représentera pas; demain vous aborderez sur leurs rives et vous les connaîtrez en les habitant. Les hommes parlent de l'immortalité de l'âme, du bonheur céleste, de l'état du pécheur et d'autres choses analogues. Ils rêvent même que Jésus a laissé des réponses, précisément sur ces questions-là. Mais jamais, même un instant, ce sublime esprit n'a parlé leur *patois* [1]. L'idée de l'immutabilité est essentiellement associée à la vérité, à la justice, à l'amour, à tous les attributs de l'âme. Jésus, vivant dans ces sentiments moraux, sans souci de la fortune sensuelle, ne s'inquiétant que des manifestations de ces vertus, n'a jamais séparé l'idée de durée de l'essence de ces attributs, n'a jamais prononcé une syllabe touchant la durée de l'âme.

---

[1] *Patois*; ce mot se trouve en français dans l'original.

Il fut donné à ses disciples de séparer l'idée de durée, des éléments moraux, d'enseigner l'immortalité de l'âme comme une doctrine, et de la prouver. Mais dès le moment où cette doctrine de l'immortalité était enseignée séparément, l'homme était déjà tombé d'un degré. Pendant le temps de l'amour, dans l'adoration de l'humilité, il n'est pas question de durée. Aucun homme inspiré ne se pose ces questions et ne s'abaisse jusqu'à ces preuves. L'âme est vraie avec elle-même, l'homme dans lequel elle est répandue ne peut s'écarter du présent qui est infini pour aller chercher un futur qui serait fini.

Ces questions, que nous avons l'ambition de poser au sujet de l'avenir, sont un aveu du péché. Dieu n'a point de réponse pour elles. Aucune réponse en paroles ne peut répondre à une question posée par les choses. Ce n'est pas un décret arbitraire de Dieu, mais la nature de l'homme elle-même qui jette un voile sur les faits de demain ; car l'âme n'a à nous donner à déchiffrer aucun autre problème que celui de la cause et de l'effet. Grâce à ce voile qui couvre les événements, elle enseigne aux enfants des hommes à vivre dans le jour présent. La seule manière d'obtenir une réponse à ces questions est d'abandonner toute basse curiosité, de nous laisser emporter par les flots du temps qui nous entraînent dans les secrètes profondeurs de la nature, de travailler et de vivre, de vivre et de travailler encore, et alors, insensiblement, l'âme en avançant se trouve avoir formé pour elle une nouvelle condition ; et les questions et les réponses à ces questions ne forment plus qu'une seule et même chose.

Ainsi c'est l'âme qui perçoit et révèle la vérité. A la clarté de cette flamme sereine, impersonnelle, parfaite, qui brille jusqu'à ce qu'elle dissolve toutes les choses dans les vagues et les lames d'un océan de lumière, nous

nous voyons et nous nous connaissons les uns les autres, nous comprenons quel esprit chacun de nous possède. Qui donc peut montrer les fondements de sa connaissance du caractère de certains individus dans son cercle d'amis? aucun homme ne le peut. Cependant leurs actes et leurs paroles ne peuvent parvenir à nous donner le change. Quoique nous ne sachions rien de mauvais sur son compte, nous ne nous confierons pas à l'homme que voilà. Des signes authentiques, au contraire, se sont manifestés pour nous indiquer que nous pouvions nous confier à cet autre, que son caractère est digne de notre intérêt, bien que nous l'ayons rarement rencontré. Nous nous connaissons parfaitement les uns les autres, nous comprenons lesquelles d'entre nos actions ont été en rapport avec notre caractère, nous comprenons si ce que nous enseignons ou contemplons n'est qu'une inspiration ou est en outre un honnête effort.

Tous nous sommmes d'excellents juges des esprits. C'est notre vie et notre puissance spontanée qui possèdent cette diagnostique et non pas notre entendement. Tout ce qui compose la société, son commerce, sa religion, ses amitiés, ses querelles, n'est qu'une immense investigation judiciaire du caractère. En pleine cour d'assises ou en petit comité, ou encore par la simple confrontation de l'accusateur et de l'accusé, tous les hommes se présentent pour être jugés. Malgré leur volonté, ils laissent voir ces bagatelles qui nous aident à lire dans le caractère. Mais qui juge et que jugeons-nous? Ce n'est pas notre entendement qui juge. Ce n'est pas par la ruse ni par la science que nous lisons dans les caractères. Non, la sagesse de l'homme sage consiste en ceci qu'il ne juge pas les hommes, qu'il les laisse se juger eux-mêmes, et se contente ensuite de lire et d'exprimer le verdict qu'ils ont porté sur eux-mêmes.

La volonté privée est ainsi anéantie par la vertu de

cette inévitable nature, et grâce à elle, malgré tous nos efforts et toutes nos imperfections, votre génie parlera d'après vous-même, et le mien parlera d'après moi-même. Nous apprendrons ce que nous sommes, non pas volontairement, mais involontairement. Les pensées viennent dans nos esprits par des avenues que nous n'avions jamais laissées ouvertes ; les pensées sortent de notre esprit par des avenues que nous n'avions jamais volontairement ouvertes. Notre caractère enseigne malgré notre volonté. L'index infaillible du vrai progrès, c'est le ton que prend l'homme. Ni son âge, ni son éducation, ni sa société, ni ses livres, ni ses actions, ni ses talents, ni toutes ces choses ensemble ne peuvent l'empêcher d'être plein de déférence pour un homme d'un esprit plus haut que le sien propre. Ses mœurs, ses formes de discours, le ton de ses sentences, l'édifice, dirais-je presque, de toutes ses opinions, nous confesseront s'il a ou s'il n'a pas trouvé en Dieu son asile ; toutes ces choses nous confesseront involontairement ce fait, qu'il brave ou non leur aveu. Mais s'il a trouvé son centre, la Divinité brillera dans sa personne à travers tous les déguisements de l'ignorance, du tempérament et des circonstances défavorables. Le ton de celui qui cherche est un, le ton de celui qui possède est autre.

La grande différence qu'il y a entre les maîtres sacrés et littéraires, entre des poètes comme Herbert et des poètes comme Pope ; entre des philosophes comme Spinosa, Kant et Coleridge, et des philosophes comme Locke, Paley, Mackintosh et Stewart ; entre ces hommes du monde qui sont tenus pour d'accomplis causeurs, et ces quelques rares et fervents mystiques, prophétisant à demi insensés, sous l'infinitude de leur pensée, c'est que les uns parlent du *dedans*, parlent comme possesseurs du fait et même comme en faisant partie ; et que les autres parlent du *dehors* comme de simples spectateurs, ou encore comme des hommes qui ont connaissance du fait par le témoignage de tierces personnes. Il est inutile de vouloir me prêcher du *dehors*; je puis faire moi-même la même chose trop aisément. Jésus parle toujours du *dedans* et d'une hauteur qui domine toutes les autres. C'est là qu'est le miracle. Mon âme croit d'avance à la vérité des paroles qui vont être prononcées. Tous les hommes sont continuellement dans l'attente de l'apparition d'un tel maître. Mais si la voix de l'homme ne part pas du sanctuaire où la parole ne fait qu'un avec celui qui l'exprime, qu'il le confesse humblement.

La même omniscience coule dans l'intelligence et y crée ce que nous appelons le génie. Beaucoup de la sagesse du monde n'est pas sagesse; les plus illuminés d'entre les hommes ne sont pas des écrivains et n'en sont pas moins supérieurs à toute réputation littéraire. Nous ne sentons pas de divine présence au milieu de la multitude des scholars et des auteurs; nous sommes frappés par leur adresse et leur habileté plus que par leur inspiration; ils ignorent d'où leur vient leur lumière, et ils l'appellent leur propre lumière; leur talent est quelque faculté exagérée, quelque membre trop développé, si bien que leur force est une maladie : dans ces occasions, les dons intellectuels ne font pas sur nous l'impression de la vertu, mais presque l'impression du vice, et nous sentons que les véritables talents d'un homme sont toujours en rapport avec ses progrès dans la vérité. Mais le génie est religieux; le génie n'est qu'une part plus grande du cœur commun à tous les hommes donnée à certains individus. Le grand génie n'est pas anormal; mais il est semblable aux hommes, et est pour ainsi dire encore plus humain qu'eux. Il y a chez tous les grands poètes une sagesse d'humanité supérieure à tous leurs autres talents. L'auteur, le bel esprit, l'homme de parti, le gentleman ne prennent pas chez eux la place de l'homme. L'humanité brille dans Homère, dans Chaucer, dans Spenser, dans Shakspeare, dans Milton. Ils se contentent de la vérité et s'appuient sur une base positive. Ils semblent froids et flegmatiques à ceux dont le goût a été blasé et épicé par les passions frénétiques et les couleurs violentes des productions d'écrivains inférieurs, mais populaires; car ils sont poëtes simplement par le libre accès qu'ils ouvrent en eux à l'âme curieuse qui contemple et bénit les choses qu'elle a faites. L'âme est supérieure à sa science; elle est plus sage qu'aucune de ses œuvres. Le grand poëte nous fait sentir notre propre richesse, et par là nous fait moins penser à ses compositions. La plus grande leçon qu'il fasse à notre esprit, c'est de nous enseigner à mépriser tout ce qu'il a fait. Shakspeare nous élève à une telle hauteur d'intelligente activité, qu'il suggère à notre esprit l'existence de richesses auprès desquelles les siennes elles-mêmes ne sont que pauvretés; nous sentons alors que les œuvres splendides qu'il a créées, et que dans d'autres heures nous exaltons comme une sorte de poésie existant par elle-même, ne sont pas attachées plus étroitement à la nature que l'ombre d'un voyageur passager n'est attachée au rocher. L'inspiration qui s'est exprimée dans *Hamlet* et dans *Lear* peut exprimer à jamais, époque après époque, d'aussi bonnes choses. Pourquoi donc tiendrions-nous compte d'*Hamlet* et de *Lear*, comme si nous ne possédions pas l'âme qui les a laissés échapper de même que les syllabes tombent de la langue?

Cette énergie ne descend dans la vie individuelle qu'à la condition de posséder entièrement l'individu. Elle descend chez les humbles et les simples; elle vient à quiconque se dépouille de tout ce qui est orgueil et de tout ce qui n'est pas lui; elle arrive sous la forme de l'intuition, elle apparaît avec sérénité et grandeur. Lorsque nous voyons les hommes qu'elle habite, nous apprenons à connaître de nouveaux degrés de grandeur. Quand l'homme est sorti de cette inspiration, son ton a changé. Il ne cause pas avec les hommes, ne parle pas en gardant toujours l'œil ouvert sur leurs opinions. Il les juge. Il leur demande d'être simples et vrais. Le voyageur frivole essaie d'embellir sa vie en citant le lord, le prince, la comtesse qui lui ont parlé ainsi, ou qui ont agi avec lui de telle façon. Les ambitieux vulgaires nous montrent leur argenterie, leurs bijoux et leurs bagues. Les hommes plus cultivés dans le récit qu'ils font de leurs expériences personnelles cueillent toutes les circonstances poétiques charmantes, la visite à Rome, l'homme de génie qu'ils ont vu, l'ami brillant qu'ils ont connu, et peut-être aussi, s'avançant davantage, parlent-ils du paysage splendide, de la montagne étincelante de lumière, des pensées qu'elle leur a inspirées et dont ils ont joui avant-hier ; ils cherchent à jeter ainsi sur leur vie une couleur romantique ; mais l'âme qui est arrivée à adorer le grand Dieu est simple et vraie ; elle n'a pas de couleur de rose, de beaux amis, de chevalerie et d'aventures ; elle n'a nul besoin d'être admirée ; elle habite dans l'heure actuelle, dans l'expérience réelle de la vie habituelle, et, en raison de cette importance donnée au présent, la plus simple circonstance s'imprègne de pensées et s'imbibe des flots de cette mer de lumière.

Conversez avec un esprit grandement simple et la littérature vous paraîtra une duperie. Ses plus simples discours sont dignes d'être écrits ; cependant ils sont si communs, ils sont tellement en circulation que, les ramasser au milieu des infinies richesses de l'âme, c'est comme ramasser quelques grains de sable sur la terre, ou renfermer un peu d'air dans une fiole, lorsque toute la terre et toute l'atmosphère nous appartiennent. Dans la société d'hommes simples, l'homme qui n'est qu'auteur ressemble à un filou qui s'est glissé parmi des gentlemen afin de voler une épingle ou un bouton d'or. Vous ne pouvez pénétrer et être admis dans ce cercle qu'en vous dépouillant de votre parure artificielle; qu'en conversant et en agissant avec l'homme avec vérité et simplicité, avec franchise et avec une souveraine affirmation.

Des âmes semblables à celles que nous avons décrites vous traitent comme le feraient des dieux; ces hommes marchent comme des dieux sur la terre, acceptant sans aucune admiration votre esprit, votre vertu ou, pour mieux dire, vos actes de devoir; car votre vertu, ils la regardent comme de leur propre sang, d'un sang royal comme le leur, et bien plus comme la créatrice des dieux. Mais quel mépris jette leur simple et fraternelle conduite sur les flatteries mutuelles que les auteurs emploient pour se consoler et se blesser! Ils ne flattent pas, eux. Je ne m'étonne pas si ces hommes vont trouver pour converser avec eux Cromwell, Christine, Charles II, Jacques Ier et le Grand-Turc. Car, par leur élévation, ils sont les compagnons des rois, et plus d'une fois ils ont dû souffrir du ton servile de la conversation du monde. Ils sont toujours comparables à un messager divin envoyé aux princes; ils se confrontent avec eux, roi contre roi, sans abaissement ni concession, et ils donnent aux nobles natures le spectacle consolant et la satisfaction de la résistance, de la pure humanité, d'une familière et sereine camaraderie, de nouvelles idées; ils laissent ces princes des hommes plus sages et supérieurs à ce qu'ils étaient. Ces âmes nous font sentir que la sincérité est meilleure que la flatterie. Agissez simplement avec l'homme et la femme, afin de les obliger à la plus extrême sincérité, et de détruire en eux toute espérance de vous abuser. C'est là le plus grand compliment que vous puissiez leur faire.

« Leur plus haute louange, disait Milton, n'est pas la flatterie, et leur plus simple avis est une sorte de louange. »

Ineffable est l'union de Dieu et de l'homme dans chaque acte de l'âme. La plus simple personne qui, dans son intégrité, adore Dieu, devient Dieu elle-même; cependant les flots de cette fusion universelle sont toujours nouveaux, et sa source toujours inconnue et introuvable. Toujours elle inspire le respect et l'étonnement. Combien l'idée de Dieu peuplant les places solitaires, effaçant les cicatrices de nos malheurs et de nos désappointements, se lève sur l'homme affectueuse et caressante! Lorsque nous avons brisé notre Dieu traditionnel, et que nous en avons fini avec notre Dieu de rhétorique, alors Dieu peut enflammer notre cœur de sa présence[1]. Alors le cœur double, pour ainsi dire, et acquiert la puissance de s'élargir et de s'ouvrir de chaque côté un nouvel infini. Cette présence inspire à l'homme une infinie confiance. Il n'a pas la conviction, mais l'intuition que ce qui est le bon est aussi le vrai; qu'il peut aisément chasser avec cette pensée toutes les incertitudes particulières, toutes les craintes, et ajourner jusqu'à la révélation certaine du temps la solution des problèmes qui lui sont propres. Il est assuré que ses intérêts propres sont chers à l'*être* lui-même. Par la présence des lois universelles dans son esprit, il est rempli d'une si universelle confiance, qu'il noie dans les flots de cette confiance toutes les espérances chéries et les plus stables projets de sa condition mortelle. Il croit qu'il ne peut échapper à son bien. Les choses qui te sont destinées gravitent vers toi. Vous courez pour chercher votre

---

[1] Incontestablement cette idée est peu orthodoxe; cependant je ne pense pas qu'on puisse reprocher de pareilles pensées à Emerson. Ce fait, qu'il a été ministre unitaire, suffit à les expliquer.

ami. Laissez courir vos pieds, mais votre esprit n'a pas besoin de courir. Si vous ne le trouvez pas, n'accorderez-vous pas qu'il est bon que vous ne l'ayez pas trouvé? Car il existe un pouvoir qui est en lui aussi bien qu'en vous, qui vous aurait portés l'un vers l'autre, si cela eût été bon. Vous vous préparez avec passion à sortir et à rendre un service auquel vous invitent votre talent, votre goût, l'amour des hommes et l'espérance de la renommée. Est-ce que vous n'avez pas déjà senti que vous n'avez aucun droit à rendre ce service, si ce n'est le désir secret que vous avez d'être empêché de le rendre? Oh! crois que pendant toute ta vie, chaque mot prononcé autour de la sphère du globe qu'il est important pour toi d'entendre, vibrera à ton oreille. Chaque proverbe, chaque livre, chaque dicton qui t'est nécessaire comme aide ou consolation viendra assurément vers toi. Chaque ami après lequel soupire, non pas ta fantasque volonté, mais un grand et tendre cœur, te serrera dans ses embrassements. Et cela parce que ton cœur est le cœur de tous les hommes, parce qu'il n'y a nulle part dans la nature ni trappe, ni murailles, ni intersection, parce qu'un même sang, une infinie circulation coule à travers tous les hommes, de même que l'eau qui entoure le globe n'est qu'une mer et n'a en réalité qu'un même flux et un même reflux.

Que l'homme donc enseigne la révélation de la nature et de l'esprit; qu'il sache que le Tout-Puissant habite avec lui; que si le sentiment du devoir est dans son esprit, les sources de la nature y sont aussi. Mais s'il veut savoir ce que dit le grand Dieu, il doit, comme disait Jésus, « entrer dans sa chambre et fermer les portes. » Dieu ne se manifestera pas aux lâches. Celui qui veut connaître Dieu doit prêter l'oreille à la voix intérieure qui parle en lui et s'éloigner des asiles où retentissent les accents de la dévotion des autres hommes. Leurs prières mêmes lui sont nuisibles jusqu'à ce qu'il se les soit appropriées. L'âme ne se fait pas d'appel à elle-même. Notre religion se repose ordinairement sur le nombre des croyants, et dans toutes les occasions où l'appel de ce nombre est fait, — aussi indirect qu'il soit, — la proclamation que la religion n'est pas trouve toujours à se faire entendre. Celui qui trouve la pensée de Dieu une pensée douce et absorbante ne compte pas ses coreligionnaires. Que pourraient me dire Calvin ou Swédenborg lorsque je brûle d'un pur amour et que je repose dans une parfaite humilité?

Il importe peu que cet appel soit fait à des multitudes ou à un seul. La foi qui repose sur l'autorité n'est pas la foi. Le degré de confiance en l'autorité mesure le déclin de la religion, l'éloignement de l'âme. La position que les hommes ont faite à Jésus après tant de siècles est une position d'autorité. Ce fait les caractérise eux-mêmes, mais ne peut altérer les faits éternels. L'âme est grande et simple. Elle ne flatte pas, n'obéit pas à la façon des adeptes, ne se fait pas de sommation à elle-même. Elle croit toujours à elle-même. Devant les immenses possibilités de l'âme, toute simple expérience, toute biographie passée aussi immaculées et saintes qu'elles soient s'évanouissent. Devant ce ciel sacré que nos pressentiments nous prophétisent, nous ne pouvons louer aisément aucune des formes de vie que nous avons vues ou dont nous avons lu les descriptions. Non-seulement nous affirmons que nous avons peu de grands hommes, mais qu'à parler d'une manière absolue nous n'en avons aucun; que nous n'avons ni histoire ni souvenir d'un caractère ou d'une manière de vivre qui nous satisfasse entièrement. Les saints et les demi-dieux que l'histoire adore, nous sommes contraints de les accepter, mais nous les acceptons avec un grain d'indulgence. Bien que dans nos heures solitaires nous tirions de leur souvenir une nouvelle force, cependant, quand nous les examinons de près, comme le font les hommes routiniers et sans pensées, ils nous fatiguent et nous tourmentent. L'âme solitaire, originale et pure ne se donne qu'aux esprits solitaires, originaux et purs qui, à ces conditions, habitent joyeusement en elle, se conduisent par elle, parlent par elle. Alors ils sont jeunes, joyeux et agiles. Ils ne sont pas seulement sages, mais ils voient à travers toutes choses. Ils ne sont pas seulement religieux, ils sont innocents. Ils appellent la lumière leur propriété, et sentent que le gazon croît et que la pierre tombe par une loi qui leur est inférieure et qui est dépendante de leur nature. Contemple! disent-ils, je suis né au sein du grand et universel esprit. Moi l'imparfait, j'adore ce qui en moi est parfait. Je suis le sanctuaire de la grande âme, et c'est pourquoi, regardant d'en haut et dédaignant le soleil et les étoiles, je sens qu'ils ne sont que de beaux accidents et des effets qui changent et passent. De plus en plus les vagues de l'infinie nature entrent en moi, et je deviens dans mes actions et dans mes pensées public en quelque sorte et humain. Ainsi j'arrive à vivre dans mes pensées, à agir avec des énergies qui sont immortelles. Ainsi, en respectant l'âme, et en apprenant, comme disent les anciens, que sa beauté est infinie, l'homme arrivera à voir que le monde est le miracle éternel que l'âme accomplit, et s'étonnera moins des merveilles particulières ; il apprendra qu'il n'y a pas d'histoire profane et que toute histoire est sacrée ; que l'univers est représenté par un atome, par un moment du temps. Il ne se composera pas plus longtemps avec des lambeaux et des haillons une vie misérable, mais il vivra avec une unité divine. Il s'écartera de tout ce qui est bas et frivole dans sa vie, et se contentera des emplois qu'il peut remplir et des services qu'il peut rendre. Il affrontera le lendemain avec calme et avec l'insouciance de cette confiance qui entraîne Dieu avec elle, et il portera déjà l'avenir entier dans le fond de son cœur.

XIII

UTILITÉ DES GRANDS HOMMES [1].

Il est naturel de croire aux grands hommes. Si les compagnons de notre enfance devenaient des héros et s'ils s'élevaient à une condition royale, cela ne nous surprendrait pas. Toute mythologie s'ouvre avec les demi-dieux et cette circonstance est élevée et poétique, car leur génie devient alors souverain. Dans les légendes de la Gautama, les premiers hommes mangeaient la terre et la trouvaient délicieuse.

La nature semble exister pour l'excellent. Le monde est exhaussé par la véracité des grands hommes; ce sont eux qui rendent la terre salubre. Ceux qui vivent avec eux trouvent la vie une chose joyeuse et nutritive. La vie n'est douce et tolérable que par notre croyance à une telle société, et en réalité ou en pensée, nous nous arrangeons pour vivre avec nos supérieurs. Nous donnons leurs noms à nos enfants et à nos terres. Leurs noms passent dans la langue, leurs œuvres et leurs effigies passent dans nos maisons et chaque circonstance du jour nous rappelle une anecdote qui les concerne.

La recherche du grand est le rêve de la jeunesse et la plus sérieuse occupation de la virilité. Nous voyageons

---

[1] Ce dernier essai est le premier d'un livre qu'Emerson vient de publier sous le titre de *Representative men*. Nous le traduisons, parce qu'il résume en partie toutes les idées d'Emerson sur les grands hommes et qu'il est le seul chapitre didactique du livre; les autres essais sont des applications de ces idées et des essais critiques sur Platon, Swédenborg, Montaigne, Shakspeare, Bonaparte et Goethe.

dans les contrées étrangères pour trouver ses œuvres, et s'il est possible pour surprendre quelqu'un de ses rayons. Mais à sa place nous ne trouvons que la richesse, et elle nous le fait oublier. Vous dites que les Anglais sont pratiques, que les Allemands sont hospitaliers, qu'à Valence le climat est délicieux, que dans les collines du Sacramento il y a de l'or pour celui qui veut en ramasser. Oui, sans doute, mais je ne voyage pas pour trouver des hommes riches, *confortables*, hospitaliers, un ciel clair ou des lingots qui coûtent trop cher. Mais s'il existait un aimant qui pût m'indiquer les contrées et les demeures où vivent les hommes qui sont intrinsèquement riches et puissants, je vendrais tout pour acheter cet aimant et je me mettrais en route dès aujourd'hui.

Les hommes nous attirent par le crédit qu'ils possèdent. La connaissance que, dans une telle ville, il existe un homme qui inventa les chemins de fer, élève le crédit de tous les citoyens. Mais d'énormes populations, si elles sont des populations de mendiants, nous dégoûtent comme les populations de vers qui fourmillent dans un fromage gâté, comme les entassements de fourmis et de puces; plus elles sont nombreuses, pire est le phénomène que nous venons d'indiquer.

Notre religion n'est que l'amour et l'affection que nous portons à ces grands patrons. Les dieux de la Fable indiquent les époques brillantes des grands hommes. Nous coulons tous nos vases dans un même moule. Nos colossales théologies du judaïsme, du christianisme, du bouddhisme, du mahométisme résultent de l'action nécessaire et de la structure de l'esprit humain. Celui qui étudie l'histoire est comme un homme qui va dans un magasin acheter des tentures et des tapis. Il s'imagine qu'il achète un nouvel article. Mais s'il va à la fabrique même, il verra que sa nouvelle étoffe ne fait que répéter les volutes et les rosettes que l'on trouve sur les murs intérieurs de Thèbes. Notre théisme est la purification de l'esprit humain. L'homme ne peut peindre que l'homme, penser rien que l'homme. Il croit que les grands éléments matériels ont leur origine dans sa pensée, et notre philosophie nous montre une unique essence, rassemblée, répartie partout.

Si maintenant nous nous informons des genres de services que nous pouvons tirer des autres hommes, soyons avertis du danger des études modernes et prenons un ton moins haut que celui qui nous est habituel. Nous ne devons pas lutter contre l'amour et nier l'existence substantielle des autres hommes. Je ne sais pas ce qui peut m'arriver. Nous avons des forces sociales. Notre affection envers les autres nous crée une sorte de bénéfice et d'acquêt que rien ne peut remplacer. Je puis faire au moyen d'un autre ce que je ne puis faire seul. Je puis vous dire ce que je ne puis me dire à moi-même. Les autres hommes sont des lentilles au travers desquelles nous lisons nos propres esprits. Chaque homme cherche ceux qui ont des qualités différentes des siennes et qui sont excellents eux aussi dans leur ordre particulier ; chaque homme cherche d'autres hommes, cherche l'homme le plus différent de lui, celui qui est le plus un *autre* homme. Plus forte est la nature, plus elle est réactive. La principale différence entre les hommes consiste en ceci : font-ils oui ou non la chose qui leur est propre ? L'homme est cette noble plante qui, semblable au palmier, grandit de l'intérieur à l'extérieur. La chose qui lui est propre, bien qu'elle soit impossible aux autres hommes, il peut l'accomplir avec célérité et comme en se jouant. Il est aisé au sucre d'être doux et au nitre d'être salé. Nous prenons beaucoup de peine pour guetter et atteindre ce qui tombera de soi-même dans nos mains. Je considère celui-là comme un grand homme qui habite dans de hautes sphères de pensées vers lesquelles les autres hommes ne s'élèvent qu'avec travail et difficulté ; il n'a qu'à ouvrir les yeux pour voir les choses dans une vraie lumière et dans de larges relations, tandis que les autres hommes doivent faire subir à leur pensée de pénibles corrections et garder un œil vigilant sur les sources de l'erreur. Voilà le service du grand homme. Il n'en coûte rien à une belle personne pour peindre son image à nos yeux et cependant combien splendide est ce bienfait ! Il n'en coûte pas davantage à un homme sage pour communiquer ses qualités aux autres hommes. Chacun fait sa meilleure chose le plus aisément. *Peu de moyens, beaucoup d'effet* [1]. Il est grand celui qui l'est par la nature et qui ne rappelle en rien les autres hommes.

Mais il doit entrer en rapport avec nous et notre vie recevoir de sa part quelques promesses d'explications. Je ne puis pas dire précisément ce que je voudrais savoir, mais j'ai remarqué qu'il y a des personnes qui, par leur caractère et leurs actions, répondent à des questions que je n'ai pas l'habileté de poser. Un homme répond à quelque question qu'aucun de ses contemporains n'a posée et reste isolé. Les religions et les philosophies passées ou en train de passer répondent à quelque autre question. Certains hommes nous impressionnent comme de riches possibilités, mais inutiles à eux-mêmes et à leur temps, jouets peut-être de quelque instinct qui court dans l'air, ils ne répondent pas à notre besoin immédiat. Mais les grands sont tout près de nous, nous les connaissons à première vue. Ils satisfont à notre attente, ils arrivent à l'heure voulue. Ce qui est bon, effectif, fécond, se crée une demeure, des moyens d'exister, des alliés. Une pomme naturelle d'une espèce simple produit sa graine, une pomme d'une nature double ne la

---

[1] Ces mots sont en français dans l'original.

produit pas. Un homme est-il placé dans le lieu qui lui convient, il est ingénieux, inventif, fertile, magnétique, et pour exécuter son dessein crée des armées innombrables. La rivière creuse ses propres rivages, chaque idée légitime se fait sa route et se crée son bien-être, crée des moissons pour se nourrir, des institutions pour s'exprimer, des armes pour combattre, des disciples pour se commenter. Le véritable artiste a pour piédestal notre planète, mais l'aventurier après des années et des années de lutte ne possède de la terre que l'espace compris sous ses souliers.

Nos discours habituels se rapportent à deux genres d'utilité et de service de la part des hommes supérieurs. Le don direct flatte la croyance primitive de l'homme, le don d'un aide métaphysique ou matériel, le don de la richesse, de l'éternelle jeunesse, de la beauté corporelle, de l'art de guérir, du pouvoir magique, de la prophétie. L'enfant croit qu'il y a un maître qui peut lui vendre la sagesse. Les églises croient à la vertu attribuée à certaines choses. Mais, en stricte réalité, nous ne connaissons que fort peu le service direct. L'aide que nous tirons des autres hommes est mécanique, comparée avec les découvertes que nous faisons dans la nature qui est en nous. Ce qui est enseigné de cette façon est délicieux à accomplir et son effet subsiste. Les droits moraux sont au centre et vont de l'intérieur de l'âme à l'extérieur. Donner, est contraire à la loi de l'univers. Servir les autres, c'est nous servir. Je dois m'absoudre moi-même. Occupe-toi de tes affaires, imbécile, dit l'esprit ; avec qui veux-tu entrer en commerce, avec les cieux ou avec la multitude ? Le service indirect, au contraire, demeure. Les hommes ont une qualité pittoresque, ou autrement dit représentative, et nous servent par l'intelligence. Bœhme et Swedenborg virent que les choses étaient des représentations ; les hommes aussi sont des représentations, premièrement des choses, secondement des idées.

Ainsi que les plantes convertissent les minéraux en nourriture pour les animaux, ainsi chaque homme convertit quelque rudiment matériel de la nature en quelque chose d'utile à l'homme. Les inventeurs du feu, de l'électricité, du magnétisme, du fer, du plomb, du verre ; de la toile, de la soie, du coton ; les inventeurs d'outils, l'inventeur du système décimal, le mécanicien, le musicien ont ouvert chacun, dans sa voie, une route facile pour tous les hommes à travers des confusions impossibles et inconnues. Chaque homme, par des liens secrets, est enchaîné à quelque district de la nature dont il est l'agent et l'interprète ; comme Linnée l'est des plantes, Huber des abeilles, Fries des lichens, Van Mons des poires, Dalton des formes atomiques, Euclide des lignes, Newton des fluxions.

L'homme est le centre de la nature, et de ce centre, il noue et établit des relations avec chaque chose fluide ou solide, matérielle ou élémentaire. La terre roule, chacune de ses mottes et de ses pierres arrive à son tour à son méridien, de sorte que chaque organe, chaque fonction, chaque acide, chaque cristal, chaque grain de sable ont une relation avec le cerveau de l'homme. Ces choses attendent longtemps, mais leur tour vient enfin. Toute plante a son parasite, toute chose créée son amant et son poëte. Justice a déjà été rendue à la vapeur, au fer, au bois, au charbon, à l'aimant, à l'iode, au blé, au coton ; mais combien ils sont peu nombreux les matériaux utilisés jusqu'à présent par nos arts ! La masse des créatures et des qualités est encore cachée et expectante. Il semble que chacune d'elles attende, comme les princesses enchantées dans les contes de fées, un libérateur humain prédestiné. Chacune d'elles doit être désenchantée et marcher à la lumière du jour sous une forme humaine. L'histoire des découvertes semble nous montrer que la vérité, mûre déjà ou encore latente, s'est formé un cerveau pour la pénétrer et la comprendre. L'aimant doit se faire homme et s'incarner dans un Gilbert, dans un Swedenborg, dans un Oerstedt avant que l'esprit humain en général arrive à s'entretenir de sa puissance.

Si nous nous limitons aux premiers avantages, nous voyons qu'une grâce sobre est attachée aux royaumes minéraux et botaniques ; grâce qui, dans les moments les plus élevés, se manifeste à nous comme le charme de la nature. La lumière et les ténèbres, la chaleur et le froid, la faim et l'assouvissement de la faim, le doux et l'amer, le solide, le liquide et le gaz nous entourent, comme d'une guirlande de plaisirs, et par leur agréable querelle trompent les jours de notre vie. L'œil répète chaque jour le premier éloge des choses, « il vit que cela était bon. » Nous savons où les trouver leurs avantages, et ces artisans de nos plaisirs gagnent en agréments et en utilité après quelques expériences et après avoir servi quelque temps à nos besoins. Nous sommes, en outre, destinés à conquérir de plus hauts avantages. Quelque chose manque à la science jusqu'à ce qu'elle se soit humanisée. La table des logarithmes est une chose, mais son application vitale, son rôle dans la botanique, la musique, l'optique et l'architecture en sont une autre. Les mathématiques, l'anatomie, l'architecture, l'astronomie ont des progrès et des alliances dont nous ne nous doutons pas d'abord, et qui, par leur union avec la volonté et l'intelligence, s'élèvent peu à peu dans les sphères de la vie et se manifestent dans la conversation, le caractère et la politique.

Mais cela vient plus tard. Nous ne parlons maintenant que de nos relations avec ces choses dans leur propre sphère, et de la manière dont elles semblent attirer vers elle, quelque grand génie, qui s'occupe toute sa vie durant d'une seule d'entre elles. La possibilité de l'interprétation consiste dans l'identité de l'observateur avec la chose observée. Chaque chose matérielle a son côté céleste, possède au-delà de l'humanité sa traduction dans la sphère spirituelle et céleste où elle joue un rôle aussi indestructible qu'aucune autre chose. Toutes les choses montent continuellement vers ces hauteurs spirituelles où elles trouvent leur fin. Les gaz se condensent en firmament solide; la masse chimique se transforme en plante et croît, arrive jusqu'à l'homme et pense. Mais, en outre, l'objet du mandat détermine le vote du représentant. L'homme n'est pas seulement représentant des choses, mais encore participant aux choses. Le semblable ne peut être connu que par le semblable. La raison qui explique comment l'homme connaît les choses, c'est qu'il fait partie d'elles, qu'il est sorti comme elles de la nature. L'homme, chlore animé, connaît naturellement les propriétés du chlore; zinc incarné, il a la connaissance du zinc. Leurs qualités déterminent sa carrière; il peut bien publier leurs vertus, car ces vertus le composent lui-même. L'homme, formé de la poussière du monde, n'oublie pas son origine, et toutes les choses qui sont encore inanimées raisonneront un jour et parleront. La nature, inédite encore, verra tous ses secrets expliqués. Nous pouvons dire que ses montagnes se pulvériseront en d'innombrables Werners, Van Buchs, Beaumont, et que le laboratoire de l'atmosphère contient dans ses alambics je ne sais combien de Berzélius et de Davys non encore dégagés.

Ainsi, nous nous asseyons auprès de notre foyer, et nous sommes, pour ainsi dire, répandus jusqu'aux pôles de la terre. Cette *quasi* omniprésence supplée à l'imbécillité de notre condition. Dans un de ces jours célestes où le ciel et la terre se rencontrent et se prêtent mutuellement leurs ornements, il nous semble misérable de ne pouvoir jouir de cette journée que par un seul corps ; nous voudrions avoir mille têtes, mille corps, afin de célébrer son immense beauté dans des lieux et des contrées innombrables. Est-ce là une imagination? de bonne foi, ne sommes-nous pas *multipliés* par nos voisins? Combien nous adoptons aisément leurs travaux. Chaque vaisseau qui arrive en Amérique doit sa carte marine à Colomb. Chaque roman et chaque nouvelle doivent leur existence à Homère. Chaque charpentier qui amincit le bois avec un rabot est redevable envers le génie d'un inventeur oublié. La vie de l'homme est entourée comme d'une ceinture, d'un zodiaque de sciences, des contributions des hommes qui ont péri pour ajouter à notre ciel leur étincelle de lumière. Le mécanicien, le courtier, le jurisconsulte, le physicien, le moraliste, le théologien, tout homme enfin (tout autant au moins qu'il possède quelque science), sont les dessinateurs et les régulateurs des longitudes et des latitudes de notre condition. Ces constructeurs de routes nous enrichissent de tout côté. Nous devons élargir l'arène de notre vie et multiplier nos relations. Nous gagnons autant en découvrant une nouvelle propriété dans notre vieux globe qu'en découvrant une nouvelle planète.

Nous sommes trop passifs dans la réception de ces aides matériels ou semi-matériels. Nous ne devons pas être des sacs et des estomacs. Pour monter d'un degré plus haut, disons que nous sommes mieux servis par notre sympathie. L'activité est contagieuse ; l'habitude de regarder du côté où regardent les autres, de converser avec les mêmes choses, dépouille ces choses du charme qui les entourait. Napoléon disait : « Il ne faut pas combattre trop longtemps avec un même ennemi, vous finirez par lui apprendre tout votre art de la guerre. » Causez beaucoup et souvent avec un homme d'un esprit vigoureux, vous acquérez très vite l'habitude de voir les choses sous la même lumière que lui, et à chaque occasion vous anticipez sur sa pensée.

Les hommes sont secourus par l'intelligence et l'affection. Tout autre secours n'est qu'une fausse apparence. Si vous affectez de me donner le pain et le feu, je ne tarderai pas à m'apercevoir que j'en paye plus que le prix, et à la fin ce service me laissera tel qu'il m'a trouvé, ni meilleur, ni pire; mais toute force morale et spirituelle est un bien positif. Elle sort de vous, que vous le vouliez ou non, et me profite à moi qui n'y avais jamais songé. Je ne puis entendre parler d'un acte de vigueur personnelle, d'une grande puissance dans l'accomplissement de desseins arrêtés sans sentir en moi une fraîche résolution. Nous sommes pris d'émulation pour toutes les actions de l'homme. Le jugement porté par Cecil sur sir Walter Raleigh : « Je sais qu'il peut terriblement travailler, » a en lui une impulsion électrique. Tels sont les portraits de Clarendon ; d'Hampden, qui était d'une industrie et d'une vigilance que ne pouvaient surpasser et abattre les plus laborieux, qui avait en lui des parties que ne pouvaient surprendre et tromper les plus habiles et les plus subtils, et un courage personnel égal à ses meilleures parties; de Falkland, qui était un si sévère adorateur de la vérité, qu'il aurait autant aimé voler que n'être pas semblable à lui-même. Nous ne pouvons lire Plutarque sans sentir notre sang couler plus vite, et j'accepte pleinement les paroles du Chinois Mencius : « Un sage est le précepteur de cent siècles. Lorsqu'ils entendent parler des manières de Loo, le stupide devient intelligent et l'indécis se détermine. »

C'est là la morale de la biographie; cependant il est dur pour nous que des hommes morts depuis longtemps nous touchent plus au vif que nos compagnons dont les noms ne dureront pas autant. De quelle importance est l'homme auquel je n'ai jamais pensé; mais, au contraire, ceux-là peuplent nos solitudes, secourent notre génie et nous inspirent d'une manière merveilleuse. L'amour a le pouvoir de discerner la destinée d'un homme mieux que cet homme lui-même, et de l'attacher à son œuvre par d'héroïques encouragements. Quelle chose est plus éclatante dans l'amitié que cette sublime attraction vers toute vertu qui est en nous? Nous ne pensons plus médiocrement de nous-mêmes et de la vie. Nous sommes portés vers le même dessein que notre ami et le métier des pauvres gens qui piochent le long du chemin n'est plus une honte pour nous.

C'est dans cette catégorie de faits que rentre l'hommage, très pur je pense, que les hommes de tous les rangs payent au héros du jour, depuis Coriolan et Gracchus, jusqu'à Pitt, Lafayette, Wellington, Webster. Entendez les applaudissements dans la rue! le peuple ne peut le contempler assez; ils se réjouissent dans la vue de cet homme : Quel front! quels yeux! quelles épaules d'Atlas et quel corps! Chariot héroïque ayant en lui une égale force intérieure pour guider cette grande machine! Le plaisir de rencontrer la plénitude de l'expression dans des choses qu'ils jugent embarrassantes et difficiles d'après leur expérience particulière, s'élève plus haut et constitue le secret de la joie qu'inspire aux lecteurs le génie littéraire. Rien n'est oublié avec ces vrais génies, et ils savent allumer assez de feu pour pouvoir fondre tous les minéraux de la montagne. Le principal mérite de Shakspeare c'est que, peut-être, de tous les hommes il est celui qui comprend le mieux le langage anglais et peut le mieux dire ce qu'il veut dire. Cependant, ces portes grandes ouvertes, ces canaux si désobstrués, du langage, ne nous apportent, après tout, que l'idée de richesses et d'une heureuse constitution. Le nom de Shakspeare suggère de plus purs bienfaits intellectuels.

Leurs médailles, leurs épées, leurs habits armoriés, ne sont pas capables de faire aux sénateurs un compliment comparable à celui qui consiste à adresser à un être humain des pensées d'une certaine hauteur et qui présupposent une assez grande intelligence pour les saisir. Cet honneur, qu'il ne nous est possible d'obtenir à grand'peine qu'une ou deux fois pendant le cours de notre vie, le génie nous le fait perpétuellement, content si dans l'espace d'un siècle son hommage est accepté une fois ou deux. Ces grands génies, qui nous indiquent la valeur de la matière, descendent à une sorte de condition comparable à celle des cuisiniers et des confectionneurs lorsque apparaissent les grands génies indicateurs des idées. Le génie est le naturaliste ou le géographe des régions supersensibles, il domine leur mappemonde et refroidit notre affection pour les vieux champs de bataille de l'activité en nous en faisant connaître de nouveaux. Nous acceptons alors ces choses comme étant la réalité, dont le monde avec lequel nous avons conversé n'est que l'ombre sensible.

Nous allons au gymnase et à l'école de natation pour voir la puissance et la beauté du corps. Nous éprouvons le même plaisir et nous avons plus de profit à observer les faits intellectuels de tout genre, les faits de la mémoire, des combinaisons mathématiques, les changements de l'imagination, même la versatilité et la concentration de l'esprit, car ces actes exposent et laissent voir les organes invisibles et les membres de l'esprit qui correspondent membre pour membre aux organes du corps. Nous entrons ainsi dans un nouveau gymnase, nous apprenons à reconnaître les hommes d'après leurs véritables marques, nous apprenons, selon les paroles de Platon, à reconnaître ceux qui, sans l'aide des yeux ou d'aucun autre sens, marchent vers la vérité et l'être. En première ligne parmi ces activités, se trouvent les soubresauts, les appels magiques, les résurrections opérées par l'imagination. Lorsque cette faculté est éveillée, il semble que la force de l'homme soit dix fois plus grande. Elle ouvre en nous le sentiment délicieux de la grandeur indéterminée et inspire d'audacieuses habitudes morales. Nous sommes élastiques comme un gaz. Une sentence lue dans un livre, un mot tombé de la conversation, délivre notre imagination et lui ouvre l'espace. Nos têtes touchent aussitôt aux astres et nos pieds foulent le sol de l'abîme. Ce bienfait est réel, parce que nous avons droit à ces dilatations spirituelles, et qu'une fois que nous avons brisé nos liens, nous ne sommes plus les misérables pédants que nous étions jadis.

Ces hautes fonctions de l'intelligence sont tellement unies entre elles, qu'un certain pouvoir imaginatif apparaît ordinairement chez tous les esprits éminents, même chez les arithméticiens de première classe, mais spécialement chez les hommes méditatifs, d'une habitude de pensée intuitive. Cette classe d'hommes nous sert, parce qu'ils ont à la fois la perception de l'idéalité et la perception de la réaction. Les yeux de Platon, de Shakspeare, de Swedenborg, ne se ferment jamais sur aucune de ces deux lois. La perception de ces lois peut nous servir à mesurer la grandeur de l'esprit. Les petits esprits sont *petits* parce qu'ils ne peuvent pas les voir.

Mais les fêtes elles-mêmes ont leur dégoût. Notre amour de la raison dégénère en idolâtrie pour ceux qui en sont les hérauts. Les exemples de cette oppression se présentent surtout quand un esprit d'une puissante méthode a instruit les hommes. La domination d'Aristote, l'astronomie ptolémaïque, le crédit dont jouissent Luther, Bacon, Locke; en religion, l'histoire des hiérarchies et des saints, les sectes qui ont pris le nom de leur fondateur sont de cet ordre. Hélas! chaque homme est une victime de ce genre. L'imbécillité des hommes amène toujours l'impudence du pouvoir. Le plaisir du talent vulgaire, c'est d'éblouir et d'enchaîner le spectateur. Mais le vrai génie cherche à nous défendre de lui-même. Le vrai génie ne cherche pas à nous appauvrir, mais à nous délivrer et à nous douer de nouveaux sens. Si un homme sage apparaissait dans nos villages, il créerait pour ceux qui causeraient avec lui une nouvelle connaissance de la richesse, en leur faisant ouvrir les yeux sur des avantages qu'ils n'ont pas observés; il établirait une science d'immuable égalité, nous calmerait en nous donnant l'assurance que nous ne pouvons être trompés, et apprendrait à chacun de nous à discerner les échecs possibles et les garanties de sa condition. Les riches verraient leurs malheurs et leur pauvreté, les pauvres leurs ressources et les moyens qu'ils possèdent d'échapper au danger.

Mais la nature amène toutes les choses en temps convenable; la rotation est son remède. L'âme est impatiente de maîtres et passionnée de changements. Les chefs de maison disent d'un domestique précieux pour exprimer son mérite : Il a vécu longtemps avec moi. Nous sommes des tendances, ou pour mieux dire des symptômes; aucun de nous n'est complet. Nous allons, nous touchons et nous essuyons l'écume de bien des existences. La rotation est la loi de la nature. Lorsque la nature reprend un des grands hommes qu'elle avait envoyés, le peuple explore l'horizon, regardant s'il voit venir son successeur; mais personne ne vient, ni ne viendra. La classe à laquelle il appartient est éteinte avec lui. L'homme qui lui succédera apparaîtra dans des conditions et des lieux tout à fait différents. Ce n'est plus Franklin, ni Jefferson ; c'est maintenant quelque grand négociant, c'est un constructeur de routes, puis un pêcheur, puis un aventurier chasseur de buffles, ou un général à demi sauvage des États de l'ouest. Ainsi nous avons contre les plus grossiers de nos maîtres l'avantage du changement. Nous pouvons nous arrêter et ne plus continuer à les suivre; mais nous avons un plus beau remède contre la domination de nos maîtres les meilleurs; c'est que le pouvoir qu'ils manifestent ne leur appartient pas. Lorsque nous sommes exaltés par les idées, nous ne devons pas cet enthousiasme à Platon, mais à l'idée même dont Platon, lui aussi, est le débiteur.

Je ne dois pas oublier que nous avons tous une dette spéciale envers une chose particulière. La vie est une échelle de degrés. Il y a de larges intervalles entre les divers rangs de nos grands hommes. Dans tous les siècles, le genre humain s'est attaché à quelques personnes, qui, soit par la qualité de l'idée qui était incarnée en eux, soit par la *réceptibilité* plus grande de leur être, ont été destinées à la situation de chefs des hommes et de législateurs. Ceux-là nous enseignent les qualités de la nature primordiale, nous font connaître la constitution des choses. Jour après jour, nous nageons dans une rivière d'illusions trompées, nous nous amusons ardemment de maisons et de villes bâties en l'air, dont les hommes sont dupes. Mais la vie est une chose sincère. Dans nos intervalles lucides, nous disons : qu'une porte s'ouvre enfin pour me conduire vers les réalités; assez longtemps j'ai porté le bonnet du fou. Nous chercherons alors à connaître la pensée de notre économie et de notre politique. Mettez-nous en possession des divines sphères, et si les personnes et les choses sont privées de la musique céleste, faisons-leur entendre ses accords. Nous avons été privés de notre raison; mais il existait des hommes sains qui jouissaient d'une existence riche et de nombreuses relations avec les choses. Ce qu'ils connaissent, ils le savent pour nous. Avec chaque nouvel esprit transpire un nouveau secret de la nature, et la Bible ne sera pas fermée jusqu'à ce que le dernier grand homme soit né. Ces hommes corrigent en nous le délire des esprits animaux, nous enseignent la réserve et nous font don de nouveaux élans et de nouveaux pouvoirs. La vénération du genre humain les place au plus haut sommet. Voyez la multitude des statues, des peintures, des inscriptions qui nous rappellent leur génie dans chaque cité, chaque village, chaque maison, chaque vaisseau ; « toujours les fantômes de ces frères plus su« blimes, mais du même sang que nous, se lèvent sous « nos yeux ; dans toutes nos fonctions même les plus « humbles, ils nous commandent par des regards pleins « de beauté et des mots pleins de l'esprit du bien. »

De quelle manière commenter le bienfait distinct des idées, le service rendu par les hommes qui font entrer les vérités morales dans l'esprit général ? Je suis affligé toute ma vie durant par le tarif des prix à payer. Si je travaille dans mon jardin, si j'émonde un arbre fruitier, je me trouve bien assez occupé, et je pourrais indéfiniment continuer la même occupation. Mais il me vient à l'esprit qu'une journée s'est passée, et que j'ai perdu ses heures précieuses en ne faisant rien en réalité. Je vais à Boston ou à New-York, je cours çà et là pour mes affaires; je les ai terminées ; mais le jour, lui aussi, est terminé. Je suis tourmenté par le souvenir du prix que je paye pour un misérable avantage. Je me rappelle alors la féerique *Peau d'Ane*; quiconque s'asseyait dessus voyait s'accomplir son désir ; mais avec chaque souhait disparaissait aussi un morceau de cette peau. Je vais à une convention de philanthropes, et, malgré tous mes efforts, je ne puis détourner mes yeux de l'horloge. Cependant au milieu de cette société apparaît quelque belle âme peu instruite des personnes et des partis, de Cuba et de la Caroline, mais qui m'annonce une loi qui régit toutes ces choses particulières, me donne l'assurance qu'il existe une équité qui annule les ruses de tout joueur fripon, ruine tout égoïste, et m'apprend que je suis indépendant des conditions du lieu, du temps, du corps humain ; cet homme me délivre, et j'oublie l'horloge. Mes mauvaises relations avec les hommes sont rompues. Je suis guéri de mes blessures. Je deviens immortel en comprenant que je possède des biens incorruptibles. Dans notre monde il y a une grande compétition entre le riche et le pauvre. Nous vivons dans un marché où il y a seulement tant de blé, tant de bois, tant de terre, et où il semble que je ne puisse posséder sans violer en quelque sorte les manières affectueuses et polies. Personne n'est joyeux de la gaieté d'un autre ; notre système est un système de guerre, d'injurieuse supériorité. Chaque enfant de la race saxonne est élevé pour désirer d'être le premier. C'est là notre système ; l'homme mesure sa grandeur par les regrets, les envies et les haines de ses compétiteurs. Mais dans ces nouvelles régions de la vérité morale où je suis entré, il y a de l'espace ; là les exclusions n'existent pas, ni l'orgueil de soi-même.

J'admire les grands hommes de toutes les classes, ceux qui s'appuient sur les faits et ceux qui s'appuient sur la pensée, je les aime rudes et doux, *fléaux de Dieu* et *délices de la race humaine*. J'aime le premier César et Charles-Quint et Charles XII ; j'aime Richard Plantagenet et Bonaparte. J'applaudis à un homme égal à son emploi, qu'il soit capitaine, ministre, sénateur. J'aime un maître qui se tient bien ferme sur des jambes d'acier, un maître bien né, riche, beau, éloquent, comblé de faveurs et d'avantages, entraînant tous les hommes par la fascination de son génie et les faisant les tributaires et les soutiens de son pouvoir. L'épée, le bâton du magistrat et les talents divers qu'ils symbolisent gouvernent le monde. Mais je trouve celui-là plus grand qui peut s'annihiler lui-même, lui et tous les héros en se reposant sur cet élément de la raison pure, insoucieux des personnes, en se laissant pénétrer par cette force subtile, irrésistible qui détruit en nous l'individualisme, et dont le pouvoir est si grand que devant elle le plus puissant souverain n'est pas. Alors celui-là est un monarque qui donne une constitution à son peuple, un pontife qui proclame l'égalité des âmes et relève ses serviteurs des hommages barbares qu'ils lui rendaient, un empereur qui peut ménager son empire.

Mais j'avais l'intention de spécifier un peu plus minutieusement deux ou trois points dans les services qu'ils nous rendent. La nature n'épargne jamais l'opium et le népenthès : toutes les fois qu'elle marque ses créatures de quelque difformité et de quelque défaut, elle verse abondamment sur la plaie son essence de pavots, et le malade marche joyeusement à travers la vie ignorant de son mal et incapable de le voir, quoique le monde entier le lui montre du doigt chaque jour. Les membres indignes et offensifs de la société, les hommes dont l'existence est une peste sociale, pensent invariablement qu'ils sont des gens injustement maltraités et ne cessent pas de s'étonner de l'ingratitude et de l'égoïsme de leurs contemporains. Notre globe découvre ses vertus cachées non-seulement dans les héros et les archanges, mais même dans les bavards et les commères. N'est-ce pas une rare adresse que d'avoir déposé dans chaque créature l'inertie nécessaire, l'énergie conservatrice et résistante, la colère d'être réveillé ou changé de condition? L'orgueil de l'opinion, la certitude que nous sommes dans le droit chemin sont indépendantes de la force intellectuelle qui est dans chacun de nous. Il n'est pas de vieille grand'mère, il n'est pas d'idiot qui ne se servent de l'étincelle de faculté et de perception qui leur reste pour rire à gorge déployée et triompher dans leur opinion des absurdités de toutes les autres personnes. La différence entre nous tous, c'est la mesure de l'absurdité. Personne ne pense qu'il a tort. Mais au milieu de ces congratulations que nous nous adressons à nous-mêmes vient quelque figure que Thersite lui-même pourrait aimer et admirer. Celui-là nous conduira dans la voie où nous devons marcher. L'aide qu'il nous prête n'a pas de fin. Sans Platon, nous perdrions notre foi dans la possibilité d'un livre raisonnable ; il semble que pour la raffermir nous n'en ayons besoin que d'un seul, mais il nous en faut un. Nous aimons à nous associer aux personnes héroïques parce que notre *receptivité* est infinie. Avec les grands, nos pensées et nos manières deviennent aisément grandes. Nous sommes sages en capacité, en puissance, quoique bien peu d'entre nous le soient en énergie, en action. Il n'est besoin que d'un homme sage dans une société et tous aussitôt sont sages, si rapide est la contagion.

Les grands hommes sont ainsi un collyre qui éclaircit nos yeux et dissipe notre égoïsme et nous rend susceptibles de voir les autres hommes et leurs œuvres. Mais il y a des vices et des folies qui sont générales, qui s'étendent à des populations entières et à des siècles entiers. Les hommes ressemblent à leurs contemporains. On a observé chez de vieux couples ou chez des personnes qui avaient habité longues années ensemble qu'ils étaient devenus presque ressemblants, et que s'ils avaient vécu longtemps encore il aurait été impossible de les distinguer. La nature a horreur de ces complaisances qui menacent de fondre le monde en un seul bloc et se hâte de briser ces unions hébétées. La même assimilation s'opère chez les hommes d'une ville, d'une secte, d'un parti politique ; les idées du temps sont en l'air et infectent tous ceux qui les respirent. Vues d'un point élevé, cette cité de New-York, cette cité de Londres làbas, cette civilisation occidentale semblent un faisceau d'absurdités. Nous nous tenons les uns les autres sur le qui-vive et nous augmentons par nos émulations les frénésies du temps. Notre bouclier contre les aiguillons de la conscience, c'est la *pratique universelle*, autrement dit nos contemporains. Il est aisé d'être aussi sage et aussi bon que vos compagnons. Nous apprenons de nos contemporains tout ce qu'ils savent, sans effort et pour ainsi dire par les pores de la peau. Nous atteignons à leur science par la sympathie comme une femme arrive à l'élévation intellectuelle et morale de son mari. Mais nous nous arrêtons là où ils s'arrêtent. Nous ne pouvons que difficilement changer de direction. Mais les grands hommes se tiennent plus près de la nature, vont au-delà de nos modes d'un jour et par leur fidélité aux idées universelles nous sauvent de ces erreurs fédérales et nous défendent contre nos contemporains. Ils sont les exceptions dont nous avons besoin lorsque domine une règle trop générale. Une grandeur isolée est un antidote contre l'esprit de coterie.

Ainsi le génie nous nourrit, nous rafraîchit et nous remet d'une trop longue conversation avec nos compagnons, et nous marchons à travers les profondeurs de la nature dans la direction où il nous conduit. Un grand homme nous indemnise d'une population de pygmées. Chaque mère souhaite le génie pour un de ses fils, quand bien même tous les autres devraient être médiocres. Mais un nouveau danger apparaît dans l'excès d'influence des grands hommes. Leur attraction nous fait sortir de notre place. Nous sommes devenus des séides, nous nous sommes suicidés intellectuellement. Ah! là-bas, à l'horizon se trouvent nos soutiens;

mais la raillerie qui vous taxera de *boswellisme*[1]. La dévotion peut aisément être plus grande que le misérable orgueil qui garde son quant à soi. Sois un autre que toi; sois non pas toi-même, mais un platonicien; non pas une âme, mais un chrétien; non pas un naturaliste, mais un cartésien; non pas un poète, mais un shakspearien. Le char de tes tendances ne s'arrêtera pas; toutes les forces de l'inertie, de la crainte et de l'amour ne te retiendront pas. En avant et pour toujours! Le microscope observe une monade ou un insecte circulant dans l'eau : d'abord un point apparaît sur cet animalcule; puis le point s'élargit, et prend la forme d'un trou et laisse voir deux animalcules parfaitement distinctes. Ce détachement continu ne se manifeste pas moins dans toute pensée, dans toute société. Les enfants pensent qu'ils ne peuvent vivre sans leurs parents. Mais longtemps avant qu'ils soient avertis, le point noir a paru, le détachement s'est opéré. Quelque accident se chargera de les avertir de leur indépendance.

Mais ce mot *grands hommes* est injurieux. Sont-ils une caste? est-ce leur destinée d'être ainsi? Qu'advient-il alors des promesses faites à la vertu? Les jeunes gens se lamentent à propos de cette superfétation de la nature. Beau et généreux est votre héros, dit-il; mais regardez là-bas le pauvre *Paddy*; regardez à cette nation entière de *Paddys*. Pourquoi depuis le commencement de l'histoire jusqu'à nos jours les masses ne sont-elles que chair à canon et à épées? L'idée ennoblit quelques chefs qui ont sentiment, opinion, amour, respect d'eux-mêmes, et qui rendent la mort et la guerre des choses sacrées; mais

---

[1] Ce substantif, forgé par Emerson pour désigner une sorte d'idolâtrie envers un homme, a son origine dans l'amour enfantin, presque instinctif et passionné que Boswell, le biographe de Samuel Johnson, porta au célèbre critique anglais.

quelle récompense existe-t-il pour les misérables qu'ils soldent et tuent? Le peu de prix de la vie humaine est le sujet de la tragédie qui se joue chaque jour. C'est un aussi grand malheur qu'il y ait des gens vils que si nous étions vils nous-mêmes, car enfin nous devons vivre en société.

En réplique à ces objections, on peut dire que la société est une école pestalozzienne où tous sont maîtres et disciples chacun à leur tour. Nous sommes également servis par les dons que nous recevons, par les dons que nous faisons. Les hommes qui savent les mêmes choses ne sont pas longtemps l'un pour l'autre la meilleure ni la plus désirable compagnie. Mais amenez auprès de chacun d'eux une intelligente personne qui ait une autre expérience, et c'est comme si vous laissiez couler l'eau d'un lac en creusant un peu plus bas que son bassin naturel. C'est un grand bienfait pour chaque orateur, et qui semble au premier abord un avantage mécanique, que de pouvoir se peindre sa propre pensée. Nous passons vite dans nos humeurs personnelles de la dignité à la dépendance. Si quelqu'un d'entre nous ne paraît jamais monter sur le trône, mais toujours servir, toujours se tenir debout, c'est parce que nous ne voyons pas la société pendant une assez longue période pour que la rotation complète ait eu lieu. Quant à ce que nous appelons les masses et les hommes communs, cela n'existe pas. Tous les hommes ont en fin de compte la même taille : le véritable art n'est possible que par la conviction que chaque talent a son apothéose quelque part. Un champ immense est ouvert, un beau rôle et de frais lauriers sont réservés à ceux qui sauront les conquérir; mais le ciel réserve pour chacune de ses créatures une carrière égale. Chacun d'entre nous est mal à l'aise jusqu'à ce qu'il ait reflété ses rayons particuliers dans la sphère concave, et contemplé son talent dans sa récente noblesse et dans son enthousiasme.

Les héros de l'heure présente sont grands relativement ; leur grandeur se produit vite ; dans la minute même du succès éclot pour eux la qualité qui leur est nécessaire. Mais d'autres jours demanderont d'autres qualités. Quelques rayons échappent à l'observateur vulgaire et demandent toujours un œil qui les perçoive. Demandez au grand homme s'il ne peut pas exister de plus grands hommes que lui. Ses compagnons existent, non pas de moins grands, mais de plus grands encore. La nature n'envoie jamais un grand homme sur notre planète sans confier ses secrets à une autre âme.

Un fait gracieux sort de ces études, et ce fait c'est la progression ascensionnelle de notre amour. Les réputations du dix-neuvième siècle seront citées un jour comme exemples de sa barbarie. Le génie de l'humanité est le sujet réel dont la biographie est écrite dans nos annales. Nous devons faire beaucoup d'inductions et combler dans nos souvenirs beaucoup de vides. L'histoire de l'univers est symptomatique, la vie est mnémonique. Dans toute la procession de ces hommes fameux, aucun homme n'est raison ou illumination, ou l'essence enfin que nous cherchions ; il n'est que la manifestation dans un lieu différent de possibilités nouvelles. Puissions-nous un jour compléter l'immense figure que composent jusqu'à présent ces points apparents ! L'étude de nombreux individus nous conduit dans une région élémentaire où l'individu est perdu, où tous les sommets sont égaux. La pensée et le sentiment qui vivent dans cette région ne peuvent être emprisonnés dans l'étroite enceinte d'aucune personnalité. Le secret de la puissance des plus grands hommes, c'est que leur esprit se répand sans contrainte. Une nouvelle qualité de l'esprit voyage jour et nuit depuis son origine dans des cercles concentriques et se rend visible par des méthodes inconnues ; l'union de tous les esprits apparait intime ; la force qui ouvre les portes à l'un est impuissante pour repousser les autres ; la plus petite acquisition de vérité et d'énergie, dans le coin le plus caché, sert à la société tout entière. Si les différences de talent et de position s'évanouissent lorsque nous suivons les individus pendant toute la durée nécessaire pour compléter la carrière de chacun d'eux, combien disparait plus vite encore cette apparente injustice lorsque nous arrivons à reconnaître l'identité de tous les individus, et que tous sont faits de la substance qui gouverne, ordonne et agit !

Le génie de l'humanité, c'est là le vrai point de vue sous lequel l'histoire doit être envisagée. Les *qualités* subsistent toujours ; les hommes qui les manifestent en ont tantôt plus, tantôt moins et disparaissent ; les qualités vont se reposer sur un autre front. Aucune expérience ne nous est plus familière. Vous avez vu une fois ces phénix, ils sont partis, mais le monde n'est pas pour cela désenchanté. Les vases sur lesquels vous lisiez des emblèmes sacrés se métamorphosent en vulgaire poterie, mais le sens de leurs peintures est sacré, et vous pouvez lire encore leurs emblèmes écrits sur les murailles du monde. Pendant un temps, nos maîtres nous servent personnellement comme de mesures pour nos progrès. Autrefois ils étaient des anges de sagesse, et leur figure touchait le ciel. Ensuite nous les avons vus de plus près, nous avons vu leurs moyens, leur culture, leurs limites, et ils ont cédé la place à d'autres génies ; heureux si quelques noms sont restés si élevés qu'il ne nous ait pas été possible de les étudier de plus près, si l'âge et la comparaison ne les ont pas dépouillés de quelques rayons. Mais plus tard nous cesserons de chercher dans les hommes la complète unité, nous nous contenterons de leurs qualités sociales et des qualités qui leur sont accordées. Tout ce qui respecte l'individu est temporaire et prospectif comme l'individu lui-même, qui, de plus en plus, brise ses limites pour s'élever au sein d'une existence catholique[1]. Nous ne nous sommes jamais élevé au vrai et excellent bienfait du génie tant que nous supposons le génie une force originale. Dès le moment où il cesse de nous soutenir, comme cause, il commence à nous soutenir davantage comme effet; alors il apparaît comme le simple exposé d'un esprit plus vaste et d'une plus grande habileté. L'être opaque devient transparent dans la lumière de la cause première.

Cependant, dans les limites de l'éducation et des affaires humaines, nous pouvons dire que les grands hommes existent, afin qu'il y ait de plus grands hommes. La destinée de la nature organisée est l'amélioration, et qui peut dire ses limites? Il appartient à l'homme de dompter le cahos, de semer pendant qu'il vit les semences de la science et de la poésie, afin que les climats, la moisson, les animaux, les hommes puissent être plus doux, et que les germes de l'amour et du bienfait puissent se multiplier.

---

[1] Ai-je besoin de faire observer que le mot catholique ici est pris dans le sens du mot universel?

FIN.

TABLE

Avant-propos v
Introduction. ix
   I. Confiance en soi 1
  II. Art. 39
 III. Histoire 55
 IV. Amour. 86
   V. Amitié. 103
 VI. Prudence. 127
VII. Héroïsme. 145
VIII. Compensation. 162
 IX. Lois spirituelles. 191
  X. Cercles. 222
 XI. Intelligence. 241
 XII. L'âme suprême 259
XIII. Utilité des grands hommes . . . 285

www.ingramcontent.com/pod-product-compliance
Lightning Source LLC
Chambersburg PA
CBHW050315170426
43202CB00011B/1900